rowohlt
BERLIN

Lorenz Jäger

Die Kunst des Lebens, die Kunst des Sterbens

Rowohlt · Berlin

2. Auflage Juni 2024
Originalausgabe
Veröffentlicht im Rowohlt · Berlin Verlag, Mai 2024

Satz Financier Text bei CPI books GmbH, Leck
Druck und Bindung GGP Media GmbH, Pößneck
ISBN 978-3-7371-0170-7

FSC
www.fsc.org
MIX
Papier | Fördert gute Waldnutzung
FSC® C014496

Meiner lieben Sophie

Kind, Kind! nicht weiter!
Wie von unsichtbaren Geistern gepeitscht,
gehen die Sonnenpferde der Zeit
mit unsers Schicksals leichtem Wagen durch,
und uns bleibt nichts, als, mutig gefasst,
die Zügel festzuhalten und bald rechts, bald links,
vom Steine hier, vom Sturze da,
die Räder abzulenken.
Wohin es geht, wer weiß es?
Erinnert er sich doch kaum, woher er kam.

Goethe, Egmont

Das Leben reift wie Trauben an schwarz angestrichenen Mauern schöner und feuriger an den warmen Stellen, die der dunkle Hintergrund sammelt und zurückwirft.

Jean Paul

That it will never come again
Is what makes life so sweet.

Emily Dickinson

INHALTSVERZEICHNIS

PROLOG: ZUM KERN ALLER GESCHICHTEN

Die Liebe und der Tod sind die Themen überhaupt, das A und O unserer Erzählungen, weil sie uns wie nichts anderes erschüttern. Eine Geschichte ist in dem Maße nicht nur schön, sondern groß und erhaben, bewegend, in dem sie beide Themen verknüpft. «Ja, stark wie der Tod ist die Liebe», heißt es im Hohelied, «hart wie die Unterwelt der Leidenschaft. Ihre Brände sind Feuerbrände, / Flammen des Herrn. Gewaltige Wasser können die Liebe nicht löschen; / auch Ströme schwemmen sie nicht fort. Böte ein Mann seines Hauses ganzen Besitz für die Liebe, / man würde ihn nur verachten.»[1] Seit ich «Le Mépris» («Die Verachtung») von Jean-Luc Godard zum ersten Mal sah, mit Brigitte Bardot und Michel Piccoli in den Hauptrollen, erschien er mir als der schönste Film überhaupt. Nicht nur weil er auf Capri in der herrlichsten aller möglichen Welten spielt. «Je t'aime totalement, tendrement, tragiquement», sagt er ihr. «Ich liebe dich vollkommen, zärtlich, tragisch.» Und am Ende, als sie ihn verlassen und sich dem Amerikaner zugewandt hat, ist sie tot, sinnlos, den Unfall mit dem roten Ferrari überlebte sie nicht. Das ist die absolute Geschichte, die Verknotung von höchstem Leben und Tod, von Ur-Lust und Ur-Angst. Liebe und Tod sind die Hauptsachen bei allem, was uns bewegt, und keine Moderne ändert etwas daran, sie kann nur neue Konstellationen der Beteiligten finden und neue Formen des Erzählens. Und der Tod ist nicht irgendein Thema unter anderen, sondern der letzte Probierstein des Denkens.

Der Kontrast zwischen dem höchsten Lebensglück und der Vernichtung treibt die Kontur von beidem erst heraus. Man denkt an Manon Lescaut aus Puccinis Oper, an Achilles und Penthesilea – «So erscheint die verwundete Penthesilea ihrem Besieger Achill im Augenblicke ihres Todes doppelt schön, erst an der Sterbenden entdeckt er die ganze Fülle von Liebreiz», sagt der Historiker Johann Jakob Bachofen[2] –, an Tristan und Isolde, an Orpheus und Eurydike, aus deren Geschichte Claudio Monteverdi eine der ersten Opern machte, «L'Orfeo», 1607 uraufgeführt. Eurydike war einem Schlangenbiss erlegen. Orpheus wird sogar erlaubt, sie aus der Unterwelt zu befreien, nur umdrehen darf er sich bei dem Gang nicht, und natürlich geschieht genau das. Dantes «Göttliche Komödie» ist im Paradiso um Beatrice komponiert, die er zu lieben begann, als sie neun Jahre alt war, und die früh starb. Tosca, Romeo und Julia – man kommt zu keinem Ende.

So allgegenwärtig diese Verbindung in der Literatur und Dichtung ist, ja eigentlich die Literatur erst ermöglicht, so merkwürdig spät erscheint sie in der Philosophie. Walter Benjamins «Einbahnstraße», ein Buch der Aphorismen und Vignetten, erschien 1928. Es gibt eine entschieden moderne, vom Surrealismus und vom Dadaismus geprägte Ansicht des Schönen im Abseitigen. Aber zugleich ist es – ungleich mehr als etwa Theodor W. Adornos «Minima Moralia» – eines jener Bücher, die an die Grenze gehen, indem sie Liebe und Tod in ein stetes Verhältnis setzen. Auch darum ist Benjamin der faszinierendere Autor. «Man wird folgende Erfahrung gemacht haben», schreibt er, «liebt man jemanden, ist man sogar nur intensiv mit ihm beschäftigt, so findet man beinah in jedem Buche sein Porträt.»[3] Aus einer anderen Perspektive ist der folgende Aphorismus gedacht, der Enttäuschte spricht: «Einen Menschen kennt einzig nur der, welcher ohne Hoffnung ihn liebt.»[4] Oder, sogleich folgend: «Dem Liebenden erscheint der geliebte Mensch immer einsam.» Allerdings geht die oft gefühlsselige Rede über die geliebte Frau zusammen mit einer zynischen Feier der Prostitution, einer Konstante in Benjamins Werk. Die Landschaft, die Geliebte und der Tod waren die Elemente, aus denen Benjamin sechzehn Jahre vor der «Einbahnstraße» eine erste Poetik konzipierte. In der «Metaphysik der Jugend» von 1912 trug das anvisierte Projekt den Titel «Das Tagebuch», und in ihm ist die Zeit strukturbestimmend. «Dieser Gläubige», hieß es damals, «schreibt sein Tagebuch. Und er schreibt es in Abständen und wird es nie beenden, denn er wird sterben.»[5]

Auch die «Einbahnstraße» wollte ein Buch sein, das die Zeit zum poetischen Prinzip macht, aber nun ganz ins Realistische und Drastische gewandelt. Kann das Sterben rein weltlich verstanden werden? Liest man die Texte heute wieder, dann steht man betroffen vor der übermäßigen Präsenz des Todes, der Zeit in ihrer drohenden Form. «Im Traum nahm ich mir mit einem Gewehr das Leben. Als der Schuss fiel, erwachte ich nicht, sondern sah mich eine Weile als Leiche liegen. Dann erst wachte ich auf.»[6] Kein Leser wird davon absehen können, dass sich Benjamin, dem durch das Vichy-Regime eine Auslieferung an die Deutschen drohte, 1940 auf der Flucht tatsächlich das Leben nahm. Aber es wäre eine psychologische Verkürzung, hier nur an das biographische Schicksal des jüdischen Autors zu denken. Eher möchte man meinen, dass es um einen Gegenentwurf zur damals im Zenit ihrer Wirkung stehenden Lebensphilosophie Bergsons oder Diltheys ging, die den Tod ausblendete. Aber auch um eine Poetik, die den Text vom Bild des Todes her skandiert und rhythmisiert – von Reflexionen über Todesstrafe, Totenmaske, Totenkopf, Todesnachricht, Totenehrung und Tötung strotzt die «Einbahnstraße» geradezu. Sie ist vom Tode her geschrieben. «Liebe und Tod», schrieb Benjamins Freundin Charlotte Wolff in ihren Erinnerungen, «waren Benjamins wichtigste Themen, mit denen er sich ständig beschäftigte.»[7]

Die Liebe und der Tod verleihen allem Bedeutung, was in ihren Bereich tritt, mit ihnen erst sind wir Menschen. Erst mit ihnen wird aus dem Alltag Geschichte. Der Philosoph Max Horkheimer hat die Verknotung gesehen, mit einer Weisheit ganz diesseits seiner gesellschaftskritischen Theorie, für die er berühmt wurde: «So wie die romantische Liebe erst durch die Beziehung zum Tod die Süßigkeit gewann, so wird das Leben durch die Aufnahme des Gedankens an ihn zur Erfahrung des Lebens.»[8] Er, der einmal die Welt von Grund auf hatte verwandeln wollen, erfährt, älter geworden, ihre Ordnung: Es gibt bei Horkheimer eine Schicht, die unantastbar bleibt.

Nein, sie blieb nicht unantastbar. Die Generation der Ankläger und Entlarver erkannte hinter der humanistischen Maske des mythisierten Dichters Orpheus das mörderische Gesicht des gefährlichen Mannes. Der Literaturwissenschaftler Klaus Theweleit schrieb 1988 «Das Buch der Könige». Produktion im «Patriarchat», auch Kunstproduktion, kommentierte die Literaturkritikerin Sigrid Löffler, «beruht auf Menschenopfern, ist vorzugsweise im Frauenopfer fundiert. Im Fundament von Gedichten, Opern, Kunstwerken eben, sind nicht bloß symbolisch, sondern ganz leibhaftig, Frauenkörper eingearbeitet. Die Frau wurde getötet, mindestens aber ihr Tod in Kauf genommen, damit das Kunstwerk entstehen konnte.» Häufig würden «die Frauen der Künstler (die Ehefrauen, Freundinnen, Geliebten, Musen) dem Orkus (dem Hades, dem Jenseits, dem Totenreich, der Unterwelt) übergeben».[9] Der Journalist Jürgen Kaube resümierte Theweleits Thesen kritisch: «Orpheus opfert Eurydike und wird dabei zum Sänger. Viele Werke sind nach Theweleit zugleich das Grab einer assistierenden Frau oder sogar mehrerer Musen, weil die Künstler die Beziehungen vampirhaft und oft über den Tod der jeweiligen Eurydiken hinaus instrumentalisieren.»[10]

Das Gedenken der Toten ist ergreifend. Es unterscheidet den Menschen von seinen tierischen Vorfahren, und weil es eine geistige Haltung und Handlung ist, tut es das vielleicht mehr noch als der Gebrauch von Werkzeug oder die Zähmung des Feuers. Allerseelen, Allerheiligen, Volkstrauertag fallen in den November. Schon die Natur spricht im Herbst von Vergänglichkeit. Im Gedenken der Toten liegt ein durchaus universalistisches Motiv. Indem man aber bestimmter Toter gedenkt (der Ahnen, unserer und keiner anderen Vorfahren), bekräftigt eine Gemeinschaft ihre Grenzen. Sofort wird alles politisch, Feind und Freund werden unterschieden, und dies nicht aus subjektiv böser Gesinnung, sondern aus dem hier vorliegenden Strukturzwang. «In Flanders fields the poppies blow» - damit beginnt das Gedicht von John McCrae, das für die Briten zum Inbegriff des Gedenkens an die Toten des Ersten Weltkriegs wurde: «Auf Flanderns Feldern blüht der Mohn / Zwischen den Kreuzen, Reihe um Reihe, / Die unseren Platz markieren; und am Himmel / Fliegen die Lerchen noch immer tapfer singend / Unten zwischen den Kanonen kaum gehört. // Wir sind die Toten.» Deshalb die stilisierten Mohnblumen aus Papier an jedem 11. November, dem Tag des Waffenstillstands. Bald war nämlich zwischen den Gefallenengräbern der Flandernschlacht des Jahres 1915 der Mohn aufgeblüht. Reine, ruhige Schönheit! Und die ruhenden Toten! Gibt es einen bewegenderen Kontrast? Auch wenn das Gedicht martialisch zur Fortsetzung des Krieges mahnt: «Brecht Ihr den Bund mit uns, die wir sterben / So werden wir nicht schlafen, obgleich Mohn wächst.»[11]

Heute scheinen das Leben und das Sterben fast zur Disposition zu stehen. Eines der frühen Vorzeichen, und gleich das erschreckendste, war Friedrich Nietzsches Wort von einer «Partei des Lebens», deren Zeit gekommen sei: «Werfen wir einen Blick ein Jahrhundert voraus, setzen wir den Fall, dass mein Attentat auf zwei Jahrtausende Widernatur und Menschenschändung gelingt. Jene neue Partei des Lebens, welche die größte aller Aufgaben, die Höherzüchtung der Menschheit in die Hände nimmt, eingerechnet die schonungslose Vernichtung aller Entartenden und Parasitischen, wird jenes *Zuviel von Leben* auf Erden wieder möglich machen, aus dem auch der dionysische Zustand wieder erwachsen muss.»[12] Nietzsche arbeitete an der Schrift «Ecce homo», aus der diese Sätze stammen, von Oktober 1888 bis Anfang 1889, in der Zeit, als er im Wahn versank. 1889 war das Geburtsjahr Hitlers. «Züchtung» und «Vernichtung», von denen Nietzsche redet, legen die Verantwortung für das Leben in die Hände der vermeintlich Zuständigen, der Experten, die von wissenschaftlicher Warte aus zum Richteramt berufen sind. Die Lebenspraxis und die letzte zu ertragende Prüfung des Sterbens werden *enteignet*. Selbstbestimmung ist der oberste Wert: So wie man selbstbestimmt leben will, so auch selbstbestimmt sterben.

Wir haben es also mit Leben und Sterben im Zeitalter eines anthropologischen Umbruchs zu tun, der ohne Zweifel aus der Moderne kommt. Die anthropologische Revolution geht heute an das Leben selbst. Nicht mehr das Leben oder das Sterben als solche sind das Entscheidende, sondern dass man sie in eine möglichst umfassende Verfügungsgewalt bekommt, ihnen auch noch den letzten Rest von Schicksalhaftigkeit nimmt. Der Historiker Yuval Noah Harari sieht in seinem Buch «Homo Deus. Eine Geschichte von Morgen» die Lösung zum Greifen nahe: «Wenn wir den Tod besiegen wollen, müssen wir nicht auf das Jüngste Gericht warten. Dazu reichen ein paar Freaks in einem Labor.»[13] «Homo Deus» soll der Gott-Mensch sein, der den Homo sapiens ablösen wird. Man erinnert sich an die Botschaft der Schlange im Paradies: Ihr werdet sein wie Gott, *eritis sicut deus*.

Es kommt der Umgang mit den Toten hinzu. Theodor W. Adorno, neben Horkheimer der zweite maßgebliche Kopf der «Frankfurter Schule», spielte mit dem Begriff der Verdinglichung, um den Tod zu verstehen: «Je weniger die Subjekte mehr leben, desto jäher, schreckhafter der Tod. Daran, dass er sie buchstäblich in Dinge verwandelt, werden sie ihres permanenten Todes, der Verdinglichung inne, der von ihnen mitverschuldeten Form ihrer Beziehungen.»[14] Aber kein Tod verwandelt uns in Dinge, und ein Leichnam ist kein Ding. Er hat in allen Kulturen eine eigene Würde, die sich in Trauer- und Bestattungszeremonien kundgibt. Auch der Leichnam ist noch an die Person gebunden, die er einmal war. Adorno, gebannt von dem Wort «Verdinglichung», verfehlt den Sachverhalt. Erst die Leichenschauen des Plastinators Gunther von Hagens, die nach der Jahrtausendwende durch die Lande zogen, machten aus den aufbereiteten Toten eine Unterhaltungsveranstaltung. Zweifelhafte Neugier ist es, die von Hagens demokratisierte - wissenschaftlich sind seine Massenveranstaltungen ohne Belang. Der Artikel 1 des Grundgesetzes sagt: «Die Würde des Menschen ist unantastbar.» Aber kann eine Intuition, dass die menschliche Würde durch Gunther von Hagens in beispielloser Weise verletzt wurde, juristisch fassbar gemacht werden? Frankreich immerhin hat 2010 ein Verbot erlassen. Demgegenüber lässt sich das seit 1992 begonnene Projekt der «Stolpersteine» in deutschen Städten und auch anderswo als ein alternatives Programm verstehen: Den Opfern des Nationalsozialismus, Ermordeten, Deportierten, Vertriebenen, wird ihre Individualität mit ihrem Namen wiedergegeben und damit etwas von ihrer Würde. Sie sind nicht mehr nur Namenlose in einer nach Millionen zählenden Masse.

Dieses Buch entstand aus dem Erschrecken über die Expertokratien, es plädiert für eine Wieder-Aneignung, Neu-Aneignung der enteigneten Künste des Lebens und des Sterbens. Wenn ich auf diesen Seiten zu den Griechen und zum Alten Testament zurückkomme, dann deshalb, weil ein etwas außerhalb gelegener Platz als Basis der Beobachtung nicht zu verachten ist. Ich möchte eine Peilung der gegenwärtigen Lage möglich machen, und das geschieht, indem man die Abstände ausmisst: «Wer nicht von dreitausend Jahren / Sich weiß Rechenschaft zu geben, / Bleib im Dunkeln unerfahren, / Mag von Tag zu Tage leben.» Mit den dreitausend Jahren meinte Goethe im «West-östlichen Divan»: Homer und die Bibel. Zwischen uns und damals liegt eine Veränderung der menschlichen Beziehungen, die man zunächst als Individualisierung beschreiben kann. Ihre Entwicklung im Einzelnen zu verfolgen, ist ein Leitfaden unserer Darstellung: Aus dem Massiv der fraglos geltenden Sitten arbeitet sich das Subjekt heraus und schlägt den Blick auf.

1. DIE ENTDECKUNG DER VERGÄNGLICHKEIT

Marcel, der älter gewordene Erzähler aus Prousts Roman «Auf der Suche nach der verlorenen Zeit», will einen Abendspaziergang machen, er geht denselben Weg wie in jungen Jahren mit der Freundin Gilberte. Zufällig bleibe ich bei einem Satz hängen: «Auf das Vergnügen, bei der Heimkehr einen purpurfarbenen Himmel den Kalvarienberg einrahmen oder in die Vivonne niedersinken zu sehen, folgte jetzt das, erst bei beginnender Dunkelheit aufzubrechen, wenn man im Dorfe nur noch auf das bläuliche, unregelmäßige, wandernde Dreieck heimkehrender Schafe stieß.»[1] Es gibt ein «Jetzt» und dann ein «Erst», ein Früher und Später. Aber diese Zeit wird nicht mit einem Uhrzeiger gemessen. Abgelesen wird sie am Stand des Himmels über dieser Erde. Wir können gar nicht anders, als uns ständig unsere kosmische Stellung zu vergegenwärtigen. Wir sind schon «draußen», indem wir «drinnen» sind, und gerade die zarteste Wahrnehmung der Innenwelt weist uns nur weiter hinaus. Was wir wirklich erfahren, geschieht in einem Zeit-Raum.

Wir leben im Hier und Jetzt. Das ist trivial. Aber das Jetzt verlangt das Hier, es ist nur das Jetzt dieses Hier, nur an diesem Berg leuchtet jetzt der Himmel so. Damit ist ein innerer Zustand verbunden, in Prousts Fall das «Vergnügen». Die Poesie leistet die Arbeit der Übersetzung zwischen dem Außen und dem Innen, dem Jetzt und dem Hier. Denken wir an das «Abendlied» von Matthias Claudius: «Der Mond ist aufgegangen.» Oder an den liebenswürdigen Aberglauben von den

Sternschnuppen und den Wünschen, diese Poesie für alle. Mit solchen Stimmungen beginnt es, sie liegen allem voraus, was wir bewusst denken und tun. Und wir haben nicht nur einen Biorhythmus wie die Tiere, sondern einen bewussten Bezug zu den kosmischen Tatsachen der Tages- und Jahreszeiten.

Die Philosophie Kants hat diese Verwiesenheit auf das Hier und das Jetzt in theoretischer Form ausgedrückt. In der «Transzendentalen Ästhetik», also der Lehre von den Bedingungen aller Wahrnehmung, diskutiert Kant, was Raum und Zeit bedeuten. Mit ihnen beginnt es, sie müssen schon da sein, wenn Erkennen und Weltorientierung möglich sein sollen. «Bei dieser Untersuchung», sagt Kant, «wird sich finden, dass es zwei reine Formen sinnlicher Anschauung, als Prinzipien der Erkenntnis a priori, gebe, nämlich Raum und Zeit.»[2]

Ein anderer Philosoph, Henri Bergson, hat hundert Jahre später das Innen vom Außen und die Zeit vom Raum radikal trennen wollen. Mit dem Satz «Wir drücken uns notwendig durch Worte aus, und wir denken zu allermeist im Raum» beginnt seine erste Abhandlung.[3] Diese Gewohnheit wollte er korrigieren; die wahre Zeit sei nicht die äußere einer Bewegung im Raum, sondern die innerliche in den «Tiefen des Bewusstseins». Für Bergson war Verräumlichung der Zeit die Hauptsünde. Das innere Ich, das fundamentale Ich wollte er stattdessen in den Blick nehmen.

Wo finde ich aber die wahren Verhältnisse in der höchsten Klarheit genannt? In der Schöpfungsgeschichte – sofern ich sie nicht als eine primitive, unzureichende Naturwissenschaft missverstehe, sondern in ihr den Anfang, die Voraussetzung meiner gelebten Erfahrung in der Sprache des Glaubens ausgedrückt sehe: «Im Anfang erschuf Gott Himmel und Erde. Die Erde war wüst und wirr und Finsternis lag über der Urflut und Gottes Geist schwebte über dem Wasser. Gott sprach: Es werde Licht. Und es wurde Licht. Gott sah, dass das Licht gut war. Und Gott schied das Licht von der Finsternis. Und Gott nannte das Licht Tag und die Finsternis nannte er Nacht. Es wurde Abend und es wurde Morgen: erster Tag.»[4] In diesen Rhythmen leben wir. Kunst des Lebens heißt zuallererst: die Wirklichkeit annehmen. Nicht im Sinne eines Opportunismus, der Anpassung als höchstes Ziel setzt - ein solches Massiv ist die Wirklichkeit gar nicht. Sondern weil wir tätig sind: den Ball annehmen und verwandeln, den Schlägen tänzelnd entgehen, diesen Berg sich im Abfahrtslauf aneignen.

Das «süße Leben» nennt es Homer. Nicht einmal, sondern immer wieder: «Das süße, / fliehende Leben» heißt es, da es zu Ende geht.[5] Der Dichter meint nicht das Leben der Reichen und Privilegierten, für ihn ist das Leben an sich süß. Ist es vorüber, dann spricht Homer von der «Nacht des Todes». Das Wissen von diesem Unterschied, das erste Wissen überhaupt, macht den Homo sapiens, den «Wissenden», aus. Der Mensch bekundet es durch Feste des Lebens, der Verausgabung, des Überflusses, des Schenkens, der Lust, der Zeugung und Empfängnis (der höchsten Äußerung des Lebens), das Ins-Leben-Treten wird erinnert und gefeiert am Geburtstag; gleichzeitig (und deshalb) kennen wir Riten der Bestattung und der Trauer. Sie sind womöglich älter als die entwickelte Sprache. Die Toten ehrt man, aber man muss die Grenze zu ihrem Reich unübersehbar markieren: Wir hier lehnen die Zombies ab.

Andererseits bindet ein Bündnis die Lebenden an die Verstorbenen. Feiertage wie Allerseelen, in Japan das sommerliche buddhistische Obon-Fest für die Seelen der Ahnen bezeugen es. Die Regelung all dieser Verhältnisse nennen wir Kultur. Weil die Lebenden in einem Verhältnis zu den Toten stehen und selbst sterblich sind, gibt es Geschichte. Das ist die neutralisierte Form des Wissens von der Endlichkeit. «Geschichte» nennen wir den Prozess des endlichen Lebens, wenn wir ihn aus einigem Abstand nicht mehr unmittelbar gefühlshaft ansehen. Geschichte wurde durch Jahrtausende zunächst erlebt im Verhältnis zu Eltern, Großeltern, Kindern und Enkeln.

Am Anfang der schriftlichen Überlieferung stehen die Lehren oder Epen, deren Hauptthema die Erschütterung der Lebendigen angesichts der Sterblichkeit ist. So im biblischen Bericht von Schöpfung, Sündenfall und Vertreibung aus dem Paradies, so in der nahöstlichen Geschichte von Gilgamesch und ebenso in den Epen Homers, der «Ilias» und der «Odyssee» - das eine erzählt die Geschichte des jung dahingehenden Achilles, der ein intensives Leben einem langen vorzog, das andere die des Überlebenden Odysseus. Geschichten, auf die wir oft zurückkommen müssen - nicht, weil wir Bekenntnisse und Glaubenszumutungen verlangen, sondern, weil man Erscheinungen von heute nur versteht, wenn man weiß, von wie weit sie herkommen. Wir stehen in vieler Hinsicht am Ende jahrtausendealter Traditionen. Man erkennt die Dramatik nicht nur daran, dass diese oder jene gesellschaftliche Einrichtung sich wandelt oder verschwindet und einer neuen Platz macht. Sie zeigt sich auch darin, dass fundamentale Sachverhalte - das Leben, der Tod - in die Schwebe geraten.

2. DAS ÄLTESTE EPOS

«Gilgamesch, wohin läufst du? / Das Leben, das du suchst, wirst du gewiss nicht finden. / Als die Götter die Menschheit erschufen, / da bestimmten sie der Menschheit den Tod, / behielten aber das Leben in ihrer eigenen Hand.»[1] So erzählte man es in Babylon. Das Gilgamesch-Epos, eine Reihe von Texttafeln, entstand im zweiten vorchristlichen Jahrtausend. Held Gilgamesch ist das Idealbild eines Herrschers, der «die Tiefe auslotete, die Fundamente des Landes».[2] Ihm verdankt man die Gründung des Landes, er errichtete die Mauer von Hürden-Uruk. Das ist der politische Akt schlechthin, der Ruhm bringen wird: die Umgrenzung eines Bezirks. «Schau seine Mauer an, die sich so weit erstreckt! (...) Steig hinauf auf die Mauer von Uruk und geh herum, / prüfe das Fundament, inspiziere das Ziegelwerk, / ob nicht sein Ziegelwerk aus Backstein ist.»[3] Gilgamesch ist von außerordentlich großer Statur, wie es oft von den frühen Königen berichtet wird. Kultstätten hat er wiederhergestellt, Flutschäden beseitigt und Riten verordnet; kollektive Leistungen denkt sich das Epos in ihm gebündelt. Der Stolz, die Selbstfeier des Gemeinwesens werden auf Gilgamesch projiziert, so ist er auch der schönste aller Männer. Allerdings liegt darin eine Gefahr: Er ist übergewaltig. Und so soll Gilgamesch einen Freund finden, mit dem zusammen er etwas zu tun hat. «Möchte ich doch einen Freund, einen Berater gewinnen», sagt Gilgamesch.[4] Ein «starker Genosse wird zu dir kommen», verspricht man ihm zu seiner Freude, es wird Enkidu sein.[5] «Zwei Männer», schrieb der junge Walter Benjamin, «sind bei einander immer

Aufrührer, am Ende greifen sie zu Feuer und Beil.»[6] Und so kommt es.

Enkidu und Gilgamesch wollen den Chumbaba töten, der unzugänglich im Wald haust. Der Wald ist vorzivilisatorisch, der ummauerten Stadt entgegengesetzt, ungerodet, undurchdringlich, eine Welt des Schattens und der Dunkelheit. Um der Zivilisation willen muss Chumbaba getötet werden, denn er ist der «Wächter des Zedernwalds», ein Dämon.[7] Die beiden Freunde haben auch wirtschaftliche Motive; die Zeder ist begehrt bei den Bauleuten. So fällt der Beschluss: «Ein Löwenadler ist Chumbaba, wie Adad brüllt er (...), erschlagen werden wir ihn, werden auf ihn treten.»[8] Enkidu ist Gilgameschs Ratgeber und Traumdeuter, das heißt, er motiviert und ermutigt ihn. Der Plan gelingt, aber mit Folgen. Eine ältere Version des Epos, so sagt der Kommentar, «ließ bereits erkennen, dass Enkidu (im Traum?) eine Götterversammlung sieht, die über ihn und Gilgamesch wegen der Tötung des Chumbaba und des Himmelsstiers - auch gegen den Einspruch des Gottes Schamasch - die Todesstrafe verhängt. Der Gott Enlil jedoch bestimmt, dass nur Enkidu sterben soll.»[9] Die Krise des Todes tritt auch nicht nur einmal auf, man hört eine Drohung, sogar die Toten aus der Erde hochkommen zu lassen. Gilgamesch ist an die Grenzen des Menschen gekommen. Es gibt ein weiteres Motiv für den Tod Enkidus. In der VII. Tafel wird die Geschichte erzählt, wie die beiden Freunde den Himmelsstier töten und damit den Zorn der Göttin Ischtar heraufbeschwören. Immer handelt es sich indes um Einzelvergehen, nicht um den einen Sündenfall schlechthin.

Gilgamesch will die Götter um Enkidus Leben anflehen. Nur weil die Kampfgenossenschaft als Urform männlicher Freundschaft vorausgesetzt ist, kann die Trauer so großen Raum einnehmen. Von höchster Bedeutung in diesem Epos sind Beratungen: Gerechtigkeit herrscht, wo beraten wird. Die Sage von der großen Flut war vorderorientalisches Gemeingut. Hier aber war nicht nach guten Beratungen beschlossen worden; selbst die Götter überkam damals großer Schrecken. Sie klagen und weinen, waren sie doch nun «beraubt der gekochten Opferspeisen».[10] Die Flut selbst hatte keine moralischen Gründe in irgendwelchen Übertretungen, sie kam aus einer Laune: «Die Sintflut zu schicken, danach verlangte den großen Göttern ihr Herz.»[11] Der Tod Enkidus aber wurde, anders als die Flut, beraten. Nach zwölf Tagen «bettete der Tod Enkidu auf sein Sterbelager». Gilgamesch stimmt seine Klage an: «Enkidu (...) ereilte das Schicksal der Menschheit! Sechs Tage und sieben Nächte habe ich um ihn geweint, gab ihn nicht her, ihn zu begraben, bis der Wurm aus seiner Nase fiel. Ich aber, wie konnte ich da stillhalten, wie konnte ich schweigen - mein Freund, den ich liebe, wurde zu Lehm, Enkidu, den ich liebe, wurde zu Lehm!»[12]

Von «Lehm» zu «Staub»: Das Alte Testament spricht angesichts der Sterblichkeit von Staub. Deshalb musste die enge Freundschaft und Intimität mit Enkidu betont werden, weil nur dann der Tod diese erschütternde Fallhöhe hat. Ein Freund ist einer, mit dem man in einen großen Kampf geht. Man besteht ein Schicksal zusammen, das Bedeutung in sich trägt. Das ist es, was Männer hier verbindet. Die Natur, alle Welt wird nun zur Trauer aufgerufen.[13] In der Bibel liegt das ganze Gewicht der Sündenfallerzählung auf dem Gebot des einen Gottes. Gilgamesch hat einen Freund - Adam und Eva kennen sich gegenüber nur Gott. Bei Gilgamesch steht die politische Dimension im Vordergrund, er ist ein Herrscher: Im König konzentriert sich das menschliche Schicksal.

Es gibt ein Geheimnis der Götter. Sie besitzen eine Pflanze, dem Stechdorn ähnlich, durch die man die Lebenskraft wiedergewinnt. «Ur-schanabi» heißt sie, «Herzschlagpflanze».[14] Sie machen Rast, Gilgamesch sieht einen Brunnen mit kühlem Wasser, «stieg hinein und badete in dem Wasser. Eine Schlange roch den Duft der Pflanze, kroch lautlos herauf und nahm das Gewächs weg – als sie sich davonmachte, warf sie ihre schuppige Haut ab.»[15] Die letzte Chance des ewigen Lebens war dahin – aus Unachtsamkeit.

3. VOR DEM EINEN GOTT

Der biblische Schöpfungsbericht, vielleicht tausend Jahre jünger als die Geschichte von Gilgamesch, hat in seinen ersten Abschnitten einen starken Bezug zum Leben und schildert, was davor war, nur beiläufig: Die Erde war damals «wüst und leer». In Genesis 1, 11, wo es um den dritten Tag geht, spricht Gott: «Es lasse die Erde Grünes hervorsprießen, Pflanzen, die Samen bringen, und Bäume, die Früchte auf der Erde tragen, in denen ihr Same ist. Und es geschah so.» Diese vegetabilische Schöpfung wird aber, und das ist für die biblische Auffassung entscheidend, nicht zum Leben im eigentlichen, eminenten Sinn gezählt. Denn erst am sechsten Tag heißt es: «Nun sprach Gott: Die Erde bringe lebendige Wesen hervor nach ihren Arten: Vieh, Kriechtiere und Wild des Feldes nach ihren Arten! Und es geschah so. Gott machte das Wild des Feldes nach seinen Arten, das Vieh nach seinen Arten und alle Kriechtiere auf dem Erdboden nach seinen Arten. Und Gott sah, dass es gut war. Nun sprach Gott: Lasst uns den Menschen machen nach unserem Bild, uns ähnlich.»[1] Tiere und Menschen gehören zur gleichen Schöpfungsepoche, zum gleichen Tag, weil ihnen das Blut gemeinsam ist. Das Blut ist der Träger des Lebens; es steht für die Seele, erst mit ihm beginnt in der Schöpfungsgeschichte das Leben. Daher sehr viel später die Vorschriften für die Schlachtung und für die Opfertiere: Handelt es sich um ein Rind, dann sollen die Priester «das Blut ringsum an den Altar, der vor dem Eingang des Offenbarungszeltes steht, sprengen». So auch beim Opfer einer Ziege. Handelt es sich um eine Taube, soll der Priester das Blut «an der Wand des Altars ausdrücken».[2] In umgekehrter Reihenfolge der Schöpfung kommen für die Opfer schließlich auch an letzter Stelle Feinmehl und Gebäck ins Spiel, Pflanzliches also im Sinne von Nahrung *für* das Leben, *im Dienst* des Lebens, dann gibt man Öl dazu. So werden auch Speisegebote und Strafen gegenüber Noah begründet: «Nur Fleisch mit seiner Seele, nämlich dem Blut, sollt ihr nicht essen (...). Wer Menschenblut vergießt, durch Menschen soll sein Blut vergossen werden.»[3] Die Strafe wird als die völlig angemessene, passgenaue Antwort verstanden.

In der sichtbaren Welt ist die Frau dem Leben enger verbunden als der Mann: «Und Adam gab seiner Frau den Namen Eva (Leben), denn sie wurde die Mutter aller Lebendigen.»[4] Vermutlich fiel schon mit diesem Satz die erst viel später aktuell werdende Entscheidung für das Kriterium der Zugehörigkeit zum auserwählten Volk: Jude oder Jüdin ist zunächst ein Mensch mit einer jüdischen Mutter. Den Namen jedenfalls erhält Eva nach dem bekannten Genuss der verbotenen Frucht, der Vertreibung aus dem Paradies, der Verurteilung zur Sterblichkeit. Erst jetzt wird «Leben» als etwas zu Bemerkendes wahrgenommen. Berichtete das Gilgamesch-Epos anlässlich von Enkidus Tod von einer großen Gefühlsgeschichte, so bleibt die Bibel vergleichsweise kühl: Hier ist alles zur Lehre gestrafft. Gott hatte Adam verboten, vom Baum der Erkenntnis zu essen: «Denn an dem Tag, da du davon isst, musst du sicher sterben.» Dann wird Eva von der Schlange verführt und gibt auch ihrem Mann von dem Baum zu essen. Gott stellt ihnen die Konsequenzen des Sündenfalls vor Augen: «Im Schweiße deines Angesichts sollst du dein Brot essen, bis du zum Erdboden zurückkehrst, von dem du genommen bis. Denn Staub bist du und zum Staub musst du zurückkehren.»[5] Sie werden aus dem Paradies vertrieben. Die Sterblichkeit ist ganz an den Sündenfall gebunden, der sie begründet – davon wussten die babylonischen Dichter des Gilgamesch-Epos nichts. Dafür überliefert die Bibel keine Reaktion, keinen Protest des Menschen, auch keine Trauer. Er war gewarnt worden und kann sich jetzt nicht beklagen. Hier liegt also das ganze Gewicht auf dem Gebot des einen und einzigen Gottes. Gegenüber diesem Gebot ist der Mensch einfach nur Mensch, nicht als Held oder Zivilisationsgründer ausgezeichnet wie Gilgamesch: Adam ist irgendeiner, ein Jedermann. Den Baum des Lebens gibt es im Garten Eden, er ähnelt dem Unsterblichkeitskraut im Gilgamesch-Epos, wie es auch die Schlange in beiden Geschichten gibt und wie Euphrat und Tigris auch im Paradies Erwähnung finden.[6]

Eine zweite große Konfrontation von Leben und Sterben bringt die Flutgeschichte. In der Bibel wird die Flut anders motiviert als bei Gilgamesch, wo sie eine Götterlaune war. Es muss Grenzüberschreitungen gegeben haben, «Göttersöhne», von denen man nichts weiter weiß, lagen bei Menschenfrauen, noch lebten Riesen auf der Erde und «jene berühmten Helden der Vorzeit». In dieser Vermischungswelt konnte vom Recht keine Rede sein: «Die Erde aber war in Gottes Augen verdorben und die Erde war voller Gewalttat.»[7] Jetzt kann man einen ersten Schluss ziehen. Die Beziehung von Gilgamesch, den babylonischen Menschen und ihren Göttern erscheint im Epos schwankender, fast möchte man sagen: zufälliger; hier kann der eine Gott dies raten und der andere das. Die Bibel festigt alles auf eine Klarheit hin, das Verhalten zum ausgesprochenen Gebot wird die Mitte.

Noch sind die Verhältnisse des Lebens enorm, fast maßlos. Nach der Erwähnung der Mischung von Gottessöhnen und den Menschentöchtern sprach der Herr: «Mein Geist soll im Menschen nicht ewig mächtig sein, weil er Fleisch ist. Seine

Lebenszeit soll nur einhundertzwanzig Jahre betragen.»[8] Das Leben hatte seine Grenze noch nicht gefunden. Adam lebte nach der Geburt des Sohnes Set noch achthundert Jahre, insgesamt 930 Jahre, Methusalem sogar 969. Noah war 500 Jahre alt, als er Sem, Ham und Japhet zeugte. Als die Flut endet, ist er 601 Jahre alt.

Wie sie am gleichen Schöpfungstag entstanden, so teilen Menschen und Tiere in der Flut das Schicksal des Lebendigseins: «Denn ich will eine Flut, Wasser, über die Erde kommen lassen, um alles Fleisch, in dem Leben ist, unter dem Himmel zu vertilgen.» Noah soll «von allen lebenden Wesen, von allem Fleisch» zwei mitnehmen, «damit sie dir am Leben bleiben».[9] Das Leben gehört Mensch und Tier. Die Flut endet mit dem Versprechen Gottes: «Nicht noch einmal will ich alle Lebewesen vertilgen, wie ich es getan habe.»[10] Auch die Patriarchen nach der Sintflut erreichen noch sämtlich ein Legendenalter zwischen hundert und zweihundert Jahren. Vor Abraham war die Existenz des Lebens schwankend: Einerseits wucherte es, wurde maßlos noch im Turmbau von Babel, andererseits bedeutet es nicht nur individuelle Sterblichkeit, sondern ist auch von absoluter Vernichtung bedroht – unberechenbar im Rhythmus, hat es seine Ordnung noch nicht gefunden. Erst mit Abraham spielen sich die Zeitmaße, spielt sich die uns geläufige Lebensdauer ein – mit dem Beginn des auserwählten Volks. Die Epoche von Übermaß und Katastrophe ist zu Ende.

4. «ILIAS» UND «ODYSSEE»: ZORN UND ERKENNTNIS

Homers Epen, noch einmal jünger als die Schöpfungsgeschichte, zeigen uns einen früh sterbenden und einen überlebenden Helden: In der «Ilias» ragt Achilles hervor, Odysseus gibt dem anderen Epos seinen Namen. Bei den Griechen steht alles unter dem Vorzeichen des Heroischen, ist alles Aktion, Krieg, Abenteuer auf See: Ein Maximum von Kräften wird mobilisiert, der Mensch erscheint auf dem Gipfel seiner Fähigkeiten, die erst in der Krise erwachen und erkennbar werden. Kein Jedermann steht dem einen Gott gegenüber, sondern eine Aristokratie muss sich den letzten Fragen stellen. Der Krieg gegen Troja, mit dem beide Werke sich befassen, ist die Folge eines Frauenraubs. Die Götter stehen teils auf der Seite Trojas – so Aphrodite, der Paris den Apfel der Schönsten gereicht hatte –, teils auf der der Griechen – so Pallas Athene und Hera: Die Apfelgeschichte, bei der sie leer ausgegangen waren, haben auch sie nicht vergessen. Schließlich ist dieser Krieg die erste große Ost-West-Auseinandersetzung. Vor allem im vierten und fünften Gesang der «Ilias» wird der Leser zum Zeugen eines gigantischen Gemetzels. Troja ist eine hoch entwickelte Stadt, die Straßen werden immer wieder gerühmt – wie auch die anderen von uns betrachteten Geschichten Zivilisation voraussetzen: Kain war der erste Städtegründer, von Gilgameschs Leistung bei der Errichtung der Stadtmauern war schon die Rede.

Achilles kennt sein Schicksal nicht nur, er selbst hat es gewählt, als ihm die Alternative klar wurde: «Meine göttliche Mutter, die silberfüßige Thetis, / Sagt, es sei mir zwiefach das

Los des Todes und Lebens / Von den Keren bestimmt: und wenn ich um Ilion kämpfe, / Sei mir die Heimfahrt versagt, unsterblicher Ruhm mir verheißen; / Aber wenn ich kehre zum werten Lande der Väter, / So vergehet mein Ruhm, doch werd' ich lange dann leben, / Und es wird mich spät die Hand des Todes ergreifen.»[1] Man hat bei Frühverstorbenen manchmal das vage Empfinden, dass sie nicht ganz zu den Irdischen gehörten. Das ist auch bei Achill der Fall. Seine Mutter Thetis war die schönste unter den Nereiden, den Töchtern des Meergottes. Noch sind die Götter nah. Sie sind die Unsterblichen. Apollon selbst muss den Griechen Diomedes ermahnen: «Hüte dich ferner, / Dich den Göttern zu gleichen; denn sehr verschieden von Abkunft / Sind die unsterblichen Götter und erdebewohnenden Menschen.»[2] Achilles also stirbt jung. «Ach, so früh dem Tode bestimmt und elend im Leben!», klagt er einmal.[3] Er ist dafür der schönste unter den Männern, die vor Troja stehen, und der kühnste Krieger, die eigentliche «Schutzwehr des Heeres».[4] Wir sehen einen James Dean der Antike. Erfüllt kann ein Leben ohne weite zeitliche Ausdehnung sein; auch Romeo und Julia mag man sich nicht alternd vorstellen. Gegenüber, auf der anderen Seite der Lebensdauer, steht Nestor, «Held von grauer Erfahrung», der über das Alter spricht: Er wünsche sich «auch der vorigen Zeiten / Stärke, da ich den göttlichen Ereuthalion tot schlug. / Siehe, nicht alles geben zugleich die Götter den Menschen. / Damals war ich ein Jüngling, nun hat mich das Alter beschlichen. / Aber ich will bei den Reisigen bleiben, ich will sie ermahnen, / Ihnen helfen mit Rat; das ist die Ehre der Greisen!»[5]

Lange leben heißt: vieles erdulden. «Der Dulder» wird Odysseus formelhaft in der «Odyssee» genannt. Er hat «Schmerzen erduldet»[6] und auf dem Meer «so viel' unnennbare Leiden erduldet», wie es gleich zu Anfang im Musenanruf heißt. Ein Dulder lernt Geduld. Der heftig aufflammende Zorn, der Achilles charakterisierte (mit dem Anruf «Singe, Göttin, die Wut des Peleiden Achilleus» beginnt die «Ilias»), kann Odysseus bei seinen Vorhaben nicht helfen. Nicht nur lebt er länger, alles Zeitliche scheint sich um ihn herum zu dehnen - die eigentliche Pointe der «Odyssee» ist ja, dass und wie seine Heimkehr nach Ithaka sich immer wieder verzögert. Geschildert werden seine Abenteuer nach dem Ende des Trojanischen Kriegs, die von stets neuen Hindernissen durchkreuzte und erst am Ende glückliche Heimfahrt zu seiner Frau Penelope. Im Unterschied zu Achilles ist Odysseus verheiratet und Vater eines Sohnes: Telemach. Auch ist Odysseus ganz Mensch ohne direkte göttliche Ahnen - er hat einen Vater und eine Mutter. Lange leben heißt: sich mit der Form der Familie auseinandersetzen zu müssen.

Auch diese Form ist bedroht. Zwar harrt Penelope treu aus, aber die Oberschichtjugend von Ithaka (die «Freier») bedrängt sie hart, einen der Ihren zu heiraten. Odysseus sitzt derweil am Strand und weint vor Heimweh. Obwohl die Göttin Kalypso ihn gern bei sich behalten hätte - sie versprach ihm Unsterblichkeit «und nimmer verblühende Jugend»[7] -, entscheidet er sich für die Weiterfahrt zu Penelope. Lange leben heißt: unrealistische Versprechungen auszuschlagen. Schließlich hat der Held eine Eigenschaft, die ihn unter den anderen hervorhebt: «Erfindungsreicher Odysseus» nennt ihn Agamemnon schon in der «Ilias» bei der Inspektion der Schlachtreihen.[8] Das ist mehr als die bloße List, die ihm allerdings auch zugesprochen wird. In der «Ilias» wird er «weise» genannt.[9] Langsame Heimkehr erfordert andere Fähigkeiten als der reine Krieg. Die hier auftretenden Gefahren benötigen, um bestanden zu werden, die Erfindungskraft. Es stehen nicht Helden gegen Helden im Kampf wie in der «Ilias»: Man kann dem Gesang der Sirenen verfallen (dann muss man sich an den Mast fesseln lassen und der Mannschaft die Ohren mit Wachs verschließen). Man kann Ungeheuern gegenüberstehen, etwa einem rohen einäugigen Riesen, einem Menschenfresser, dann muss man lügen und «schlau ersonnene Worte» gebrauchen,[10] der Riese ist nämlich der Dumme.

Im Kampf der Helden zählte vor allem Tapferkeit. Sie wurde mit dem Tod bezahlt. Weil Odysseus es aber mit Ungeheuern zu tun hat, unter denen kein ebenbürtiger Gegner ist, muss er mit Klugheit vorgehen. So überlebt er. Lange leben heißt: nicht nur intelligent (im Allgemeinen), sondern auch klug (in Situationen) zu sein. Zu überlegen, abzuwägen. Die ausdrückliche Hervorhebung der Erkenntnis für das Handeln ist griechisch, einem Volk angemessen, in dem die Philosophie entstand.

5. STERBLICH – UNSTERBLICH

Athen und Jerusalem haben unsere Kultur geformt, auf sie müssen wir öfter zurückkommen, um aus dem Abstand zu erfassen, wer wir sind. Geformt nicht durch Ähnlichkeit, sondern gerade in der Gegensätzlichkeit der Auffassungen: Das antike Judentum hat keine «Philosophie», das antike Griechenland keine heilige Schrift. Von Abraham sagt die Bibel, dass er alt war «und hochbetagt und der Herr hatte Abraham in allem gesegnet».[1] Das ist formelhaft. Sein Sohn Isaak «verschied und wurde, alt und lebenssatt, zu seinen Vätern versammelt».[2] Dessen Sohn Jakob stirbt im Beisein der zwölf Söhne, die er segnet: «Er trug ihnen ferner auf und sagte zu ihnen: Ich werde mit meinen Vorfahren vereint. (...) Jakob beendete den Auftrag an seine Söhne und zog seine Füße auf das Bett zurück. Dann verschied er und wurde mit seinen Vorfahren vereint.»[3] Hier ist es mehr noch eine halböffentliche religionspolitische Zeremonie als eine bloße Familienszene, die zwölf Stämme Israels sind schon in den Söhnen Jakobs versammelt. Daher die große Würde des Abschieds, der zur eigenen Form wird. Moses stirbt, nachdem er von einem Berg in das Land hatte schauen können, das Abraham, Isaak und Jakob versprochen worden war: «Sein Auge war nicht matt geworden und seine Frische nicht gewichen.»[4] Was zwingend war, weil er ja in das verheißene Land sollte hineinschauen können, in jenes Ziel, zu dem er aus Ägypten das Volk geführt hatte: Das Sehen des Landes aus klarem Auge konzentriert in einem letzten Augenblick seinen ganzen Lebensinhalt. Sehr alt wird auch König David und gibt auf dem Sterbebett Salomo, seinem Sohn, den Segen sowie Aufträge zur Kriegführung.

Immer besteht in diesen Geschichten vom höchsten Alter ein Zusammenhang mit Gottes Absichten. Die Perspektive ist in diesem Sinn «objektiver»: Die alttestamentlichen Patriarchen haben einen Auftrag vom Herrn, mit dem sie nicht fehlgehen können. Die Ausnahme, wie wir noch sehen werden, ist König Saul. Aber auch der groß leidende Hiob starb am Ende «alt und lebenssatt».[5] Das sind nicht bloße Beschreibungen, sondern erzählerisch gestaltete, als zwingend angenommene Gnadenerweise, Sinnerfüllungen für jene Männer von Abraham bis Moses, die das auserwählte Volk erst gezeugt und dann geführt haben. Die Bibel behauptet, dass es ein Leben gibt, das seine Möglichkeiten ausschöpft. Die Gestaltung dieser Idee zeigt aber auch einen Vorrang, ein Vorrecht: «Alt und lebenssatt» sterben ausschließlich jene, deren Wirken für das auserwählte Volk, seinen Bestand und sein Gedeihen, entscheidend wichtig war. Hohes Alter ist Privileg.

Das ist eine von mehreren Perspektiven, aus denen das Alte Testament die Sterblichkeit betrachtet. Von ihr fundamental verschieden ist die Anschauung der Psalmen. Sie erzählen nicht einfach eine andere Geschichte – sie erzählen überhaupt nicht –, sondern sie reden aus einer anderen Sprecherposition. Nicht mehr wird *über* bestimmte Menschen berichtet, sondern Bitte und Klage ertönen aus dem Mund von solchen, die sich in Notlagen befinden, in Krankheit und Todesgefahr. Das Subjekt der Psalmen ist allein, es hat niemanden außer Gott, an den es sich wenden könnte: «Sogar mein Freund, auf den ich vertraute, / der mein Brot mit mir aß, er hat gegen mich die Ferse erhoben.»[6] Noch weniger kann der Reichtum Schutz bieten: «Kann doch niemand sich selber erretten, / niemand ein Lösegeld entrichten dem Herrn –

allzu hoch wäre der Preis für sein Leben, / keiner vermag ihn jemals zu zahlen - / dass er immerdar lebe und nicht schaue den Tod. Sieht er doch sterben die Weisen, / Narr und Tor zusammen vergehn.» Doch dann heißt es: «Gott aber entreißt meine Seele der Unterwelt, / wenn er mich aufnimmt.»[7]

Diese Unterwelt wird nicht ausgemalt, fassbare Jenseitsvorstellungen fehlen, eher legt der Wortlaut der Psalmen es nahe, dass es danach einfach zu Ende ist: Gott, der die Seele des Flehenden der Unterwelt entriss, hat ihn vor dem Tod gerettet und nicht etwa wiedererweckt. Die Bitten setzen ein Hier und Jetzt voraus, nicht eine Fortexistenz im Jenseits. Psalm 39 bittet: «Herr lass mich wissen mein Ende, / tu mir kund das Maß meiner Tage, / und wissen werde ich, wie vergänglich ich bin. Siehe, nur wenige Spannen breit hast du gemacht meine Tage, / mein Leben ist vor dir wie ein Nichts, / jeder Mensch ist nur wie ein Hauch. Der Mensch, er geht vorüber gleich einem Schatten, / nutzlos all seine Sorge, / er speichert auf und weiß nicht, wer es erhält.»[8] Das ist das Schlimmste: dass man nicht einmal sicher annehmen kann, dass die Söhne (wie bei den Patriarchen) das Werk fortsetzen. Erneut wird eingeschärft: Kein Trost ist da als bei Gott. Ähnlich fleht der Psalmist später: «Dem Totenreich ist nahe mein Leben. Ich werde zu denen gezählt, die fahren zur Grube, / ich bin ein Mensch ohne Kraft, mein Lager ist bereitet unter den Toten, / gleich den Erschlagenen, die ruhen im Grab; deren du nicht mehr gedenkst, / die keinen Teil mehr haben an deiner Sorge. Du warfst mich in die unterste Grube, / in die Finsternis, in den Abgrund.»[9] Dann folgt die merkwürdig herausfordernde Anrede an Gott, die ihm zur Bekräftigung des Flehens die absurde Alternative vorhält: «Willst du Wunder tun an den Toten? / Stehen die Schatten auf und künden dein Lob?

Erzählt man im Grabe von deiner Huld, / von deiner Treue im Totenreich?»[10]

Wiederum anders ist die Geschichte der Entrückung des Propheten Elija in den Himmel. Je dramatischer die Lage, umso nötiger wird eine außeralltägliche Stärke. Nicht die Rede zeichnet ihn in erster Linie aus, sondern eine ungeahnte, erschütternde Mächtigkeit, mit der er wirksam die heidnischen Mächte zurückdrängt: Das Wunder ist die Form dieser Wirkung. Nicht erst Jesus gibt sich durch seine «Zeichen» zu erkennen, von denen das Evangelium des Johannes sieben überliefert hat. Elija ist von Anfang bis Ende in Wundermacht gehüllt: darum die direkte Entrückung in den Himmel.

Nicht immer kann die Bibel den Tod nach erfülltem Leben preisen. Das verbietet der trockene Realismus, der ihren Stil eben auch prägt - es wäre im schlechten Sinn ideologische Verklärung, verlogene Romantik. Aus den Psalmen spricht die Angst vor Krankheit, Schwäche, Schmerz, Vereinsamung. Manchmal redet die Bibel deshalb pragmatisch sachlich. «Tod, wie gut ist deine Sendung», sagt das Buch Jesus Sirach, «für einen Unglücklichen und den, dem die Kräfte schwinden, für den Alten, der verbraucht und von Sorgen geplagt ist, / der mürrisch geworden und die Geduld verloren hat!»[11] Selbst hier noch ein Lob! Im gleichen Geist ist die Passage gehalten, die kurz vorher der Trauer eine Grenze setzt: «Mein Sohn, um den Toten lass Tränen fließen, / trauere und stimm das Klagelied an. Wie es ihm zukommt, bestatte seinen Leib / und verbirg dich nicht bei seinem Begräbnis. Weine bitterlich, mein Sohn, und klage vor Schmerz, / und halte die Trauer um ihn, wie es ihm gebührt, / Ein, zwei Tage, dass man dir nichts nachsagen kann, dann aber tröste dich über den Schmerz. / Traurigkeit führt zum Tod, / ebenso bricht Trübsinn die Kraft.»[12]

Trauer ja, Melancholie nein. Im Zweifelsfall nimmt das Alte Testament Partei für die Lebensrealitäten.

Diese Haltung entstammt einer Zeit, in der die Individualisierung viel weniger ausgeprägt war als heute. Das Empfinden für die Einzigartigkeit eines Menschen und für einen unwiederbringlichen Verlust ist für uns deutlich und natürlich geworden, der Pragmatismus des befristeten Trauerns im Alten Testament nicht mehr möglich. Vielleicht ist dies eine der biblischen Stellen, an denen wir den Abstand am stärksten spüren. Auch der Philosoph Paul Ludwig Landsberg registrierte schon vor hundert Jahren den beiläufigen Charakter des Todes unter «primitiven Völkern», wie er noch mit dem französischen Ethnologen Lucien Lévy-Bruhl sagt, wenn die Gruppe tun könne, als ob nichts geschehen wäre. Dagegen gewinne der Tod mit dem Auftreten einzigartiger Individualitäten an drohender Kraft.

Das Buch Kohelet rückt den Tod aus der Sphäre unmittelbarer Angst und Klage heraus und stellt ihn stattdessen in eine Perspektive der Weisheit und damit auch der Distanz. Weise ist einer, der sich nicht mehr von Wunschvorstellungen täuschen lässt, der auch die schmerzlichen Realitäten anerkennt. «Windhauch, nur Windhauch» - nach anderen Übersetzungen «Eitelkeit» -, so spricht Kohelet. «Was bleibt dem Menschen von all seiner Mühe, womit er sich abmüht unter der Sonne? Ein Geschlecht geht und ein anderes kommt, doch die Erde bleibt ewig bestehen. (...) Nichts Neues gibt es unter der Sonne. (...) Kein Gedenken bleibt den Früheren (...). Alles ist Windhauch und Haschen nach Luft. (...) Ach, der Weise stirbt genau wie der Tor.»[13] Das drückt eine Desillusionierung aus, aber keine Angst wie in den Psalmen. Der Sprechende ist eigentümlich unbetroffen.

Schließlich gibt es im Buch der Weisheit, dem spätesten

Buch des Alten Testaments, das schon nicht mehr zum jüdischen Kanon gehört und auf Griechisch verfasst wurde, noch eine Ethisierung und sogar eine positivere Darstellung des frühen Todes, von denen das Patriarchenlob und der nüchterne Wirklichkeitssinn der hebräischen Bücher nichts ahnen ließen. Hier findet man die Trostformeln für die Angehörigen Frühverstorbener, da zum ersten Mal im Alten Testament von der Unsterblichkeit die Rede ist. Dort liest man: «Der Gerechte aber wird, auch wenn er vorzeitig stirbt, in Ruhe sein. Denn ein ehrenvolles Alter besteht nicht in einem langen Leben; es wird nicht nach der Zahl der Jahre gemessen. Viel mehr gilt für die Menschen Einsicht als graues Haar und mehr als Alter ein Leben ohne Makel.»[14] Die Bedeutung des inneren Lebens, der «Einsicht» und «Gerechtigkeit», ist erkennbar gewachsen, die Dauer des Lebens wird von seiner Gottgefälligkeit abgekoppelt. Es besteht nicht mehr die archaische Gleichung zwischen der Erfüllung eines Gottesauftrags und lebenssattem Sterben im höchsten Alter. Die Welt hat sich differenziert. Aber wo immer man die Bibel befragt: Die Idee eines zur Unzeit gekommenen, fundamental ungerechten Todes ist ihr grundsätzlich fremd. Das ist der tiefere Sinn des Gottvertrauens.

6. AUFTRITT DER PHILOSOPHEN

Indem wir Kultur definierten als die Ordnung zwischen den Lebenden und den Toten, ließen wir die Unsterblichen und die Unsterblichkeit unerwähnt. Sie sind aber immer dabei. Die Mysterienkulte der Griechen, über die man nicht viel weiß, weil sie eben geheim, ein «Mysterium» bleiben sollten, weihten ihre Anhänger in eine Unsterblichkeitslehre ein. Johann Jakob Bachofen schrieb von der «Rettung aus den Händen jener finsteren Mächte, die mit nie endender Pein den Sterblichen schrecken. Wer durch die Weihe der Mysterien sich den Gott zum Führer wählt, der hat nicht nur auf der stürmischen See, sondern auch im Tode den Sieg über sie davongetragen, wie Herakles über den Hund des Hades, Oedipus über die Sphinx, Orpheus über die Sirenen, deren todbringendem Gesang er den rettenden seiner höheren Weisheit entgegensingt.»[1]

Bekannt ist der Kult von Eleusis, in der Nähe von Athen gelegen. Diese klassisch-antike Passionsgeschichte, wenn man sie so nennen darf, handelte von Demeter, «Erden Mutter in Locken», der Vegetations- und Fruchtbarkeitsgöttin, deren Tochter Persephone von Hades, dem Herrn der Unterwelt (römisch Pluto), geraubt worden war.[2] Blumen hatte sie pflücken wollen, da öffnete sich die Erde vor ihr, und er erschien: «Raubend riss er die Sträubende nieder im goldenen Wagen.»[3] Die Mutter, «krank von Sehnsucht» nach der Tochter, trauernd, gelobt, ein Jahr der Unfruchtbarkeit zu senden, wenn sie Persephone nicht wiedersehen darf: «Eher nicht ein zu gehen, nicht Erde fruchten zu heißen, / Eh sie mit Augen gesehen Ihr ein schönäugiges Mädchen.» Und so geschieht es. Zeus kann das Elend nicht weiter dulden und schickt den Götterboten Hermes zum Unterweltsherrn, der sein Bruder ist: «Hades finster in Haare // Der Untergegangenen Herre, / Erzvater Zeus gebeut Dir die edele Persephoneia / Auszulassen zu ihnen aus Erebos, dass sie die Mutter / Angesehen mit Augen.»[4] Hades kann nur einwilligen, zwingt aber Persephone zuvor, von einem Granatapfel aus der Unterwelt zu essen: «Auf dass sie / Nicht bliebe all ihre Tage / Auswärts bei der verhüllten Demeter, finstrer Gewande.»[5] Die genossene Speise bindet sie, aber nicht völlig. Beim Wiedersehen mit ihrer Mutter ist Demeter überglücklich, und der Dichter weiß von ihr, dass sie tanzte «wild wie die Weinbraut». Nur ein Drittel des Jahres muss Persephone künftig unten verbringen, in jedem Frühjahr darf sie wieder hinauf. Die Feier der Erdfruchtbarkeit geht über in ein Menschheitsmysterium. Was drunten in der Tiefe war, kommt wieder herauf. Dies etwa mag der Text gewesen sein, der die Festordnung der Mysterien von Eleusis leitete. Noch spielt sich alles unter den Göttern ab, in einer den Menschen fremden Ordnung, aber gemeint war: Die Unterwelt muss nicht das letzte Wort behalten.

Die Unsterblichen, die Götter, sind von Anfang an dabei, auch in der Philosophie, in die sich Mysterien da und dort verwandeln: Jetzt wird aus dem Geheimnis ein Ausgesprochenes. Denn in der Philosophie wird der Geist sich seiner Kraft und Würde bewusst, und deshalb muss sie auf die Frage aller Fragen antworten können. Die Antwort muss aus eigener Anschauung und Intuition kommen, die Philosophie kennt keine Offenbarungen heiliger Bücher. Dabei muss sich das Seelische erst aus dem Natürlichen herausarbeiten. Thales (ca. 623/24 bis 548 v. Chr.) hat nach dem Bericht des Aristoteles gelehrt, «der Magnetstein habe, weil er das Eisen bewege, eine

Seele», und darum wohl die Seele als Bewegungsursache verstanden.[6] Und sofort erhebt sich die Frage, ob und wie die Seele der sterblichen Menschen an der Unsterblichkeit Anteil haben könnte. Über Pythagoras (ca. 570 bis 510 v. Chr.) wird von Porphyrios das Folgende berichtet: «Am meisten wurden jedoch folgende Lehren bei allen bekannt: erstens, dass er behauptete, die Seele sei unsterblich; zweitens, dass sie sich ändere, indem sie in andere Lebewesen eingehe, (...) schließlich, dass man alles Entstehende, das beseelt ist, als verwandt betrachten solle. Pythagoras scheint der erste gewesen zu sein, der diese Lehren in Griechenland einführte.»[7] Hier haben wir eine Idee der Seelenwanderung, wie Iamblichos noch direkter berichtet: «Er kannte seine früheren Existenzen und fing seine Betreuung anderer Menschen damit an, dass er sie an das Leben erinnerte, das sie früher geführt hatten.»[8] Aus dieser Einsicht in den Zusammenhang folgen ethische Regeln wie der Vegetarismus der Ernährung, der hier als Elitenprojekt erkennbar wird: «Enthalte dich der beseelten Lebewesen.»[9]

Auch Empedokles (ca. 495 bis 435 v. Chr.) lehrte die Seelenwanderung der Menschen in immer neuen Wiedergeburten mit der neuen Pointe des Aufstiegs: «Denn ich war schon einmal ein junger Mann, eine junge Frau, ein Gebüsch, ein Vogel und ein feuriger Fisch aus der Salzflut.»[10] Sein Denken nahm das Leben insgesamt in den Blick, eine Schrift von ihm zirkulierte unter dem Titel «Peri physeos» («Über die Natur der seienden Dinge»). Bei Empedokles ist die Lehre der Seelenwanderung an der Idee der Besten und Edelsten orientiert, seine Anschauung ist die aristokratische. Das entspricht dem griechischen Wettkampf, wo sich die Besten hervortaten. Man kann bei den Wiedergeburten im Rang steigen: «Unter den Tieren werden sie im Gebirge sich lagernde, auf dem Boden schlafende Löwen, Lorbeer aber unter den schönbelaubten

Bäumen.»[11] Mit Lorbeer ehrt man; der Löwe erwartet Respekt, selbst Herakles musste mit einem Löwen kämpfen. Löwe und Lorbeer sind, innerhalb ihrer pflanzenhaften und animalischen Beschränktheit, edle Existenzformen. «Am Ende aber werden sie Seher und Dichter und Ärzte und Fürsten für die auf Erden lebenden Menschen. Daraus erwachsen Götter, in höchsten Ehren stehend, den andern Unsterblichen Herdgenossen, Tischgefährten, menschlicher Schmerzen nicht teilhaftig, unverwüstlich.»[12] Wir sehen die Seelenwanderung geformt durch eine Rangordnung, die nah an die Götter heranreicht. Ein enormes Selbstbewusstsein der Philosophen sprach daraus, das nicht als persönliche Eitelkeit zu erklären ist, sondern konstitutiv ist für das Philosophieren selbst. Geist, der sich zutraut, die Wahrheit über Welt, Mensch und Götter zu finden, muss sich selbst so hoch schätzen.

Auch die Philosophie also hat von Beginn an nach dem Tod gefragt und versucht, die Furcht vor ihm zu bannen, sie beginnt sogar eigentlich mit dieser Frage, erst jetzt wird sie Philosophie und nennt sich selbst bei diesem Namen. Das geschieht in Platons Gespräch «Phaidon», die Philosophie versucht es mit einsehbaren Begründungen. Im Zentrum steht der methodische Gedanke, dass man im Austausch verschiedener Positionen und mit Argumenten die Wahrheit findet. Behauptungen werden angezweifelt, die Zweifel wiederum beantwortet. Erst diesen Prozess wird man Philosophie nennen können. Platon ist es, der die Wechselrede als Form des Denkens begründete, die Vorsokratiker hatten sie noch nicht.

«Phaidon» gibt einen Bericht vom letzten Tag im Leben des Sokrates, der zum Tod durch den Giftbecher verurteilt worden war. Und sofort bemerkt man das Außerordentliche: Am letzten Lebenstag eines der Ihren sprechen philosophierende Männer über Tod und Unsterblichkeit; am Schluss steht der Bericht vom Ende des Sokrates. Denken und Handeln bilden hier eine dramatische Einheit. Der zu bedenkende Gegenstand ist der einzige in dieser Situation noch angemessene. Wir sehen philosophische Praxis im besten Sinn, und insofern ist «Phaidon» der ideale philosophische Traktat. Sokrates wurde geboren 469 v. Chr., er starb 399 v. Chr., kam also deutlich nach Thales, Pythagoras und Empedokles.

Mit der Frage nach den eigentlichen Todesumständen des Sokrates beginnt es. Der erzwungene Trank aus dem Giftbecher kam verspätet, erfahren wir, weil ein Schiff zu Apollons Festen nach Delos fuhr - in einer solchen Periode darf keiner von Staats wegen getötet werden; es würde die festlich-heilige Angelegenheit beflecken. Sokrates erscheint, anders als seine Schüler, gefasst. Ein Mann, so sagt er, «welcher wahrhaft philosophisch sein Leben vollbracht, müsse getrost sein, wenn er im Begriff ist zu sterben, und der frohen Hoffnung, dass er dort Gutes in vollem Maß erlangen werde, wenn er gestorben ist».[13] Wir sehen eine Bewegung von Fragen, Antworten, neuen Fragen. Als der Gesprächspartner Kebes an der These des Sokrates zweifelt, ist dieser geradezu erfreut: «Immer spürt doch Kebes irgend Gründe aus und will sich gar nicht leicht überreden lassen von dem, was einer behauptet.»[14] Der Philosoph könne am Ende nach «gar nichts anderem streben als nur zu sterben und tot zu sein».[15] Warum? Weil sein ganzes Bestreben darin liege, vom Leib abgekehrt und der Seele zugewendet zu werden, sich im reinen Gedanken aufzuhalten, keine bloßen Sinnesevidenzen des Sehens und Hörens als Argumente zuzulassen. Dies begründet die Nähe des Philosophierens zum Tod: «Denn alsdann wird die Seele für sich allein sein, abgesondert vom Leibe, vorher aber nicht.»[16] Eine äußerste therapeutische Aufgabe liegt in der Philosophie, indem sie der Seele «gelinde zuspricht und versucht, sie zu erlösen, indem sie zeigt, dass alle Betrachtung durch die Augen voller Trug ist, voll Betrug auch durch die Ohren und die übrigen Sinne».[17] Sie lehrt Befreiung von der Furcht. Die allein leibgebundene Seele sei «unteilhaftig des Umgangs mit dem Göttlichen und Reinen und Eingestaltigen», man muss sich «von der Philosophie erlösen lassen».[18]

Ein Hauptargument des Sokrates für das überzeitliche Wesen der Seele ist die Lehre von der Erkenntnis als Wiedererinnerung. Frage man die Menschen nur richtig, so sagen sie spontan selbst, vielleicht auch erst nach weiteren Fragen, wie sich die Dinge verhalten, «da doch, wenn ihnen keine Erkenntnis einwohnte und richtige Einsicht, sie nicht im Stande sein würden, dies zu tun».[19] Die Philosophie ist berufen, das Höchste für das menschliche Leben aussagen zu können. Nicht an das Wahrnehmbare, sondern an «das Unsichtbare und Denkbare» soll man sich halten. Bewältigung der Todesfurcht sei die wahre philosophische Leistung.

Dieses therapeutische Denken einer philosophischen Tröstung über den Tod war auch in der Platon entgegengesetzten Schule der sogenannten Atomisten motivierend. Der römische Denker Lukrez hat in seinem Lehrgedicht «Über die Natur der Dinge» bündig gesagt: «Nichts also ist der Tod, nichts geht er im mindesten uns an, / Sintemal der Seele Natur für sterblich erkannt wird.»[20] Der Gedanke ist von Epikur übernommen, wo er sich unter den Hauptlehrsätzen findet: «Der Tod geht uns nichts an; denn was sich aufgelöst hat, ist ohne Empfindung; was aber ohne Empfindung ist, geht uns nichts an.»[21] Epikur sagte, den Tod gebe es nicht, solange wir leben. Das ist eine verkürzte Auslegung von «es gibt». Im Wissen von der Sterblichkeit, in der Trauer um die Toten «gibt es» den Tod sehr wohl. Man möchte hier eher von einer philosophischen Verdrängungsstrategie sprechen: Ein Zeugnis von der heilsamen Wirkung des Satzes, der Tod gehe uns nicht an, ist in der ganzen Literatur nicht zu finden.

Nachdem Sokrates seinen Gedanken dargelegt hat, murmeln Kebes und Simias etwas miteinander, Sokrates fordert sie zum Reden auf. Kann es sein, fragt Simias, dass die Seele gar kein Wesen für sich ist, sondern schlicht eine gewisse Stimmung, eine Harmonie des leiblichen Ensembles, und dass deshalb die Seele «zuerst untergehe»?[22] Die Anwesenden reagieren verstimmt, alle werden unruhig. Allein Sokrates ist angesichts der Einwände alles andere als verletzt und verteidigt zunächst das Reden überhaupt. Simias hatte von der Seele als der Stimmung gesprochen. Dies aber, so Sokrates, unterschätze die autonome, gestaltende Macht der Seele, ihre Fähigkeit, den Menschen zu leiten.[23] Im Argument des Sokrates steckt eine Idee der Selbstbestimmung: Diese Würde gibt der Seele das Anrecht auf Unsterblichkeit. Autonomie kann nicht als ein Ding unter Weltdingen verstanden werden, die Seele «regiert» vielmehr, und zwar «bald drohend, bald verweisend, mit den Begierden, dem Zorn und der Furcht wie eine andere mit einem anderen redend».[24] Die Stimmung dagegen wird geleitet von den Zuständen des Leibes und ist nicht, wie die Seele, fähig, die leiblichen Begehren ihrerseits zu leiten und zu beherrschen, die Seele muss folglich etwas Starkes sein, «etwas weit Göttlicheres», und ist einer bloßen Stimmung nicht zu vergleichen.[25] Wegen der ihr eigenen Auslegung als Selbstbestimmung, als Freiheit, konnte die Idee der Unsterblichkeit der Seele in Griechenland aufkommen. Darum erhält sie hier diesen starken Akzent.

Gegen Ende erzählt Sokrates einen Mythos der Orte im Jenseits, je nach dem Grad der Verschuldung. Häufiger Raub an den Heiligtümern ebenso wie mehrfacher Mord sind die schlimmsten Verbrechen, die Täter «wirft ihr gebührendes Geschick in den Tartaros, aus dem sie nie wieder heraussteigen».[26] Die wahren Philosophen, die sich durch Wahrheitsliebe «schon gehörig gereinigt haben, diese leben für alle künftigen Zeiten gänzlich ohne Leiber und kommen in noch schönere Wohnungen».[27] Solche Fabeln stellt Sokrates indes selbst unter einen Vorbehalt; so oder jedenfalls ähnlich müsse es wohl sein, aber in der Weise dieser Mythen zu denken, sei nicht mehr als ein «schönes Wagnis». Als Simias erklärt, «wegen der Größe der Gegenstände, worauf die Reden sich beziehen, und weil ich von der menschlichen Schwachheit wenig halte», bei einem gewissen Unglauben bleiben zu wollen, lässt man auch dies gelten.[28] Standhaft und edel geht Sokrates in den Tod.

Eine anmutige, schon spätantike Variante des Unsterblichkeitsgedankens gibt der Mythos von Amor und Psyche – das Grundthema von Liebe und Tod wird angespielt. Apuleius hat in seinen Roman vom «Goldenen Esel» dieses Märchen eingelegt. Psyche ist eine Königstochter, deren Schönheit sie, ohne dass sie es eigentlich gewollt hat, zur Rivalin der Venus macht. Das Volk wendet sich von der Göttin ab und der Sterblichen zu. Venus beauftragt ihren Sohn, den geflügelten, mit Pfeilen bewaffneten Liebesgott, Psyche zu bestrafen. Aber der Plan hat das entgegengesetzte Ergebnis. Psyche mit ihren lilienweißen Armen und ihrem goldenen Haar wird unsterblich, eigentlich als Ergebnis einer Katastrophe, denn sie hat den Gott gesehen, was er ihr untersagt hatte. Aber auch hier noch eine starke Ironie – Psyche ist von Amor schwanger, und das möchte Venus nun schon gar nicht hören: «Wie? Ich? Großmutter? In der Blüte meiner Jahre?»[29] Andererseits hat Apuleius für den Liebeszauber der Venus Worte gefunden wie kaum ein Dichter. So schildert er ihren Tanz: «Langsam erhob sich ihr

Fuß, es schmiegte anmutig sich ihr Körper mit sanft auf die Seite gebogenem Haupte, jede Stellung in reizender Harmonie mit dem weichen Getöse der Flöten (...). Zuweilen tanzte sie allein mit den Augen.»[30] Ein Unsterblichkeitsmythos ist die Geschichte der Psyche, mitten im burlesken und unterhaltsamen Erzählen! Denn Psyche ist der Eigenname des Mädchens, aber auch das griechische Wort für die Seele.

Trotz ihres vorchristlichen Ursprungs bot sich die Geschichte vom Phönix einer christlichen Bearbeitung an, so im «Physiologos», einer allegorischen Auslegung der Tierwelt. Alle fünfhundert Jahre fliegt der Vogel zu den Zedern des Libanon, seine Flügel füllen sich mit Wohlgerüchen. Ein Priester schichtet einen Altar vom Holz des Weinstocks auf. Der Vogel kommt in seinem Wohlgeruch, stellt sich auf den Altar, Feuer erfasst ihn, er verbrennt. In der Asche findet der Priester einen Wurm, dem am zweiten Tag Flügel wachsen wie bei einem Vogeljungen, am dritten Tage ist er wieder wie früher. Feierlich grüßt er den Priester, steigt auf und zieht wieder in seine alte Heimat.

Michel de Montaigne (1533 bis 1592) bringt in die Philosophie einen völlig neuen Ton. Er spricht von sich, seinen Erfahrungen und Meinungen. Die «An den Leser» gerichtete Vorbemerkung seiner Essays warnt, dass er sich «darin kein anderes Ende vorgesetzt habe als ein häusliches und privates».[31] Als ein *Ich* hatte bisher nur Dante gesprochen. Wir betreten eine neue Welt. Ja die Welt überhaupt tritt dramatisch *als* Welt in den Blick. Der Kompass war nun überall verfügbar. Vasco da Gama hatte die Südspitze Afrikas umsegelt und war kurz vor Montaignes Geburt als Vizekönig von Indien gestorben. Ferdinand Magellan war gerade erst um die Welt gefahren; seine Expedition brachte den Paradiesvogel mit, der bis dahin in Europa unbekannt gewesen war - und so schön, dass man sich seinen Lebensraum nur als ein Paradies vorstellen konnte. Die Welt in ihren *Erscheinungen* wird unendlich interessant und mehr noch: Kopernikus hatte schon die These vertreten, dass die Erde nicht der Weltmittelpunkt sei, sondern ein «Stern unter Sternen» - man muss sich mit der Zufälligkeit vieler Dinge abfinden. Und so könnte man auch die Frage stellen, in welchem Sinne Montaigne überhaupt ein Philosoph zu nennen sei. In einem und nur in diesem: dass er jedes philosophische Problem, dem er begegnete, auf die Welt projizieren musste, um etwas sagen zu können.

In diesem Licht eignet er sich auch die antiken Autoren an; nicht zufällig ist Lukrez, der über die Natur geschrieben hatte, einer von Montaignes liebsten Gewährsleuten. Er geht von der Erfahrung aus, der er in seiner dreibändigen Sammlung am Ende einen eigenen Essay widmet. Die gesamte Bildung, auch die philosophische, liegt vor ihm und wird umgedeutet in eine Reflexion vielfältiger Lebenserfahrungen. Alles hat er gelesen, aber nicht aus einer leeren Bildungswut heraus, sondern um die Gestaltenvielfalt des Menschen zu erfassen. Der erste Essay, der mit einer Überlegung zu Edward, dem Prince of Wales, beginnt, kommt nach vielen anderen Beobachtungen zu der einen, die sie alle zusammenfasst: «Wahrlich, ein wundersam eitles, wandelbares und schillerndes Ding ist der Mensch.»[32] Schillernd - das verweist auf ein Farbenspiel. Wir verwandeln uns, sagt er an anderer Stelle, «wie jenes Tier, das die Farbe des Ortes annimmt, an den man es versetzt».[33] Hegel hat die Denkart Montaignes gut charakterisiert: Er habe «dazu beigetragen, dass der Mensch an dem Seinigen, seiner Erfahrung, seinem Bewusstsein usf. ein größeres Interesse gewonnen hat, dass er ein Zutrauen zu sich erhalten hat, dass es ihm wert ist und gilt» - dies sei sein «Hauptverdienst».[34]

Wenn Montaigne den Essay «Philosophieren heißt sterben lernen» mit einer Reverenz an Cicero beginnen lässt - «Cicero sagt, Philosophieren sei nichts anderes, als sich auf den Tod vorzubereiten» -, dann muss man genau zusehen, welchen Sinn das antike Zitat hier haben kann. Ein Gesichtspunkt fällt von vornherein aus: Von der Unsterblichkeit der Seele wird weder aus sokratischer noch aus christlicher Perspektive gehandelt. Im Gegenteil: «Wer die Menschen sterben lehrte, würde sie leben lehren.»[35] Den Tod behandelt Montaigne empirisch. Er schrieb den Essay übrigens, wie er ausdrücklich bemerkt, mit genau vierzig Jahren, dem Alter, in dem man gewöhnlich eine erste scharfe Lebenskrise angelegt sieht.

Nachdem Montaigne erwogen hat, Ciceros Satz könne dahin ausgelegt werden, dass er unserer Seele «eine Tätigkeit jenseits unseres Körpers» anweise, bevorzugt er doch eine agnostische Auslegung: dass nämlich «alle Weisheit und alle Vernunft dieser Welt endlich in das eine Ziel ausmündet, uns den Tod nicht fürchten zu lehren».[36] Darin kamen auch die gegenstrebigen Schulen der Antike, Platon und Lukrez überein. Diese Deutung zieht er vor, denn andernfalls «treibt die Vernunft mit uns Spott». Das Vergnügen ist unser Ziel. Verachtung des Todes beschert dem Leben eine «sanfte Ruhe», einen «reinen und freundlichen Genuss», und wenn es ganz schlimm kommt, dann werde doch der Tod alles enden. Der «gemeine Haufen» wählt den Ausweg, «nicht an ihn zu denken», aber das wäre «viehischer Stumpfsinn».[37]

Montaigne schreibt dies alles mit einer etwas belustigten Erzählstimme: «Man jagt unseren Leutchen Angst ein.»[38] Dann wieder schwatzt er über alle möglichen kuriosen, fast absurden Arten des Sterbens und darüber, wie viele Wege der Tod kennt: Man kann im Gedränge ersticken wie einst ein bretonischer Herzog, ein König wurde von einem Schwein umgerannt und überlebte es nicht. Montaignes Bruder flog beim Spiel ein Ball an den Kopf, er starb daran.[39] Selbst schlechte Witze scheut Montaigne nicht: «Jener, als ihn der Henker von der Leiter stieß, rief: Glückliche Reise!, was seine gewöhnliche Floskel war.»[40] Eine schnelle Kaskade von Sophismen bietet er auf, um die Furcht zu bannen. Wir kennen das materialistische Argument der Antike, das er aufnimmt: «Der Tod ist minder zu fürchten als nichts, wenn es etwas Geringeres gäbe als nichts. Er betrifft euch weder als Tote noch als Lebende: als Lebende, weil ihr seid; als Tote, weil ihr nicht mehr seid.»[41] Niemand stirbt vor seiner Stunde, will sagen: Die Zeit nach unserem Tod geht uns so wenig an wie die vor unserer Geburt. Wo immer das Leben endet, da ist es ganz vollendet. Das ist eine Wiederaufnahme von Senecas Argument gegen die Klage über die Kürze des Lebens: Diese hänge ganz von der Art und Intensität der Aktivität ab, der man sich gewidmet habe, nicht von der gemessenen Länge. Schaut euch um: «Und wenn Gesellschaft euch aufmuntern kann: geht nicht alle Welt den Gang, den ihr geht? (...) Reist nicht alles eure Reise?» Schließlich: «Alle Tage gehen zum Tode, der letzte langt an.»[42] Dein Schicksal ist doch nur das allgemeine.

Das Entscheidende dieses Essays ist die Form: Dass Montaigne beständig argumentiert, überredet und Beweisgründe gegen die Todesfurcht sucht, die er überall aufliest, wo sie sich gerade finden, ist der Inbegriff dieses Stils. Das ändert sich im letzten Band der Essays grundlegend. Er erschien 1588, acht Jahre nach dem ersten und vier Jahre vor Montaignes Tod. Zum Schluss redet er nämlich ganz von sich selbst. Er borgt keine antiken Argumente mehr aus, sondern ist wirklich bei der Erfahrung angekommen: «Einst zeichnete ich die schweren und düsteren Tage als Ausnahmen an, sie sind nun bald meine gewöhnlichen; die Ausnahmen sind die schönen und heiteren. (...) Ich bin dahin gekommen, wie über eine unerhörte Gnade zu frohlocken, wenn mich einmal nichts plagt.»[43] Seine ersten Bücher erschienen im Jahre 1580: «Seitdem bin ich um ein gutes Bündel Jahre älter geworden (...). Es wäre schön, alt zu werden, wenn wir nur je älter, je besser würden. So aber ist es der torkelnde, schwindlige, unstete Gang eines Betrunkenen, oder gleicht den Binsen, die der Wind hin und her weht, wie er will.»[44]

Montaigne malt die Beschwernisse des Alters aus, die sich nicht wegphilosophieren lassen: «Wir sind bestimmt, alt, schwach und krank zu werden, trotz aller Arznei. (...) Das Zipperlein, das Griesleiden, die Verdauungsbeschwerden sind die Meilensteine der langen Jahre, wie die Hitze, die Regen und die Winde die langer Reisen. (...) Mein guter Mann, es ist vorbei: man kann dir nicht wieder auf die Beine helfen; man wird dich höchstens ein wenig aufpflastern und stützen und dein Elend um ein paar Stunden verlängern. Man muss leiden lernen, was man nicht vermeiden kann.»[45] Aber auch dies lässt sich in Trost umdeuten: «Gott zeigt sich denen gnädig, denen er das Leben stückweise entzieht; das ist der einzige Segen des Alters.»[46] Hier kommt Montaigne zu einer ergreifenden Formulierung: «So schwinde ich hin und entgleite mir.»[47] Wie weit hat er sich von den stoischen Phrasen Senecas entfernt! Er möchte, wenn es so weit ist, die Sterbesakramente empfangen. In dieser Lage zieht er die Einsamkeit vor, man soll nicht ein ganzes Haus mit seinem Elend verdüstern. Wenn man Montaignes Haltung nun charakterisieren will, dann als eine wirkliche Gefasstheit, die nicht länger bloß behauptet und propagiert wird.

Auch die neuere Philosophie spricht noch von der Unsterblichkeit. Man hat oft den Eindruck, dass sie nur bis zu einer

Als-ob-Unsterblichkeit kommt. Kant (1724 bis 1804) wollte einen Beweis geben, der aber viele «Wenns» enthält und rein moralphilosophisch argumentiert: «Die völlige Angemessenheit des Willens zum moralischen Gesetze ist Heiligkeit, eine Vollkommenheit, deren kein vernünftiges Wesen der Sinnenwelt in keinem Zeitpunkte seines Daseins fähig ist.»[48] Bei Platon war es die richtige (philosophische) Vorbereitung der Seele im Diesseits, die ihr den Weg in die Unsterblichkeit eröffnete, bei Kant ist es umgekehrt: Aus dem Sündenstand heraus helfe nur eine Ausdehnung der Zeitstrecke. Die Angemessenheit von Wille und moralischem Gesetz werde als praktisch notwendig gefordert, deshalb könne sie nur erreicht werden, wenn man eine unendliche Zeitstrecke voraussetzt, einen «ins Unendliche gehenden Progressus». Dieser wiederum sei nur möglich «unter Voraussetzung einer ins Unendliche fortdauernden Existenz und Persönlichkeit desselben vernünftigen Wesens (welche man die Unsterblichkeit der Seele nennt)».[49] Wir müssen, so Kant, die Unsterblichkeit der Seele als moralische Notwendigkeit annehmen. Sie ist futurisch geworden, und der Fortschritt («Progressus») betrifft uns noch im Jenseits. Nicht aufgelöst, nicht einmal gestellt wird die Frage, wie von Zeit überhaupt noch sinnvoll gesprochen werden kann, wenn das Leben einmal zu Ende ist. Kant selbst hatte ja Raum und Zeit als Formen der Anschauung im *Diesseits* behandelt, als erste Begriffe einer transzendentalen Ästhetik - und das hieß Wahrnehmung.

Der einzige Philosoph, der vor Walter Benjamin das Verhältnis von Liebe und Tod bedachte, war Schelling in seinem philosophischen Gespräch «Clara oder über den Zusammenhang der Natur mit der Geisterwelt». Wir sehen hier, von Kant herkommend, den Übergang von der Aufklärung zur Romantik, von der Pflicht der Moralität zum Recht des Gefühls. Um ein Gespräch handelt es sich tatsächlich, denn wir haben es auch hier mit einem therapeutischen Dialog zu tun. Verfasst hat ihn Schelling 1810. Er war überhaupt der Erste, der die Frage nach der Unsterblichkeit der Seele nicht vom einzelnen isolierten Subjekt her sah - wie es von Platon bis Kant die Regel war -, sondern im Zusammenhang von Liebe und Freundschaft. «Innig» ist eines der Grundworte des Gesprächs, eines der schönsten deutschen Worte überhaupt.[50] Teilnehmer sind Clara, eine junge Witwe, der gleichfalls verwitwete Erzähler, ein Pfarrer, der sich als Philosoph zu erkennen gibt, daneben der Arzt, der von der Natur her denkt (er will «von unten hinauf» verstehen), und ein Mönch, der nur von der kirchlichen Lehre her argumentiert.

Schelling lebte von 1775 bis 1854, seine Frau Caroline, zwölf Jahre älter als er, hochintellektuell und die Intelligenz faszinierend, eine Legende der romantischen Bewegung, starb 1809. Sie muss ihn in die Liebe eigentlich initiiert haben, denn in bürgerlichen Normalvorstellungen war diese Ehe nicht denkbar. Die Erschütterung angesichts ihres Todes motivierte die Gedanken des Gesprächs, die Philosophie wird hier als Seelenberatung verstanden. Clara ist voller Intuitionen, die Unsterblichkeit der Seele betreffend. Was ihr aber fehlte, so der Erzähler, «war die Fähigkeit, sich ihre eignen Anschauungen durch Auswickelung klar zu machen». Wohltätige Wirkungen habe dagegen «der genau geordnete Zusammenhang eigner Gedanken».[51]

Sie kommen am Allerseelentag zusammen, im November; die Frommen gedenken ihrer Verstorbenen in der Kirche und auf Friedhöfen. Das «rührende Fest» nennt es der Erzähler: «Es war ein eigener Anblick, das Leben über den Gräbern zu sehen, das die matt scheinende Herbstsonne ahndungsvoll beleuchtete.»[52] Clara hatte beide in das nahe gelegene Benediktinerkloster eingeladen, wo sie Angelegenheiten des Grundbesitzes zu verhandeln hatte. Sie stammte aus einer katholischen Familie, war aber mit einem Protestanten verheiratet. Alle stehen unter dem Eindruck der Atmosphäre des Tages; Clara erklärt mit einer alle überraschenden Heftigkeit, ihre Tränen könnten durch eine «magische Gewalt» den verstorbenen Gatten in seinem Grab «erfrischen».[53]

Man erkennt eine mit der Romantik einsetzende neue und verinnerlichte Deutung der Ehe. Der Erzähler nimmt den Faden auf und versucht darzulegen, «wie dieses Leben, das wir jetzt leben, ein ganz einseitiges Leben ist; dass es erst vollendet wäre, wenn jenes höhere Geistige sich mit ihm verbinden könnte».[54] Ein hinzugetretener Mönch will von Gedanken dieser Art gar nichts wissen. Zwischen ihm und Clara beginnt ein regelrechter Disput. Der Mönch spricht distanzierend vom «trostreichen Gedanken der Unsterblichkeit», Clara verlangt nach intensiverer, unmittelbarer Gewissheit und antwortet: «Und zu nichts mehr? (...) Dieses Wort Unsterblichkeit ist viel zu schwach für meine Empfindung.»[55] Der Mönch misstraut in seelsorgerischer Verantwortungsethik dem Wunsch, mit den Dahingegangenen «zusammenzuschmelzen»; man «kann dem Schicksal abgeschiedener Freunde nicht folgen, worin ich ohnehin eine Art von eigennütziger Liebe sehe». Sich hineinzuphantasieren in «eine Welt, die mit dieser gar nichts gemein hat», hält er für verwerflich, er warnt vor «Einbildungen unseres Gefühls, Erfindungen unserer Sehnsucht». Der Erzähler neigt eher zu Claras Intuition: «Ein inniger Gedanke, verbunden mit völliger Abziehung von allem Äußeren, versetzt uns in jene andere Welt.»[56] Einige Wochen darauf, an Weihnachten, fühlt Clara sich einer verstorbenen Freundin näher und verspürt wieder das Unglück darüber, dass solche Empfindungen nicht dauern wollen; sie sieht sich in den «getrennten

Zuständen» eigentlich versagen, ist enttäuscht von sich. Nun rät ihr der philosophierende Erzähler, nicht bei der Intuition zu bleiben, sondern mit ihm die «Auseinanderfaltung der Erkenntnis» in «deutliche Begriffe»[57] zu versuchen.

In den Begriffen von Leib, Geist und Seele spielt sich nun die Klärung ab, man könnte an eine Art verallgemeinerter, höherer Psychosomatik denken. Der Erzähler spricht einen für Schelling zentralen Gedanken aus, wenn er den «Bann» benennt, unter dem die Natur noch liege. Clara stimmt zu: «Einen solchen magischen Zusammenhang des Menschen mit der Natur habe ich schon lange geahndet.»[58] Den Geist an sich könne man nicht lieben, wohl aber achten. Man liebe die Seele des anderen, sie «ist es eigentlich, die wir vorzüglich lieben, die uns gleichsam auf magische Weise an sich zieht». Seele ist «im Menschen das eigentlich Menschliche», «das *Vornehmste*».[59] Noch ist die Seele derzeit, auf Erden, «von der Materie verzaubert».[60]

Mit dem Mittelbegriff der Seele findet die philosophische Therapie ihren Sinn. «Gewiss ist doch», sagt Clara, «die Seele ist nicht, wo sie ist, sondern wo sie liebt.»[61] In einem hymnischen Bekenntnis des Erzählers klingt das Gespräch aus: dass «dort Gleiches zu Gleichem gesellt werde, nämlich innerlich Gleiches, und jede schon hier göttliche und ewige Liebe ihr Geliebtes finde».[62] Clara hat nun ihre anfängliche Intuition wiedergefunden, nach der «dem Menschen sein Inneres eröffnet werde, wodurch er doch in beständiger Beziehung zu einer höheren Welt stehe», und der Erzähler kann nur noch bemerken, dass hier nichts zu erzwingen ist: «dass eine solche Gabe nie dem Wollenden zu Theil wird, dass Gelassenheit und Ruhe des Willens die erste Bedingung dazu ist».[63] Woher dann aber, fragt Clara, die Anhänglichkeit an die Erde? Auch die Erde, so vermutet der Erzähler, hat noch eine unentdeckte, unthematisierte Bedeutung; in einer Art mystischer Astronomie, an Gedanken zur Sphärenharmonie von Pythagoras und Kepler erinnernd, bleibt sie unabgeschlossen und nur als utopische Aufgabe der Philosophie angedeutet. Das Christliche ist als Äther des Denkens gerade noch präsent, aber die eigentlichen Argumente sind nicht mehr konfessionell fixiert, wie sich auch in den sprechenden Personen Konfessionsübergreifendes, hier Katholisches und dort Protestantisches, findet. Die neue Auffassung der Ehe als Intimität der Seelen, weit entfernt von der Zweckgemeinschaft, motivierte Schelling.

Auf dem Weg über die Sittlichkeit, wie Kant, hat auch Edmund Husserl (1859 bis 1938) die Unsterblichkeit begründen wollen. Ein Leben, das «universale Wertbeiträge» leiste, sei vom Tod gleichsam befreit, in solchem Fall sei die «Vergänglichkeit zugleich Unvergänglichkeit».[64] Aber eben nur «gleichsam». Ehrlicher Husserl, der nicht mehr verspricht, als er argumentativ einlösen kann! «Also die Intersubjektivität und ihr Gemeinschaftsleben überbrückt in gewisser Weise den Tod.» Das Problem wird an die Menschengemeinschaft überwiesen, an die «Intersubjektivität», die im Lauf der Jahre für Husserls Philosophieren immer mehr an Bedeutung gewann und in den «Cartesianischen Meditationen» dann auch ausdrücklich thematisiert wurde. Husserl schrieb diese Ethik in den Jahren nach dem Ersten Weltkrieg im Angesicht von Tod (sein Sohn war gefallen), kollektivem Wahn und nationalem Zusammenbruch. Man müsse «Kraft haben im Glauben an eine sinnvolle Welt» – so lautete seine heroische Maxime, und er wusste doch auch: «Aber in jedem Moment ‹droht Schicksal› in allen seinen Formen.»[65]

Mit der Intersubjektivität hatte Husserl die Verwandlung seiner Gedankenmassen in eine sozialphilosophische Richtung angedeutet. Andererseits ist hier das Missliche, dass die

Unsterblichkeit in seiner Lesart rein «sozial» wird und, nach dem Maßstab der bürgerlichen Gesellschaft, großen Kulturleistungen und «universalen Wertbeiträgen» vorbehalten ist – in dem Sinn, wie die Mitglieder der Académie française (und nur sie) als «Immortels», Unsterbliche, bezeichnet werden.

7. DIE LEBENSALTER

«Leben besteht darin, dass man altert.» Das hat Henri Bergson gesagt, einer der großen Zeit-Philosophen.[1] «Who knows where the time goes» heißt ein herrlich trauriges Lied der britischen Sängerin Sandy Denny. Ist das Vergehen der Zeit nicht der eigentliche Keim des Poetischen? Und ist deswegen das Altern auf eigentümliche Weise beglückend, als eine natürliche Poetisierung des Lebens? Es läuft nicht gleichmäßig ab, gewisse große Übergänge lassen sich ausmachen. Und immer lautet die Aufgabe: sich im Verändern gleich bleiben, im Gleichbleiben verändern. Fähigkeit zur Metamorphose: als hässliches Entlein beurteilt, dann als majestätischer Schwan erkannt; eine kriechende, graue Raupe, ach nein: der zarteste, farbige Schmetterling.

Die Zeit des Lebens, die begrenzt ist, erlegt uns eine Pflicht zum sinnvollen Gebrauch auf. Wie kann das Leben sinnerfüllt werden? Man erlebt das eigene Handeln und Tun als sinnvoll, wenn man den Verlauf der Dinge beeinflussen kann; eine gewisse Wirkmächtigkeit ist immer eine positive Erfahrung: Man merkt, welche Kräfte man tatsächlich hat, man misst sich mit der Welt. Das ist jedenfalls *eine* Dimension des Sinns, wir fassen sie kurz unter dem Titel «Arbeit» zusammen. Arbeit heißt: Bewältigung von Widerständen. Indem man diese Widerstände kennenlernt, erfährt man etwas über die Welt. In der Überwindung der Widerstände erfährt man die Bewährung, Arbeit stiftet eine Verbindung zur Welt, die über die Eigeninteressen hinausgeht. Man wirkt als Teil von etwas. Erst so lernt man sich kennen, nicht durch Innenschau und Selbstanalyse.

Arbeit darf nicht alles sein. Die verbreitete antike Ansicht war sogar die gegenteilige: Arbeit als bloße Sorge für das Notwendige erniedrigt, darin kann sich der Sinn eines Lebens nicht erschöpfen. Handeln im Zusammenhang des Gemeinwesens, an dem man Anteil nimmt, ist freies Handeln und ziemt sich für freie Menschen. Für die Edlen in Griechenland gab es Dienste für das Vaterland, die Polis, die Stadt; frei war auch das Philosophieren. Für die Römer galt die Tätigkeit für den Staat als ehrenvollste Lebensform, Cicero stellt sie noch über das Philosophieren. Für das antike Judentum war der Horizont der Sinnerfüllung in der Offenbarung gegeben, will sagen, in der Wanderung in das von Gott zugesagte Land, im Bau des Tempels, im Erleiden des babylonischen Exils, in der Rückkehr. Aber auch beim Bau des Tempels arbeiten nicht eigentlich die Israeliten. Das Holz für den Bau liefert der König aus Libanon - «Du weißt ja, dass unter uns niemand ist, der sich aufs Holzfällen versteht wie die Sidonier», schreibt ihm der König Salomo.[2] Die Bronzearbeiten erledigt Hiram aus Tyrus, Salomo bezahlt dafür.[3] Für die faktische Bauarbeit werden stammfremde Kanaanäer zwangsverpflichtet. Gewisse Städte hatten die Israeliten nämlich bei der Landnahme nicht völlig in Besitz nehmen können, darum «gelang es den Kanaanitern, in diesem Land wohnen zu bleiben. Als jedoch die Israeliten stärker wurden, haben sie die Kanaaniter der Fron unterworfen, aber nicht ganz vertrieben.»[4] In vergleichbarer Lage waren die Israeliten in Ägypten gewesen.[5] Dass «die anderen» die Arbeit tun, war über große Abschnitte der Weltgeschichte die Regel.

Erst in der Frühen Neuzeit wird die Arbeit aufgewertet. In der «Utopia» des englischen Staatsmannes und Humanisten Thomas Morus (1478 bis 1535) sollte sogar gleich Arbeitspflicht herrschen. Die erste Brücke zwischen einer arbeitsorientierten «vita activa» und einer frei philosophierenden «vita contemplativa» war die frühneuzeitliche Alchimie. Ihr Angebot an die Eliten lautete: Ihr könnt euch mit der Stoffeswelt beschäftigen, die Natur studieren, die Metalle und Mineralien und genau dabei auch eure philosophischen Qualitäten behalten, ihr verliert keineswegs die Denkerwürde, wenn ihr ans hohe Werk geht. Etwas von dieser Verbindung steckt noch im heutigen Professionsideal. Professionelle Tätigkeit erschöpft sich nicht in der Anwendung fertiger Regeln auf ein begrenztes Problem, sondern ist mit Krisen konfrontiert, in denen neue Lösungen gefunden werden müssen. Insofern ist sie niemals «entfremdet». Die Klassenschranke verläuft zwischen den Angehörigen von Professionen und jenen, die einen «Job» haben, mit dem sie sich nur zum Teil identifizieren und aus dem sie nur schwer einen Lebenssinn ableiten können. Eine Studie des Haftpflichtverbandes der Deutschen Industrie aus dem Jahr 2022 hat ergeben, dass die Bindung an die Arbeit zurückgeht. Der Umfrage nach wünschen sich knapp achtundvierzig Prozent der Befragten lieber eine Teilzeitstelle, keinen Vollzeitjob. Zudem gewinnt die Idee der Vier-Tage-Woche an Zustimmung. In der Arbeit liegt aber auch die Idee größerer Verbindlichkeit und damit der Bewährungschancen, die eine bloße Freizeitbeschäftigung nicht haben kann. Wie man der Lebensgeschichte Sinn zuschreiben können soll, wenn nicht mehr die Arbeit – und damit gesellschaftliche Wirksamkeit – den «aktiven Menschen» ausmacht, ist eine der Fragen, die die Zukunft lösen muss.

Jugend heißt: in den selbst gefundenen Einsichten und Idealen die Gegenposition zur Welt beziehen. Pubertät ist der Inbegriff der Jugend. Die ersten wirklich eigenen Intuitionen werden bewusst. Man weiß nun, was schön ist, was wahr ist und was gut: nicht aus Belehrung der Erwachsenen, sondern aus sich selbst und vielleicht von den etwas Älteren. Das strahlt für kurze Zeit in absolutem Glanz, in unendlicher Bedeutung. Aber wenn man kein Wunderkind ist, kann man diese Ahnungen noch nicht in der Wirklichkeit einlösen - gegen dieses Massiv der Erwachsenen muss deshalb protestiert werden. Der «Subjektivismus der Jugend», sagte Georg Simmel, sei «entweder eine leidenschaftliche Gegenwirkung gegen die Welt oder ein unbekümmertes Sich-Aussprechen und -Ausleben, als ob sie nicht da wäre».[6] Darum ist Radikalismus die eigentümliche Stimmung dieses Alters. Sie ist katastrophenträchtig.

Die Überführung des absolut Guten und absolut Schönen in ein Weiterleben gelingt nicht jedem, Verrat liegt hier ebenso nahe wie Kapitulation. Man braucht zum Navigieren eine Kunst, die man nirgendwo lernen kann, höchstens bei den Angehörigen der eigenen Generation. Um 1900 begannen Jugendbewegungen sich zu organisieren. «Ich habe hier die Parole der Jugendlichkeit ausgegeben», meldete der einundzwanzigjährige Philosophiestudent Walter Benjamin 1913 an seinen Schulfreund Herbert Belmore, es war die erste Parole eines gesellschaftlichen Kampfes, die sich ihm erschloss.[7] Bei einem Autorenabend der radikalen Zeitschrift «Die Aktion» am 1. November 1913 sprachen Benjamin und sein Freund Christoph Friedrich Heinle - beide unter dem Titel «Die Jugend». Die reinste Jugend ist jene, aus der niemals Alter wird. Die sich selbst kennt und jenseits der Jugendlichkeit nur den Tod; die nicht ins Erwachsensein, ins Weiterleben mündet. Außerhalb der Jugend besaß diese Jugend keinen weiteren Gehalt, keinen Sinn, nichts Lohnendes. Für Heinle war das Älterwerden ein Schrecken. Wer einmal erwachsen ist, so heißt es in «Meine Klasse», einem Prosastück, das noch die schulische Situation voraussetzt, «wird jetzt zum Genusse seines Brotes kommen, zu erquicklicher Anstellung, aber mit verseuchten Sinnen und angeekelt von allem, was an Kunst und Kultur erinnert. - Es drängt sich eine Masse von Feiglingen und Unfähiggemachten, ein trüber Fluss am Wehr, das wird geöffnet, das Wasser stürzt ängstlich hinab, um bald in Lachen und Morästen zu versumpfen, statt Frucht zu bringen dem Land, das sie erwartet.»[8]

Heinles Radikalismus war unüberbietbar. Er stammte nicht aus sozialkritischen Argumenten und Sensibilitäten; es gab keine Möglichkeit zu Veränderungen, Verwandlungen, nur eine quasibiologische Feindschaft. Altern heißt verraten. Es gab nur Sich-gleich-Bleiben, aber die Jugend war abgelaufen und Metamorphose programmatisch ausgeschlossen worden. Der Dichter Heinle, geboren am 1. März 1894, starb durch Suizid, gemeinsam begangen mit seiner Freundin Rika (Friederike) Seligson am 8. August 1914. Er und sie waren Märtyrer der progressiven deutschen Jugendbewegung, die diese selbst produziert hatte. Noch ein paar Monate, und Heinle wäre definitiv nicht mehr jung gewesen - «spätadoleszent», wie man heute sagen würde -, sondern nach damaliger Rechtsauffassung erwachsen, volljährig.

Schon in der romantischen und revolutionären Gärung des 19. Jahrhunderts hatten Philosophen diese Stimmung des Jugendradikalismus erstmals entdeckt. Der Junghegelianer Max Stirner (geboren 1806) schrieb über den weltlosen Idealismus des Adoleszenten, dieser werfe «den Gegenstand auf die Seite, weil ihm Gedanken aus dem Gegenstande aufgingen: er beschäftigt sich mit seinen Gedanken, seinen Träumen, beschäftigt sich geistig oder ‹sein Geist ist beschäftigt›. Alles nicht Geistige befasst der junge Mensch unter dem verächtlichen Namen der ‹Äußerlichkeiten›.»[9] Auch der italienische Schriftsteller Giacomo Leopardi (geboren 1798) sah diese Jugendepoche kritisch: «Der Kindheit und der Jugend scheint ein Hang zur Zerstörung, dem reifen und dem fortgeschrittenen Alter ein Hang zur Bewahrung von Natur innezuwohnen.»[10] Offenkundig war es ihm, «dass die jungen Leute dem Neuen zuneigen und nicht allein wirklich Neues einführen, sondern auch einfach Altes vertilgen oder vertilgt sehen wollen; und die bestandenen Männer sind im Gegenteil auf die Erhaltung der vorhandenen Dinge bedacht». Es scheint, als habe die Natur «die Heranwachsenden und Voranstrebenden angespornt, zu zerstören, gleich als sollten sie sich Raum schaffen dürfen» - die Alten dagegen zum Erhalten, «gleich als sollten sie ihren Platz noch ausfüllen, als sollten sie Dinge hinterlassen, die statt ihrer zurückbleiben und ihre Stelle besetzt halten».[11]

Im Alter zwischen achtundzwanzig und dreißig Jahren ist, das lehrt die Erfahrung, aus der Fülle der Möglichkeiten die *eine* Wirklichkeit, vielleicht sogar Notwendigkeit herausgewachsen. Man hat alle Kräfte in allen Richtungen einmal erprobt. Man weiß, was man kann und welche Träume man aufgeben muss oder vielleicht schon aufgegeben hat. Eigentlich möchte man erst jetzt von Volljährigkeit sprechen. Erwachsensein heißt: reale Gestaltungsversuche auf sich nehmen. Aus dem Selbstbewusstsein eines ersten bewährten Könnens spricht und handelt man nun. In Ingeborg Bachmanns Erzählung «Das dreißigste Jahr» geht es um diese Übergangskrise, die sich als eine Selbstfindungsreise darstellt - eingebettet in kritische Überlegungen zur Anpassung an ein geregeltes Berufsleben, für das der Protagonist sich entscheidet. Giacomo Leopardi hat diesen Übergang aus einer anderen Perspektive als einschneidend gedeutet: «Im Laufe des sechsten Lebensjahrfünfts» - also zwischen fünfundzwanzig und dreißig Jahren - «erfährt der Mensch einen fühlbaren, schmerzlichen

Wandel in seinem Leben. Während er nämlich bisher gewohnt war, zumeist mit Menschen höheren oder gleichen Alters zu verkehren, und kaum mit jüngeren Menschen, weil ja dieselben noch Kinder waren, so kommt er jetzt oftmals mit jüngeren Menschen zusammen, weil viele noch nicht sein Alter erreicht haben und doch keine Kinder mehr sind, sodass er die Umwelt gleichsam verändert findet.»[12]

Über den Mann im kritischen Alter von vierzig Jahren schrieb Hugo von Hofmannsthal einmal: «Er kann nicht mehr erwarten, dass noch Aufklärung, rettende Offenbarungen kommen - er kann nicht bei den Älteren als er selbst Ressourcen vermuten, die ihm vorbehalten sind - er darf niemandem bittend, zutraulich-schülerhaft nahen - er ist selber die oberste Instanz; im Leben steht er nicht mehr mit Neugierde - sehr viele Verhältnisse im Leben sind nicht mehr möglich.»[13] Und doch kann dieser Mensch das Erreichte nicht als letzten Maßstab des ihm Möglichen nehmen. Er ist reif, fertig, eigentlich darf er aber nicht fertig sein: Etwas muss noch kommen, wenn er nicht vorzeitig erstarren will, wenn das Weiterleben sinnvoll sein soll. Das Kommende muss also das andere sein. Die Aufgabe ist fast unlösbar, man hat dafür das Wort «Midlife-Crisis» gefunden. Auch die Marschallin in Hofmannsthals Oper «Der Rosenkavalier» ist vierzig Jahre alt: «Die Zeit, die ist ein sonderbares Ding. / Wenn man so hinlebt, ist sie rein gar nichts. / Aber dann auf einmal, / da spürt man nichts als sie: / sie ist um uns herum, sie ist auch in uns drinnen. / In den Gesichtern rieselt sie, im Spiegel da rieselt sie, / in meinen Schläfen fließt sie. / Und zwischen mir und dir da fließt sie wieder.»[14] Das ist eine der großen Klippen im Leben. Man kann aus einer Panik, dass es vielleicht schon «zu spät» ist, Krisen geradezu zielsicher ansteuern. Mit vierzig Jahren verlässt Nietzsches Zarathustra seine Bergeinsamkeit: «Siehe! Ich bin meiner Weisheit überdrüssig, wie die Biene, die des Honigs zu viel gesammelt hat; ich bedarf der Hände, die sich ausstrecken.» So spricht er zur Sonne. Ein neuer Abschnitt beginnt für ihn, «und Zarathustra will wieder Mensch werden».[15]

Im Herbst 1942, mit neununddreißig Jahren, traf Theodor W. Adorno in Los Angeles eine alte Berliner Freundin wieder, Renée Nell, die eine abenteuerliche Flucht aus Europa hinter sich hatte. Sie wurde später Psychoanalytikerin. Eine heftige Affäre der beiden brachte Adorno an den Rand eines Zusammenbruchs. Seine Haltung dem Leben gegenüber war die Klage über das Verblassen und Ausdünnen. «Minima Moralia», die Sammlung von Vignetten und Aphorismen, die er von 1944 bis 1947 schrieb, trägt den Untertitel «Reflexionen aus dem beschädigten Leben». «Das Leben lebt nicht» lautet das von dem österreichischen Schriftsteller Ferdinand Kürnberger stammende Motto des ersten Teils. Der Blick aufs Leben, heißt es in der Zueignung an Max Horkheimer, sei «übergegangen an die Ideologie, die darüber betrügt, dass es keines mehr gibt». Nachweisen möchte er, «wie das Leben Schein ward». Gesellschaftliche Angebote sind «bloßer Ersatz fürs nicht existente Leben». Vom Leben zu sprechen, kann nur bedeuten, die Verhältnisse anzuklagen: «Es gibt kein richtiges Leben im falschen.»[16]

Kein größerer Gegensatz ist denkbar als der zu Renée Nells Auffassung, die sich in einer Kapitelüberschrift ihrer Autobiographie ausspricht: «Leben, großgeschrieben».[17] Viel später, während der schwierigen Therapie eines ehemals Drogenabhängigen, kommt ihr die Sprache Schillers aus «Wallensteins Lager» in den Sinn: «Und setzet ihr nicht das Leben ein, / Nie wird euch das Leben gewonnen sein.»[18] Dieser pochende Herzschlag, den man in jeder von Renée Nells Zeilen zu hören meint, war das, was Adorno für geschichtsphilosophisch unmöglich erklärt hatte. Die Geste dieses Ausschließens definiert ihn als Denker. Eines Tages also stand das Unmögliche vor ihm und sah ihn an. Was dann geschah, wird man nur einem allerheftigsten Naturereignis vergleichen können, einem Wirbelsturm, einem Erdbeben. Nur unter Qualen fand Adorno aus dieser Beziehung heraus.

Die falscheste Idee wäre es, zu glauben, nach dem fünfzigsten Geburtstag käme keine neue Erfahrung, keine neue Idee mehr. Alles andere als Erstarrung ist aber die Wahrheit. Genaues kann man nicht prognostizieren, nur dass das Leben - vielleicht in einem letzten großen Aufbäumen gegen die Festgelegtheiten - noch einmal in Fluss kommen will. Oft hat man in dieser Lebensphase seine Erfahrungen so ziemlich arrondiert und wiegt sich in der Sicherheit, dass Neues nicht mehr kommen werde - oder doch nur von den schwachen Nachzüglern der eigenen Jugend. Der sichere Griff in die Gegenwart wird zu einer eher unwahrscheinlichen Leistung, und umso höher ist sie zu veranschlagen.

Altern heißt: die Resultate dieser Gestaltungsversuche ins eigene Selbstbild aufnehmen. Die Welt sickert ganz ins Subjekt ein, an die Stelle des adoleszenten Radikalismus tritt auf natürliche Weise ein gewisser Konservativismus, weil man an der Weltgestalt, wie sie jetzt ist, durchaus aktiv beteiligt war, sicher mit den ganz eigenen Tönungen, die aus der langen Erfahrung mit der Welt kommen. Wenn die sechzig überschritten sind, löst sich der Geist von den Kämpfen dieser Gegenwart und steigt in die Tiefe der Seele hinab. Weisheit ist eine Form der Einsicht, die nicht mehr auf den Erfolg als ihr Ziel gerichtet ist. «Wer mir auf weniger als zehn Schritte nahe kommt, der schmeckt die Kugel», hatte der brave Sam Hawkens in Karl Mays Erzählung «Der Ölprinz» gesagt.[19] Spannend und dynamisch war es damals weitergegangen: «Mein Mustang», berichtet Old Shatterhand, «folgte in rasendem Laufe; sein Instinkt machte die Führung des Zügels und den Gebrauch der Sporen vollständig überflüssig.»[20] Die Geschichte erschien erstmals 1877/78, da war der Autor Mitte dreißig. Ganz ausgebildet als Schriftsteller, verfügte er virtuos über seine Mittel, alles war plastisch und gegeneinander gewichtet, der Kampf der Helden und Schurken und die komischen Figuren dazu. Zeitsprung in die Jahre nach 1900, Karl May wird die sechzig bald erreicht haben: Was schreibt man in diesem Alter? «Im Reiche des silbernen Löwen IV». Hochsymbolisch und allegorisch-psychologisch beginnt es: «Es war eine eigenartige Stimmung, in welcher ich mich befand, als mich der Ustad hinauf nach der mir zugedachten Wohnung führte. Es war nicht Spannung, noch viel weniger Neugierde. Ich hatte das Gefühl, als ob eine schon längst in mir lebende und doch niemals ganz in das Bewusstsein getretene Sehnsucht nun in Erfüllung gehen werde, als ob mir ein Glück bevorstehe, auf welches ich schon längst, aber ohne mein Wissen, vorbereitet worden sei. Warum war ich dabei so ernst, als ob auf jeder der Stufen, welche wir emporstiegen, eine Gestalt aus vergangenen Tagen stehe und stumm mahnend die Hand erhebe?»[21]

Dieser schwebend-metaphysische, weise, ausdrücklich die Spannung aufkündigende, aber ins Vorbewusste umso tiefer hinabsteigende und sich gleichsam selbst historisch werdende, fast nur noch zurückblickende Altersstil, der die Gegenwart von «vergangenen Tagen» anklingen lässt, ist vielleicht ein Gesetz des Schaffens. Adorno hat sehr zu Recht festgestellt: «Gibt es etwas wie eine übergreifende Charakteristik großer Spätwerke, so wäre sie beim Durchbruch des Geistes durch die Gestalt aufzusuchen.»[22] Essenzen werden geborgen, die damals auslösenden Ereignisse treten in ihrer Bedeutung zurück. Schnell noch eine Stichprobe: Max Horkheimer, der Gründer des Frankfurter «Instituts für Sozialforschung», zog sich mit zweiundsechzig von der Leitung zurück und ging ins Tessin; was er nun noch liest, sind amerikanische Nachrichtenmagazine. An der «Kritischen Theorie» arbeitet er nur noch insofern, als er sie langsam auflöst.

Was bleibt von einer Lehre, die einmal im Getümmel der Klassenkämpfe hatte wirken wollen? Moses und das Bildverbot, das in Horkheimers Lesart besagte, die Utopie dürfe nicht ausgemalt werden. So macht es jeder anders, und doch ist es das Gleiche. Goethe (Georg Simmel zitiert ihn, als er so wunderbar über Rembrandts «Alterskunst» schreibt) hat es so gesagt: «Alter ist stufenweises Zurücktreten aus der Erscheinung.» Erlebt werde nun, so Simmel, «ein Freiwerden» von der Welt, «nachdem man sie als Erfahrung und Schicksal in sich aufgenommen hat».[23] Das isolierte Interesse an dem «Eigenbestand der Objekte oder Modelle» nehme ab, an allem überhaupt, «was sie jenseits ihres Eingehens in dieses Subjekt und in diese Kunst (beides ist nun identisch) an und für sich bedeuten mögen». Die «empirisch-einzelne Konfiguration» verliere sich in einer «geheimnisvollen Tiefenschicht, in der diese späteste Kunst lebt».[24]

Im Berufsleben kommt der Einschnitt mit der Verrentung. Man soll sich aber über das Altern nicht beklagen. So vieles daran ist einzigartig schön. Wenn es gutging, sieht man, wie der Lebensentwurf sich rundet, die Leistung der vergangenen Jahrzehnte bekommt erkennbare Kontur; Kinder, vielleicht sogar Enkel, die lange Sorgen gemacht haben, steuern in sicherere Bahnen. Man kann sich selbst anders verstehen, die eigene Jugend wird historisch. Was früher im Denken getrennte Massen waren, fügt sich jetzt zueinander, verschmilzt vielleicht. Mit etwa siebzig Jahren schrieb Botho Strauß Sätze, reich an Geheimnissen, und zwar nicht an solchen, die schwerdeutsch im international berüchtigten Sinn des Wortes daherkämen, sondern an leichten und federnden. Ungemein schön sind die Gedanken über den Alternden. Dieser betritt ein Wunderland, indem ihm «ringsum das Meiste verwunderlich erscheint (...). Ein Ausrufer war er, Behauptungshäuptling, bevor er nun ein leiser Frager wurde; ein frei und ungebunden flüsternder Mann.»[25] So möchte man altern und am Ende wie der Maler Nicolas Poussin (den Strauß mit Hofmannsthal zitiert) sagen können: «Je n'ai rien négligé.» - «Ich habe nichts außer Acht gelassen.»

Wenn man Glück hat, verliert man die Kommunikation mit den Jüngeren auch jetzt nicht und kann ihnen gegenüber eine neue Stellung finden. Nestor, der Alte der «Odyssee», der dieser Rolle seinen Namen gegeben hat, ist glücklich mit seiner Rolle als Ratgeber. Der Zorngreis wie Shakespeares im nächtlichen Regensturm rasender König Lear ist dagegen eine tragische, von allen Töchtern außer Cordelia verratene Figur - keine erfreuliche Rolle. Welche Möglichkeiten gibt es? Ein Ältestenrat, der menschheitsgeschichtlich vermutlich eine der ersten Formen von gesellschaftlicher Autorität bildete, kümmert sich in Deutschland nur noch um Geschäftsordnungsangelegenheiten der Parlamente. Der Elder Statesman kann durch Wort und Rat wirken, aber nur selten wirklich exekutiv. In Platons «Politeia» fällt dagegen der schöne Zug auf, dass die philosophischen Gespräche sich nicht auf eine Generation festlegen lassen, sondern Junge mit Alten argumentieren. Kephalos, sehr alt, tadelt den Sokrates für dessen seltenes Erscheinen: «Denn wisse nur, je mehr die anderen Vergnügungen, die vom Leibe herrühren, für mich welk werden, um desto mehr wachsen mir Freude und Lust am Reden. Also tue es nicht anders und halte nicht nur mit diesen jungen Leuten hier zusammen, sondern besuche auch uns.» Auch er, antwortet nun Sokrates, «pflege sehr gern Gespräche mit Alten. Denn mich dünkt, da sie ja einen Weg vorangegangen sind, den auch wir vielleicht werden zu gehen haben, müssen wir von ihnen erforschen, wie er doch beschaffen ist, ob rauh und beschwerlich oder leicht und bequem. Und so höre ich auch von dir gern, wie dir wohl dieses erscheint, da du doch jetzt in den Jahren bist, von denen die Dichter das ‹an der Schwelle des Alters› brauchen, ob es schwer zu leben ist, oder was du darüber aussagst.»[26] Man darf sich aber keine Illusionen machen: Jedenfalls in den westlichen Gesellschaften soll, so scheint es, die Verbindung von Alter und Autorität aufgekündigt werden.

Zu den Misslichkeiten gehört eine Erfahrung, von der selten gesprochen wird. Der Blick auf Altersgenossen zeigt zuweilen etwas ganz Schreckliches, und das ist die Verfehlung. Nicht im alten Sinn der Sünde, des Fehltritts, sondern in dem innerweltlich Furchtbareren einer Verfehlung dessen, was einmal möglich gewesen wäre. Das schlichte Verkümmern gerade solcher, die man einmal für genialisch gehalten hatte, ist der größte Schmerz – dann kam aus dem romantischen Blütenstaub keine Frucht. Man sieht mehr Scheiternde. Auch eine objektive Grenze des Alters darf man nicht verdrängen. «Je älter er wird», so resümiert der Philosoph Paul Ludwig Landsberg einen Gedanken seines Lehrers Max Scheler, «desto weniger kann der Mensch sich frei fühlen, desto weniger ist er imstande, den Gesamtsinn seines Lebens durch die Gestaltung seiner Zukunft umzuformen.»[27]

Und doch gibt es einen zauberhaften Spätstil. So verhält es sich mit «Travelogue», einem Album der Sängerin Joni Mitchell, das sie mit knapp siebzig aufnahm. Es ist keine Platte für jeden, sondern sie erschließt sich nur dem, der den Abstand zwischen den Liedern von früher und ihrer späteren, groß orchestrierten Fassung mithört. Die Stimme ist deutlich älter geworden, sie verbirgt ihr Alter nicht, aber sie stilisiert es auch nicht, wie Marianne Faithfull, zu einem Ideal des Kaputten. Und im fast herzzerreißenden Kontrast zur Stimme steht die opulente Begleitung, die alle großen Themen der amerikanischen Musik assoziativ anklingen lässt: die Kompositionen von Aaron Copland, üppige Big-Band-Klänge, Jazz-Elemente. Spätstil als Erweiterung der Möglichkeiten! Immerhin merkt, wer von hier aus zurückblickt, dass die Entwicklung konsequent war, dass Joni Mitchell schon sehr früh den reinen Folk-Sound verließ, als sie sich in den siebziger Jahren mit dem Bassisten Jaco Pastorius auf die Suche nach dem großen Klang machte. Das Album war ein Versuch über das Altern als Problem des Pop-Künstlers, über die Frage, wie man sich verändert und sich doch gleich bleibt.

Und dann? Einer, der wirklich alt wurde und darüber zu berichten wusste, war der Philosoph Odo Marquard, der 2015 mit siebenundachtzig Jahren starb. Also kein fitter Best Ager von Anfang oder Mitte sechzig, nicht im sogenannten dritten Lebensalter, sondern einer, der über echtes Alter, das vierte, Auskunft geben konnte. Für einen Menschen hat sich mit Mitte achtzig die Welt so grundlegend umgewälzt, dass kaum noch Vertrautes bleibt. Aber genau auf diese Lage hatte Odo Marquard sich mit seiner Philosophie vorbereitet, indem er schon früh zeigte, dass den Beschleunigungen und Vergänglichkeiten eine stets wachsende Neigung zur Bewahrung von Traditionsbeständen entspricht. Ja er hat seine eigene Aufgabe, die des «Geisteswissenschaftlers», just als solche «Kompensation» beschrieben. So konnte er zugleich maßvoll modern und maßvoll konservativ sein.

Die Literatur zum Alter ist breit, von Ciceros «De senectute» bis zu Jacob Grimms «Rede über das Alter». Reflexionen wie die von Marquard mochten auch insofern an der Zeit sein, als die Deutschen ein alterndes Volk sind. Marquard gibt aber viel weniger Trost als Cicero, der einer Klage über das Alter hatte entgegentreten wollen. Regelrecht ideologiekritisch merkt er an, Ciceros Absicht sei es gewesen, «die gesellschaftliche Stellung älterer Männer als Kapitäne von Kultur und Politik zu sichern».[28] Im Grunde also stimmt er in die Altersklage ein: Man ist weniger aktiv, die Krankheiten nehmen zu, und die sinnlichen Freuden kann man kaum noch genießen.

Indem beim alten Menschen die Zukunftshorizonte schwinden (Scheler hatte es, wie oben erwähnt, diagnostiziert), werde er, und das ist Marquards gute Nachricht, frei von der Zukunftshörigkeit und -gläubigkeit, der «future correctness», die den Jüngeren unausweichlich ist. Endlichkeit ist das Schlüsselwort seiner Essays und Gespräche. Endlichkeit des Menschenlebens, Endlichkeit auch der Welt, die stets und überall Bedingtheiten gegen die Wünsche geltend macht. Marquards Lösungsvorschlag ist der Humor. Er scheint ihm die einzige Haltung zu sein, die einer allseitigen Begrenztheit gerecht werden kann, indem er sie anerkennt und zugleich relativiert. Vor allem der humoristische Roman des 19. Jahrhunderts ist sein Paradebeispiel - und man glaubt ihn förmlich beim Lesen eines Romans von Wilhelm Raabe zu sehen, dessen Werke man ja auch erst ab einem gewissen Alter schätzen lernt.

Marquards Lösungsvorschlag des Humors als mentaler Balance der Abbauprozesse ist - plausibel für einen Angehörigen der «skeptischen Generation» - antiaktivistisch und versöhnend: «Endliches zeigt sich als das Menschliche nicht dadurch, dass es aufhört, das Endliche zu sein, sondern dadurch, dass bekräftigt wird, dass es das Endliche ist. Endliches wird humoristisch nicht durch Unendliches, sondern durch anderes Endliches distanziert, indem man - sozusagen - die Endlichkeit auf die Schultern möglichst vieler Phänomene verteilt: Geteilte Endlichkeit ist lebbare Endlichkeit.»[29]

Humor und Distanzierung von den Dringlichkeiten, die Jüngere spüren mögen, dazu ein leichtes Befremden angesichts der gerade geltenden Ideen, das war auch die Botschaft des zweiundachtzigjährigen Goethe an den Mittfünfziger Wilhelm von Humboldt: «Verwirrende Lehre zu verwirrtem Handel waltet über die Welt, und ich habe nichts angelegentlicher zu tun als dasjenige was an mir ist und geblieben ist wo möglich zu steigern und meine Eigentümlichkeiten zu kohobieren, wie Sie es, würdiger Freund, auf Ihrer Burg ja auch bewerkstelligen.»[30] Nicht im Sinne von weiterer Expansion war das «Steigern» gemeint, sondern als Verdichtung dessen, was «ist und geblieben ist». Die Bitte des Psalmisten ist dann alles, was darüber hinaus noch bleibt: «Verwirf mich nicht in den Tagen des Alters; wenn meine Kräfte schwinden, verlass mich nicht.»[31]

8. LEBEN SCHENKEN

So unendlich hoch steht das Leben, dass die Menschen es nicht nur weitergeben wollen, sondern dass diese Weitergabe ihnen die höchste Lust bereitet. Die Sexualität ist das Wichtigste im Leben, weil ein Kunstgriff der Evolution sie mit neuem Leben verbunden hat. Das Alte Testament vertritt dieselbe Ansicht in einer anderen Sprache. Gott spricht mit den Menschen - über das Leben: «Seid fruchtbar und vermehrt euch und bevölkert die Erde und macht sie euch untertan!»[1] Die Weitergabe des von Gott geschenkten Lebens ist das erste Gebot überhaupt, es ergeht an die Menschen unmittelbar nach ihrer Erschaffung. Weil das Leben das Kostbare schlechthin ist, ist seine Weitergabe mit großer, von allen Kulturen anerkannter Würde verbunden. Man darf das Verhältnis aber nicht mit rosigen Illusionen betrachten: Die Kinder können das Projekt der Eltern sein, niemals aber lässt sich der Satz umkehren; für die Kinder erscheinen die Eltern eher als Hindernisse.

Nach der Katastrophe der Sintflut, bei der die Auslöschung gedroht hatte, muss das Gebot gegenüber Noah noch zweimal ausdrücklich wiederholt werden: «Seid fruchtbar und vermehrt euch und bevölkert die Erde!»[2] Gott seinerseits legt bei Gelegenheit des Regenbogens das Versprechen ab: «Dann will ich meines Bundes zwischen mir und euch und allen Lebewesen, allem Fleisch, gedenken: Nie mehr soll das Wasser zur Flut werden, um alles Fleisch zu vernichten.»[3] Der Bund wird nicht mit Personen, sondern mit dem Leben, dem «Fleisch», geschlossen. Und deshalb muss ein paar kurze Abschnitte weiter die Erfüllung des Gebots eigens ausgeführt werden: «Dies sind die Nachkommen der Söhne Noahs, des Sem, Ham und Japhet. Es wurden ihnen nach der Flut Söhne geboren.»[4] Es folgt eine lange Namens- und damit Stammesliste, sie schließt: «Von ihnen zweigen sich die Völker auf der Erde nach der Sintflut ab.»[5] Die folgende Affäre mit dem Turmbau und der Sprachenverwirrung hat den einzigen Zweck, die Menschheit auf der Erde nun auch wirklich zu verteilen, denn in Babel hatten sie geprahlt: «Wir werden uns einen Namen machen, damit wir uns nicht über die ganze Erde zerstreuen!»[6] Das war ganz gegen den Sinn des Lebens gedacht, der nicht darin liegen kann, ewig zu bleiben, wo man schon war. Leben ohne Expansion wäre kein Leben. Es hatte ja auch geheißen: «Bevölkert die Erde!» Deshalb fährt der Babel-Bericht nun fort: «Da zerstreute der Herr sie von dort über die ganze Erde und sie mussten aufhören, die Stadt zu bauen.»[7]

Die Generationenfolge ist das Formgesetz des Alten Testaments. Gott ist der Gott Abrahams, Isaaks und Jakobs. Das ist für einen religiösen Grundtext keineswegs selbstverständlich, sondern stellt eher eine Ausnahme dar. Keine Religion schmiegt sich so eng an die Tatsachen des Lebens wie die alttestamentliche. Göttliches und Menschliches sind eng aufeinander bezogen. Gott hat das Leben geschenkt, man schenkt es weiter. Und was passiert da nicht alles! Lots Töchter machen ihren Vater betrunken, dann legen sie sich zu ihm: «So wurden beide Töchter Lots von ihrem Vater schwanger.»[8] Den an seiner Kinderlosigkeit leidenden uralten Abraham führt der Herr «hinaus ins Freie und sprach: Sieh hinauf zum Himmel und zähle die Sterne, wenn du sie zählen kannst! Dann sagte er zu ihm: So wird deine Nachkommenschaft sein.»[9] Nichts wird weichgezeichnet, auch nicht der Betrug, mit dem Esau von Jakob um sein Erstgeburtsrecht gebracht wird. Leben zu schenken, das Großartigste überhaupt, bedeutet in der Praxis: mit einer Abfolge schwerer Krisen rechnen zu müssen.

Absalom revoltiert gegen seinen Vater, König David. Er will die Macht und wirbt Gefolgschaft. Bevor die Königswürde an Salomo, den legitimen Nachfolger, übertragen werden kann, muss der Putschversuch Absaloms niedergeschlagen werden. Dieser junge Mann ist von außerordentlicher, in der Bibel eigens erwähnter Schönheit, aber sein prachtvolles Haar wird ihm zum Verhängnis. Er bleibt auf der Flucht mit dem Haar im Gezweig eines Baumes hängen und wird niedergemacht, obwohl David dies ausdrücklich untersagt hatte. Absalom kommt von Av-Schalom, der Name bedeutet: Friede dem Vater. «Niemals wird David das Schicksal des Laios erleiden» - des griechischen Königs, der von seinem Sohn Ödipus erschlagen wurde -, «der Sohn wird es sein, der im Wald sterben muss; und im Palast wird der Vater sein totes Kind beklagen.» Dem israelischen Literaturwissenschaftler Jakob Hessing verdanken wir die scharfsinnige Auslegung der Episode. Und nun begreift man, warum im Kontext der Heiligen Schrift eine Tragödie wie in Griechenland unmöglich war.

Im Alten Testament konstituiert sich die Religion zugleich mit dem Volk und seinem Leben in der Generationenfolge. Der Koran kennt solche Lehren nicht, weil er die Aufmerksamkeit ausschließlich auf den Glauben richtet; der Islam bildet kein «Volk». Buddhas Grundeinsicht wiederum besagt, dass Leben im Wesentlichen Leid bedeutet, in Geburt, Alter, Krankheit und Tod. Seine Lehre will helfen, den Kreislauf der Wiedergeburten zu beenden, in dem die Unerleuchteten gefangen sind. Auch der Buddhismus bildet kein «Volk». Der biblische Prophet Maleachi bekundet dagegen auf seine Weise die gefahrenträchtige Beziehung als Mittelpunkt: «Seht, ich sende euch den Propheten Elija, bevor der Tag des Herrn kommt, der große und furchtbare. Er wird das Herz der Väter wieder den Söhnen zuwenden und das Herz der Söhne ihren Vätern, damit ich nicht kommen und das Land dem Untergang weihen muss.»[10] Etwas zwischen Vätern und Söhnen ist also schon zerbrochen und muss religiös restauriert werden. Die Weisheitsbücher des Alten Testaments geben konkrete Empfehlungen zum Umgang zwischen Vätern, Müttern, Töchtern und Söhnen, die keineswegs als konfliktfrei vorausgesetzt werden dürfen; vielmehr müssen gerade hier mögliche Ursachen von Zerwürfnissen analysiert werden. «Weisheit» heißt: Bewährung des Glaubens in der durchschnittlichen (nicht priesterlich oder prophetisch ausgezeichneten) Lebenspraxis. Insgesamt ist die Lehre an der elterlichen Autorität, auch der mütterlichen, als hohem Wert orientiert, weil nur sie als Garantin von Stabilität angesehen wird. Die Kinder sollen das Werk der Eltern bewahren und weiterführen. Daneben wird die eigene Ethnie hochgehalten. Man muss streng sein, heißt es in den Sprichwörtern.[11]

Allgemeine Weisheiten lesen wir zuerst: «Höre, mein Sohn, auf deines Vaters Warnung, und missachte nicht deiner Mutter Belehrung!»[12] Ein gottesfürchtiges Leben ist ein gutes Leben, wird der Sohn ermahnt. Mehr als fremde Einflüsse soll man im Sinne der hohen Bedeutung von Familienloyalität die Worte des Vaters achten.[13] Folgt der Sohn nicht, dann gibt er seine Würde anderen preis.[14] Ethnische Exogamie, die Heirat außerhalb der eigenen Gruppe, wird in dem von vielen Feinden umgebenen Land als Problem betrachtet.[15] Gewarnt wird deshalb auch vor der «glatten Zunge des Fremden».[16] Fleiß steht weit oben.[17] Die neuere Kritik würde hier von einem Vorrang der «Sekundärtugenden» sprechen. Kontinuität der Familie ist in diesen Lehren eines der höchsten Güter: «Kindeskinder sind die Krone der Alten, und die Zierde der Kinder sind ihre Väter.» Aber auf der anderen Seite muss realistisch gewarnt werden vor der großen Enttäuschung, die immer möglich ist: «Wer einen Toren zeugt, dem gereicht es zum Kummer; eines Unverständigen wird der Vater nicht froh.»[18] Im Konflikt dürfen Grenzen nicht überschritten werden, man soll sich nicht zu Äußerungen verleiten lassen, die man nicht mehr zurücknehmen kann.[19] In den Sprüchen Agurs ergeht deshalb noch einmal die Warnung: «Ein Geschlecht, das seinem Vater flucht und seine Mutter nicht segnet (...) - wie stolz sind seine Augen und wie hochmütig seine Wimpern.»[20] Strenge Erziehung führt zu innerer Stärke.[21] Die empfohlenen Konfliktlösungen zielen auf die Stabilität der Familie und des Familieneigentums als oberste Werte. Individualitäten in einem modernen Sinn können und sollen hier nicht auftreten: Durch die Familie (nicht als individueller Glaubender) ist der Mensch dem auserwählten Volk verbunden, dessen Existenz und Wohlfahrt, so die Voraussetzung des Alten Testaments, von heilsgeschichtlicher Bedeutung ist. Deshalb gehören die Weisheitslehren zum Verhalten in der Familie ihrem Wesen nach zum religiösen Grundbuch des Judentums.

Das späte «Buch der Weisheit», verfasst im 2. oder frühen 1. Jahrhundert v. Chr., hat sich dagegen deutlich erkennbar vom Ideal des reinen Patriarchalismus in Richtung einer Ethisierung entfernt: «Selig auch der Kinderlose, der nichts Gesetzwidriges mit seinen Händen tat.» Und vor allem: «Selig ist die Unfruchtbare, die unschuldig blieb (...). Ihre Fruchtbarkeit wird sich zeigen beim Endgericht.»[22] Solche Aussagen wären ein paar Jahrhunderte zuvor undenkbar gewesen. Hier aber wird schon ein konkretes Jenseits ins Spiel gebracht, die beiden Teile des Arguments bedingen sich wechselseitig: Es gibt einen späteren Lohn.[23] Die Argumente werden auf Tugend umcodiert: «Die Kinder der Ehebrecher gedeihen nicht.»[24]

«Die große Kinderschar der Gottlosen aber bringt keinen Nutzen.»[25] Das ebenfalls späte Buch Jesus Sirach weiß schon von Problemen mit alternden Vätern und empfiehlt nun Freundlichkeit, nicht mehr nur ausschließlich Gehorsam: «Auch wenn sein Verstand abnimmt, sieh es ihm nach, / und verachte ihn nicht, wenn du in der Blüte deiner Jahre stehst.»[26] Auch hier die (auf das zweite vorchristliche Jahrhundert zu datierende) Ethisierung der Kinderlosigkeit: «Denn besser ist einer als tausend / und besser kinderlos sterben als gottlose Kinder zu haben.»[27]

Den Griechen hatte Hesiod die Geschichte ihrer Götter geschrieben. Geboren wurde der Dichter wohl vor dem Jahr 700 v. Chr. Hesiod erzählt nicht wie Homer vom Trojanischen Krieg oder von märchenhaften Odysseus-Abenteuern, sondern davon, wie alles anfing: «Zuallererst war da nur Chaos der aufklaffende Abgrund: / aus ihm erwuchs Gaia die breitbrüstige Erde als ewig fester Grund», wie es in der Übersetzung von Raoul Schrott heißt.[28] Auch den Tartaros unter der Erde gibt es nun – und als eine der frühesten personifizierten Gestalten: Eros. Ohne ihn würde es ja mit dem Kosmos nicht weitergehen. Göttern wie Menschen nimmt Eros die Hellsicht des Verstandes, aber nun kommt jedenfalls alles in Gang. Uranos (der Himmel) zeugt mit Gaia, der Erde (seiner eigenen Mutter), Kinder. Titanen und Kyklopen werden geboren, zudem schreckenerregende hundertarmige, fünfzigköpfige Riesen. Auch hier, wie bei den alttestamentlichen vorsintflutlichen Riesen, müssen sich die Maße erst einpendeln! Und man hört, wie Kronos, einer der Uranos-Söhne, den Vater entmannt. Daneben bilden sich Naturmächte, Winde, Meer, Nymphen. Zeus, der Kronos-Sohn, entledigt sich mit geschickter Diplomatie und Bündnispolitik des Vaters und entmannt ihn seinerseits.

Er befriedet und verrechtlicht den Weltzustand, er herrscht nun auf dem Olymp und ist der mächtigste unter den Göttern. Poseidon beherrscht das Meer und Hades die Unterwelt. Künftig werden keine Kinder mehr gefressen wie unter der alten Kronos-Herrschaft; Eide - «Beim Styx!» - werden auch unter Göttern heilig. Und diese haben es künftig nicht mehr nur mit sich selbst zu tun, sondern mit den Menschen, deren Angelegenheiten sie im Krieg (mit Ares) und in der Liebe (mit Aphrodite) zu ihren eigenen machen. Generationen sind auch hier das Schema der Weltordnung.

Was die Geschichte der Menschengenerationen angeht, die Folge von Vätern, Müttern, Söhnen und Töchtern, so haben die Griechen eine andere Austragungsform gefunden als das Alte Testament: die Tragödie. Die beispielhaften, notwendigen Krisen treffen Mütter wie Medea (die ihre Kinder ermordet), Söhne wie Ödipus und Orest, der eine den Vater, der andere die Mutter tötend; Töchter wie Antigone, Elektra und Iphigenie, Väter wie Agamemnon. Familienschicksale wie das der Atriden, zu denen Agamemnon gehört, sind in einem Fluchzusammenhang begründet - heute würde man von der intergenerationellen Weitergabe eines Traumas sprechen. Solche Gedanken kann man nur mit Mühe verwerfen, sie haben oft eine starke Evidenz. Tantalus, der die Freundschaft der Götter genoss und am Tisch von Zeus speisen durfte, verriet den Menschen die Geheimnisse der Olympier, entwendete ihre Getränke Nektar und Ambrosia, lud sie am Ende zum Mahl und ließ seinen geschlachteten Sohn Pelops auftischen. Nur Demeter aß davon. Die andern merkten die Untat und warfen die Glieder des Pelops in einen Kessel. Klotho, zu den Schicksalsherrinnen gehörig, den Moiren, zog ihn unverletzt und schön wieder heraus. Tantalus wurde mit ewigen Qualen bestraft. Er steht in einem Teich, aber wenn er daraus trinken will, weicht das Wasser zurück. Ebenso die Äste der Fruchtbäume über ihm, wenn ihn hungert. Ein großes Felsstück droht in jedem Augenblick über ihn herabzustürzen.

Atreus war ein Sohn des Pelops. Sein Enkel ist Agamemnon, Held des Trojanischen Kriegs. Er hatte, um die Windstille zu beenden, die seine Schiffe aufhielt, seine Tochter Iphigenie geopfert. Daher der Hass seiner Frau, die ihn, nach seiner Rückkehr aus Troja, gemeinsam mit ihrem Liebhaber umbringt. Sein Sohn Orest wiederum rächt Agamemnon, indem er seine Mutter tötet. Nun endlich, nach mehreren Generationen, wird ein Prozess gemacht, dem Pallas Athene vorsteht; aus Rache wird ein rechtliches Verfahren. Iphigenie hat in Wirklichkeit überlebt; Orest erreicht ein Alter von neunzig Jahren, bis er an einem Schlangenbiss stirbt.

Weitläufig mit dem Atridenschicksal verbunden ist auch Ödipus - Modell des Sohnes in der modernen westlichen Kultur seit Freud. König Laios von Theben, Vater des Ödipus, hatte früher einmal Chrysippos, den Sohn des Pelops, entführt (in den er sich verliebt hatte), Pelops strafte ihn dafür mit einem Fluch: «Wisse», sagt ihm das Orakel, «dass dir vom Geschick verhängt ist, durch die Hand deines eigenen Kindes das Leben zu verlieren.»[29] Vergehen und Strafe verhalten sich nach der alten Auffassung von Gerechtigkeit symmetrisch zueinander: Einem Vater wird der Sohn genommen, der Täter muss von seinem Sohn getötet werden. In der Angst vor dem Fluch lassen Laios und seine Frau Iokaste das neugeborene Kind, Ödipus, im wilden Gebirge aussetzen, doch der damit beauftragte Hirte empfindet Mitleid und übergibt es einem anderen. Der zum jungen Mann Herangewachsene trifft bei seiner Wanderschaft durchs Gebirge auf einen Wagen, der ihn von dem engen Weg wegtreiben will. Er gerät in Zorn und erschlägt, unwissend, wen er vor sich hat, den Besitzer des Wagens - es ist Laios. Ödipus kommt nach Theben, jetzt ist Kreon dort König, Bruder der Iokaste. Da Ödipus das Rätsel der Sphinx gelöst hatte, eines menschenvernichtenden Ungeheuers, ist ihm Theben zu Dank verpflichtet. Er wird König und heiratet die Witwe des Laios, seine Mutter.

Es kann nicht gutgehen: Die Götter senden die Pest nach Theben, und die Bewohner verstehen, dass es sich um die Strafe für ein schweres Vergehen handelt. Das Orakel von Delphi teilt mit, die Seuche sei für den frevelhaften Mord an König Laios gesandt worden. Ermittlungen beginnen, ohne Ergebnis, bis der blinde Seher Teiresias schließlich dem Ödipus mitteilt: Du selbst bist es, «der Greuel, der diese Stadt besudelt»![30] Aus den Aussagen des Hirten von damals - und weil Iokaste sich des Orakelspruchs erinnert, Laios werde durch die Hand seines Sohnes sterben - kommen nach mehreren Umwegen die Tatsachen ans Licht. Iokaste erhängt sich, Ödipus sticht sich die Augen aus und wandert, von seiner Tochter Antigone geführt, aus Theben hinaus. Sie gelangen nach Kolonos, wo die Eumeniden, früher Rachegöttinnen, Erinnyen, einen heiligen Bezirk haben. Am Ende wird Ödipus «ohne Stöhnen und Pein sachte wie auf Geisterflügeln zur Unterwelt hinabgetragen».[31] Und dann wartet die nächste Tragödie, die der Antigone. Hier stehen zwei Rechtsauffassungen gegeneinander: das Staatsrecht des Königs Kreon und das ältere, ungeschriebene Recht der Antigone, ihren im Kampf gegen Kreon gefallenen Bruder würdig zu beerdigen.

Wenn das Alte Testament in seinen Weisheitsbüchern der Stabilität und Kontinuität der Familie den höchsten Wert zuspricht, so verfährt die Tragödie genau umgekehrt: Nur innerhalb einer Familie können sich die furchtbarsten Dinge abspielen. Hätte Ödipus einen beliebigen Alten erschlagen, würde uns seine Geschichte nicht mit dieser Wucht erschüttern.

Träger eines tragischen Schicksals zu sein, macht die Menschen zu Individuen, sie verlieren sich nicht als durchschnittliche, nur durch ihre Rolle definierte Väter und Mütter, Söhne und Töchter in einer unabsehbaren Generationenfolge. Die Tragödie hat als Formgesetz eine gewisse Objektivität: Würden einfach ein Guter und ein Böser gegeneinanderstehen, so wäre der Konflikt nicht tragisch. Man ist zum Abwägen aufgefordert, wenn man eine Tragödie aufgeführt sieht. Nicht nur Furcht und Mitleid löst das Spiel im Zuschauer aus, sondern es fordert seine Urteilskraft heraus - darum die immer neuen und jeweils die Akzente verschiebenden Antigone-Versionen in der Theatergeschichte. Im Alten Testament ließ sich diese Form nicht entwickeln; wer sich gegen Gottes Gebote verging, konnte nicht auf mildernde Umstände rechnen.

Die Geburt des Kindes ist das Ereignis schlechthin. Im Christentum steigert sich die im Alten Testament schon angelegte Auffassung ins Absolute: Es gäbe diesen Glauben nicht ohne den Sinn für die Lebenstatsachen. Gott selbst hat sich nun als Vater in die Welt verwickelt, noch enger als bei der Schöpfung: untrennbar. Auch Matthäus beginnt mit einer Genealogie: «Abraham zeugte Isaak, Isaak zeugte Jakob, Jakob zeugte Juda und seine Brüder, Juda zeugte Perez und Serach und Tamar (...), Isai zeugte König David, David zeugte Salomo mit der Frau Urijas (...), Eleasar zeugte Mattan, Mattan zeugte Jakob, Jakob zeugte Josef, den Mann Marias, von der Jesus geboren wurde, der Christus genannt wird.»[32] Genealogie ist der Super-Mythos der alten Welt. Man möchte wissen, wo jemand herkommt, nicht nur in Griechenland, nicht nur bei den Göttern. Gute Genealogie ist die erste Form von Legitimität. Edel ist, wer seine Herkunft kennt. Aber die eindrucksvoll berichtete königliche Geschlechterfolge mit dem Idealkönig David in der Mitte kann nicht verbergen, dass sie nur bis zu Josef führt, der ja nicht der leibliche Vater war. Ein zweiter Stammbaum findet sich im Evangelium des Lukas, der auf Adam zurückführt und ebenso auf Josef zu.[33]

Lebenstatsachen werden spirituelle Fakten. Die Schwangerschaft der Maria setzte ein, noch bevor sie und Josef «miteinander lebten». Josef erscheint ein Engel, der ihm aufträgt, den kommenden Sohn Jesus zu nennen.[34] Als nun Jesus geboren war, kommen die drei Weisen aus dem Morgenland, denen die hohe Herkunft schon auf anderem Weg bekannt geworden war: «Wo ist der neugeborene König der Juden?», fragen sie.[35] Von den Evangelisten hat Lukas die ausführlichste Geschichte: Ein Engel - es ist Gabriel, der für die Botschaften der höchsten Bedeutungssphäre steht - prophezeit erst die Geburt des Täufers und weist dessen Vater Zacharias an, ihn Johannes zu nennen. Dann erscheint er vor Maria: «Sei gegrüßt, du Begnadete, der Herr ist mit dir.»[36] Maria besucht auch die schwangere Elisabeth, sodass der Täufer und der Gottessohn schon vor ihrer Geburt in einer Nähe sind: Bei dem Treffen hüpft das Kind im Leib der Elisabeth. Bei der Geburt Christi erscheinen die Engel. Man kann die Intensität und Intimität der Verbindung von Gott und Mensch, sterblich und unsterblich, nicht weiter steigern. Vor allem die katholische Kirche hat aus erzieherischen Gründen die Verehrung der Heiligen Familie gefördert, als sich in den realen Familien schon Auflösungstendenzen zeigten. 1893 wurde unter Papst Leo XIII. das Fest der Heiligen Familie in den kirchlichen Kalender aufgenommen.

In der Neuzeit wird das Tragische nach innen wandern. Während Ödipus nach objektiven Indizien, zuverlässigen Aussagen zuverlässiger Zeugen sucht, die ihm seinen Anteil am Furchtbaren zweifelsfrei beweisen, geht der neuzeitliche Sohn, Shakespeares Hamlet, auf den Weg der Selbsterforschung. Hamlets Onkel hatte seinen Bruder umgebracht und die Witwe, Hamlets Mutter, geheiratet. Das Selbst des jungen Mannes ist porös, ihm erscheint der Geist seines Vaters, er erlebt jähe Stimmungswechsel und hegt Selbstmordgedanken.[37] Als der Geist des Vaters ihm den wahren Mörder enthüllt, erkennt er seine Ahnungen wieder: «O mein prophetisches Gemüt! Mein Oheim!» Dem Oberkämmerer Polonius gegenüber spielt er den Wahnsinnigen, dieser, mit seinem trockenen Verstand, begreift's nicht. Hamlet zweifelt an sich selbst, zögert – «Und ich, / ein blöder, schwachgemuter Schurke, schleiche, / wie Hans der Träumer, meiner Sache fremd»[38] –, denkt über «Sein oder Nichtsein» nach und bemerkt selbstkritisch, seine Tatbereitschaft werde durch «des Gedankens Blässe angekränkelt».[39] Als er den im Gebet versunkenen König umbringen könnte, tut er es nicht: Die Seele des Übeltäters käme ja sofort in den Himmel, und der Zweck der Bestrafung wäre verfehlt.

Der Schauplatz der Handlung liegt nicht mehr im hellen Licht Griechenlands, sondern im kaum auszuleuchtenden Inneren einer nordeuropäischen Seele. Hier hören wir Geisterstimmen und -klänge, die Rede kommt zuweilen spukhaft aus einem fremden Raum. Bei Shakespeare findet man Hexen, Erscheinungen von Toten, einen Zauberer wie Prospero, einen Elementargeist wie Ariel, Oberon und Titania im «Sommernachtstraum» als nordisch-elfenhafte Schutzpatrone der Liebe. Fast schon psychoanalytisch ist es zu nennen, wenn Lady Macbeth nach dem Mord an König Duncan in einem Waschzwang deliriert, um sich vom vergossenen Blut zu befreien: «Fort, verdammter Fleck! Fort, sag' ich – Eins, zwei! (...) Noch immer riecht es hier nach Blut; alle Wohlgerüche Arabiens würden diese kleine Hand nicht wohlriechend machen. Oh! oh! oh!»[40]

In die Geschichten von Vätern und Müttern, Töchtern und Söhnen hat die distanzierende Kraft der Reflexion Einzug gehalten. Freuds Lehre wurde im vergangenen Jahrhundert das Instrument, die Durcharbeitung der konflikt- und katastrophenträchtigen Verhältnisse von Vater, Mutter und Kind zur Dauereinrichtung zu machen. In mehreren Schriften, unter anderem «Totem und Tabu» (1913), «Der Familienroman der Neurotiker» (1909) und «Der Untergang des Ödipuskomplexes» (1924), hat Freud geschildert, wie ihm die Vermutung kam, dass hier der Schlüssel zur Geschichte des menschlichen Schuldbewusstseins wie der kulturellen Leistungen lag. Der Ödipus-Komplex wurde ihm zur Mitte der biographischen Entwicklung. Der Mangel, dass mit diesem Begriff nur die Entwicklung eines Knaben plausibel werden konnte, wurde bald erkannt; man half sich zeitweise mit einem «Elektra-Komplex», benannt nach der Agamemnon-Tochter, die die Ermordung des Vaters durch die Mutter gerächt sehen will. Grundsätzlich wäre hier kein Ende abzusehen, jeder tragischen Figur der europäischen Literatur ließe sich ein «Komplex» abgewinnen: etwa Phädra, der verheirateten Frau, die sich in ihren Stiefsohn verliebt. Inzwischen spricht man allgemeiner von einer «Triangulierung» als Entwicklungsbedingung des Kindes. Zur Dauerproblematisierung mittels Therapie kamen familienkritische kulturrevolutionäre Bestrebungen. Walter Benjamin berichtet in der autobiographischen «Berliner Chronik» von der jugendbewegten Gruppe, der er sich als Student zugehörig fühlte. Es habe sich um eine Vereinigung gehandelt, «welcher es mit der Vernichtung der Familie ernst war».[41] Die Sozialforschung um Max Horkheimers Institut nahm das Motiv auf, als sie in dem 1935 im Genfer Exil erschienenen Sammelband das Verhältnis von «Autorität und Familie» kritisch analysierte.

Reflexion heißt: Das Verhältnis zum Leben verliert seinen ohne weitere Argumente unmittelbar einleuchtenden, naturhaften oder von Gott gebotenen Charakter. Etwas lockert sich. Arthur Schopenhauer lehrte im 19. Jahrhundert die «Verneinung des Willens zum Leben» als höchste ethische Leistung. Der Engländer Thomas Malthus (1766 bis 1834) wollte eine ökonomische Begründung für die Beschränkung der Fortpflanzung geben: Die Menge der Nahrungsmittel könne grundsätzlich nicht im gleichen Maß wachsen wie die Bevölkerung - deren Zahl folglich begrenzt werden müsse. «Malthusianismus» wird im 19. Jahrhundert ein «wissenschaftlicher» Deckname für Geburtenkontrolle, noch Jean-Paul Sartre verwendet den Begriff so. Mit dem Beginn der Moderne im eigentlichen Sinn (durch Industrialisierung und das Beispiel der Französischen Revolution) werden das Leben und seine Weitergabe auf vielfache Weise in die Schwebe gebracht, relativiert, zum Sonderfall. Leben wird zu etwas, dessen Recht nicht mehr aus sich selbst evident ist, sondern das eigens begründet werden muss. Kann es solche Rechte nicht vorweisen, dann wird es infrage gestellt und im Extremfall als «lebensunwertes Leben» ausgelöscht, wie es im Nationalsozialismus geschah. Schon 1920 erschien die Broschüre «Die Freigabe der Vernichtung lebensunwerten Lebens».

Ein Aufhalter solcher Tendenzen wollte der österreichische Dichter Hugo von Hofmannsthal sein. Seine großen Werke der 1920er Jahre antworteten auf die Katastrophen der Weitergabe des Lebens im Sinne der von ihm und seinem Freund Rudolf Borchardt proklamierten «Schöpferischen Restauration». Den Stoff der «Frau ohne Schatten» - der Tochter eines Geisterfürsten - hat er zweimal aufgenommen, als Erzählung und als (gemeinsam mit Richard Strauss geschriebene) Oper. Im orientalischen Dekor entsteht vor dem

Leser oder Zuschauer eine Parabel der modernen Ehe. Und eine Bedrückung atmosphärischer Art liegt über der Erzählung, die sich nur schwer lösen will. Ein Entwurf, der in das Werk nicht aufgenommen wurde, spricht aus, worum es hier geht: nicht um die Unfruchtbarkeit als Schicksal, sondern um eine Abtreibung. Wo die Erzählung die Brüder des Färbers Barak vage von einem «Verbrechen» seiner Frau reden lässt, heißt es in einer Vorstufe des Textes: «Was hast du getan? Hast du abgetrieben?»[42] Am Beginn der Konzeption des Stoffes, der zunächst die Form der Oper fand, stand der Gedanke Hofmannsthals, eine «bizarre Figur» in den Mittelpunkt der Handlung zu stellen - Richard Strauss dürfte kaum geahnt haben, an wen genau sein Librettist dabei dachte, nämlich an eine Figur «wie Strauss' Frau. Die Frau ohne Schatten. Die Frau, die ihre Kinder aufgeopfert hat, um schön zu bleiben (und ihre Stimme zu erhalten).»[43]

Die beiden kinderlosen Ehen, die Hofmannsthal schildert - vor allem die des Färbers Barak und seiner Frau -, sind ein Chaos des Begehrens und des Ekels, in dem die Symptome des schrillen Geschlechterhasses dramatisiert werden. Ein böser Blick fällt auf das Bett. «Ich bin satt worden der Mutterschaft, ehe ich davon gekostet habe», sagt die Färberin, die sich die «ewige Schlankheit des unzerstörten Leibes»[44] sichern will und in ihren Zuckungen und Anfällen wie ein Kompendium der zeitgenössischen Hysterielehren anmutet. In einer Art Vertrag mit der Erde, so lautet die Lehre, die Hofmannsthal als Antwort auf die Geschlechterkriege bildet, muss der Mensch auf die unbeschränkte Verwandlungsfähigkeit der Geister verzichten und sein Dasein «bezahlen», indem er, wie der Literaturwissenschaftler Mathias Mayer es formuliert hat, «mit dem Schatten den unausweichlichen Schmerz und die Schuld seiner Existenz akzeptiert».[45]

Hofmannsthals Schaffen ist von der Annahme durchdrungen, dass es verwandelnde Erlebnisse, Initiationen und Seinsgrade im Leben gibt, und er selbst hat seine Jugend als eine geisterhafte «Praeexistenz» verstanden: «Bangen und Sehnsucht diesen Zustand zu verlassen: auf welchem Weg? Verknüpfung mit dem Leben. Durchdringen aus der Praeexistenz zur Existenz.» Als Kennzeichen der «Praeexistenz» sah er «frühe Weisheit», «Auserlesenheit» und «Geistige Souveränität: sieht die Welt von oben».[46] Der «Weg zum Sozialen», den einzuschlagen er bemüht war, führt über die Stufen der Tat, des Werks und des Kindes.

Eine andere, komplementäre Ansicht gab er in seinem Trauerspiel «Der Turm». Von einer «Vatermord»-Generation sprach der Zeitgeist Anfang der zwanziger Jahre des 20. Jahrhunderts. Ein Stück des jungen Dramatikers Arnolt Bronnen hatte dem blanken Hass das Stichwort gegeben. Aber konnte man nicht auch den gerade zu Ende gegangenen Krieg als Rache der Väter an den Söhnen deuten - eine Perspektive, die von Kafkas Erzählung «Das Urteil» nahegelegt wird? Hofmannsthal verfasste sein Drama nach dem Weltkrieg, dem Einsturz der Monarchie und der Niederschlagung der Revolution. Eine Staatskrise hat das Königreich Polen erfasst, Inflation und Pogromdrohungen stehen im Hintergrund. Die Frage nach der legitimen politischen Herrschaft, nach ihrer Verschuldung und ihrem Sturz ist es, die dem Stück seinen politischen Rahmen gibt. Vor allem aber bildet Hofmannsthals jahrelange Arbeit eine ungelöste Frage ab: Was folgt auf die legitime Herrschaft der Monarchie? Der König Basilius hat sich, verblendet, an seinem Sohn Sigismund verschuldet und ihn in die äußerste Erniedrigung einer Kaspar-Hauser-Existenz gestoßen. In der ersten Fassung des Trauerspiels folgte auf die Entmachtung des Basilius eine biblisch inspirierte Gerechtigkeits- und Friedensutopie, die in dem Heer der jugendlichen «Grünen» und ihrem Kinderkönig weiterlebt. Sigismunds Vision findet ihre Erben. In der zweiten Fassung steht am Ende nur mehr die nackte Diktatur Oliviers. Der Kampf zwischen Vater und Sohn hat beide in den Abgrund gerissen. Für die messianische Utopie bleibt kein Raum mehr.

Die schuldbelasteten Verhältnisse zwischen Vätern und Söhnen, die sich doch immer wieder suchen, blieben auch jenseits des «Turms» für Hofmannsthal der Kern, von dem sich seine Werkentwürfe der zwanziger Jahre nicht mehr lösen konnten. In dem Romanfragment «Der Herzog von Reichstadt», das die Schicksale von Napoleons Sohn im Wien der Ära Metternich schildern sollte, grübelt der Sohn ergebnislos über den Charakter des Vaters nach. Das Motto, das Hofmannsthal für diese Arbeit wählte, war Laotses Spruch «Der Sohn ist älter als der Vater». In einer Szene aus einem «Chinesischen Trauerspiel», 1927 verfasst, irren die Kinder eines ermordeten Gouverneurs durch das Gebirge und versuchen, sich eines Vaters zu erinnern, den sie nie gesehen haben: «Vater, warum hast du dein jüngstes Kind im Stich gelassen?», heißt es da.[47] Und im letzten von Hofmannsthal skizzierten Plan, einer Romanbiographie «Philipp II. und Don Juan d'Austria», die im Juni 1929 begonnen wurde, sollten die Geschichten Karls V., seines legitimen Sohnes Philipp und seines illegitimen Sprosses Don Juan d'Austria ineinander verflochten werden - unter Einschluss von Philipps ungehorsamem Sohn Don Carlos, den Hofmannsthal in einer Notiz «pathologisch erregt» nennt.

Am 13. Juli 1929 verübte Hofmannsthals Sohn Raimund Suizid im elterlichen Haus in Rodaun. Am 15. Juli, als man zur Beerdigung aufbrach, erlitt Hofmannsthal einen Schlaganfall, an dem er wenige Stunden später verstarb. Unsere Gegenwart hat unter den Titeln der Selbstbestimmung, der Autonomie, des Selbstbesitzes am eigenen Körper in den das Leben betreffenden Fragen die reflektierende Distanz zur herrschenden Norm gemacht. Alle Versuche einer «Schöpferischen Restauration» scheiterten an den neuen, von der Wissenschaft und den kulturellen Umwälzungen eröffneten Möglichkeiten.

Anfang der fünfziger Jahre wurde das Leben für die «Frauen ohne Schatten» leichter. Das Jahr 1951 sah einen dramatischen Wettlauf um die Synthese des Cortisons. In Mexiko forschte Carl Djerassi mit einem Team, in Harvard Robert Burns Woodward. Djerassi, mit der Forschungsinfrastruktur im Nachteil, hatte einen Informanten im Harvard-Team. Im Juni, so erzählt es die Unternehmerin und Autorin Margaret Heffernan in ihrem wissenschaftshistorischen Krimi «A bigger Prize», habe Djerassi die Lösung gehabt, am 22. Juni sei sein Paper beim «Journal of the American Chemical Society» eingegangen, das von Woodward erst am 9. Juli. Aber der Harvard-Mann erhielt den Nobelpreis. Djerassi wurde am 29. Oktober 1923 in Wien geboren. Sein Vater, ein auf Geschlechtskrankheiten spezialisierter Dermatologe, hatte noch Freuds Vorlesungen gehört, und fast könnte man die Lebensleistung des Sohnes als verwissenschaftlichte Erbschaft jener Wiener Sexualspekulationen auffassen. Denn alles, wofür er berühmt wurde, hatte zu tun mit der Entkoppelung von Sexualität und Fortpflanzung, die seit der kulturellen Revolution der sechziger Jahre das Leben so verändert hat wie kaum etwas anderes.

Die künstliche Herstellung des Hormons Norethisteron, die Djerassi Anfang der fünfziger Jahre gelang, ermöglichte die Entwicklung der Antibabypille. Wieder bekam er keinen Nobelpreis, aber das Patent brachte ihm ein Vermögen. Ende der fünfziger Jahre ging Djerassi an die kalifornische Universität Stanford. In Woodside bei Palo Alto erwarb er in den Bergen ein herrliches Anwesen mit weitem Blick. Seine Sammlung von Bildern Paul Klees, von der nur ein geringer Teil in Woodside hing, war spektakulär. Und so ließe sich Djerassis Lebensleistung auch als ein Umkreisen der Wortfelder von «Kunst» und «Künstlichkeit» umschreiben. Noch kurz vor seinem Tod verteidigte er vehement das «Social freezing» (er war allerdings kein Freund der sprachlichen Prägung) – also das Einfrieren der Eizellen junger Frauen, die dadurch die Möglichkeit erhielten, ihre Familienplanung unabhängiger zu gestalten. 1960 wurde die Pille in den Vereinigten Staaten zugelassen, in der Bundesrepublik von den Ärzten zunächst jedoch nur zögernd verschrieben – diese Haltung änderte sich Ende 1970. In der Entwicklung der deutschen Bevölkerung, die bis Mitte der sechziger Jahre rasant gewachsen war, kam es danach zu einer ebenso rasanten Abnahme, dem sogenannten «Pillenknick». Anfang der siebziger Jahre fiel die Zahl der Geborenen unter die der Verstorbenen; dabei ist es seither geblieben. Allerdings wird vielfach der monokausale Zusammenhang von Demographie und Pille bestritten.

Am 6. Juni 1971 veröffentlichte der «Stern» die Titelgeschichte «Wir haben abgetrieben». 374 Frauen – die prominentesten auf dem Titelbild der Illustrierten – bekannten sich damals zum verbotenen Schwangerschaftsabbruch. In Deutschland plante die sozialliberale Koalition eine Reform des Paragraphen 218. Am 25. Februar 1975 allerdings erging ein Urteil des Bundesverfassungsgerichts, dem zufolge die (im Jahr zuvor vom Bundestag beschlossene) Fristenlösung des Paragraphen der verfassungsrechtlichen Verpflichtung, das werdende Leben zu schützen, nicht in dem gebotenen Umfang gerecht geworden sei: «Das sich im Mutterleib entwickelnde Leben steht als selbständiges Rechtsgut unter dem Schutz der Verfassung», urteilten die Richter. Und weiter: «Der Lebensschutz der Leibesfrucht genießt grundsätzlich für die gesamte Dauer der Schwangerschaft Vorrang vor dem Selbstbestimmungsrecht der Schwangeren und darf nicht für eine bestimmte Frist in Frage gestellt werden.» Von «Lebensschutz» ist inzwischen kaum noch die Rede, und wenn, dann oft nur mit dem Beiwort «sogenannt» oder auch «selbst ernannt».

Der Protest gegen das Urteil von 1975 kam prompt. In einem offenen Brief an den damaligen Bundespräsidenten Karl Carstens schrieb die Feministin Marielouise Janssen-Jurreit: «Ein daumengroßer Embryo, ununterscheidbar vom Körper der Frau, ein Zellengebilde, das weder leidens- noch schmerzfähig ist, hat von heute an durch höchsten richterlichen Spruch mehr Grundrechte als die Frau selber.»[48] Das Nervensystem dieses Gebildes sei «nach acht Wochen nicht höher entwickelt als das eines Insekts».[49] Anhand des Briefs ist ein Sprachgebrauch zu beobachten, der, im Gegensatz zum Gesetzestext, die Bezeichnung des ungeborenen Lebens als solches umgeht.

Die Sprachwissenschaftler Martin Wengeler und Georg Stötzel haben in einer Studie dargestellt, dass für die Ungeborenen in neuerer Zeit Worte mit neutralisierender, eher klinischer Antönung wie «Fötus, Embryo, Zellengewebe oder auch ‹entmenschlichende› Metaphern wie Kaulquappe, Tintenfisch, Honigbiene verwendet wurden. Die Lebens-Terminologie wurde zum einen vermieden oder distanzierend-ironisierend mit Anführungszeichen oder dem Zusatz sogenannt versehen.»[50] Die Zahl der jährlichen Abtreibungen nahm in den vergangenen Jahrzehnten ab, seit 2022 allerdings wieder um fast zehn Prozent zu; sie liegt derzeit bei rund hunderttausend gemeldeten Fällen.

Nicht nur was das Kinderkriegen betrifft, sondern auch mit Blick auf Generationenbeziehungen werden von manchen

Wege beschritten, die sich deutlich von dem bisher Skizzierten abheben. «Ehre deinen Vater und deine Mutter, damit du lange lebst in dem Land, das der Herr, dein Gott, dir geben will.»[51] So lautet das vierte der zehn Gebote. Warum war es ergangen? Ehre deinen Vater und deine Mutter, du tust dir damit selbst etwas Gutes: Einen und eine, die wissen, wo sie herkommen, bläst man nicht so schnell um. Sie haben Wurzeln, man vertreibt sie nicht so leicht. Sie stehen. Und hinter ihnen stehen die Väter und Mütter des Vaters und der Mutter und wiederum deren Eltern. Noch einmal gefragt: Warum ehren? Weil dieser Akt noch eine andere Stärke geben kann: Man war einmal - zugegeben: im Idealfall - die Hoffnung anderer Menschen. Das trägt, es bildet ein festes Gewebe. Es gibt Widerstandskraft.

Heute ist der Ton mitunter sehr lakonisch: «Du schuldest deinen Eltern nichts», schrieb die Bestsellerautorin Charlotte Roche im April 2018 im Magazin der «Süddeutschen Zeitung». Roche sieht als verschärfenden Faktor, der die Jungen unter der Fuchtel der Älteren hält, die hohe Lebenserwartung «als neues Problem» hinzukommen: «In den Zeiten der Pest konnte man schon mit zwanzig rum ein echter Erwachsener sein, weil Eltern so um die vierzig gestorben sind. Man ist nämlich erst richtig erwachsen, wenn man keine Eltern mehr hat. Wenn sie noch leben, bleibt man immer irgendwie Kind. Auch weil sie uns dazu machen.» Den Kontakt zu ihrer Mutter hat sie abgebrochen. Muttertag: «Eh ein Nazitag.»[52] Roche ist nicht allein. Die Philosophin Barbara Bleisch macht noch andere Gründe für die notfalls radikale Distanzierung von den Eltern namhaft: «Müssen sie sich die politischen Ansichten ihrer Eltern immer weiter anhören, auch wenn sie sie abscheulich finden?»[53] Respekt gegenüber den Eltern empfehle sich zwar, aber eben nur in dem Maße, wie man ihn Menschen im Allgemeinen zollt – im paartherapeutischen Kontext findet sich der Begriff «Entelterung».[54]

Die ethischen Fragen, die mit einer in Deutschland (noch) verbotenen, in den Vereinigten Staaten aber vielfach möglichen Leihmutterschaft auf die Menschen zukommen, können hier nur angedeutet werden. Vor allem der Bundesstaat Kalifornien hat 2012 die Leihmutterschaft mit der ausdrücklichen Begründung legalisiert, damit würden auch gleichgeschlechtlichen Paaren Kinder ermöglicht. Aber noch ganz andere Lösungen des Problems werden durchdacht: Ein «Antinatalismus» als philosophische Richtung macht von sich reden – «40 Prozent der jungen Menschen wollen keine Kinder mehr kriegen», titelte die «Zeit» am 4. Oktober 2021. Der MDR meldete am 27. Oktober 2022, jede fünfte Frau bleibt in Deutschland kinderlos, auch weil zunehmend mehr Frauen sich ganz bewusst für ein Leben ohne Kind entscheiden. Oft hört man in der Presse, man wolle «fürs Klima auf Nachwuchs verzichten», wie es die «Berner Zeitung» berichtete.[55] Von Kindern als «Klimakiller Nummer 1» ist die Rede.

Das einstmals tragödienträchtige Feld der Generationsbeziehungen – so ließen sich die verschiedenen Stimmen resümieren – wird entschärft: Einerseits empfehlen manche, die Kontakte zu den Eltern zu neutralisieren oder gleich ganz herunterzufahren, andererseits wird zur Diskussion gestellt, Nachwuchs erst gar nicht in die Welt zu setzen. Das wäre der endgültige Untergang des Ödipus-Komplexes; Tragödien könnten mangels Teilnehmern nicht mehr stattfinden.

9. DAS LEBEN NEHMEN

Das Leben gibt es nur einmal. Mit dem, was es nur einmal gibt, gehen wir unendlich sorgfältig um. Erst angesichts der Knappheit der Lebenszeit stehen wir in der Nötigung, zu entscheiden. Alle Handlungsprobleme folgen daraus. Wir müssen Prioritäten setzen und bestimmen, was wirklich nötig ist. Je knapper ein Gut, desto höher ist sein Preis. «Kostbar» und «selten» sind fast synonym: Man denke an das Gold. Der Augenblick hat dramatische Bedeutung nur im Zusammenhang von Endlichkeit, er ist das Rarissimum schlechthin.

Das Wort «Mord» hat eine Wurzel im Proto-Indogermanischen: **mŕ̥-trom*, töten, abgeleitet von **mer-*, sterben. In J. R. R. Tolkiens Roman «Der Herr der Ringe» ist Mordor der Ort, wo das Böse haust. Das schlechthin Böse ist der Mord. Er vernichtet das schlechthin Einmalige, das Leben. Warum bringt Kain seinen Bruder Abel um? Oft habe ich darüber nachgedacht, keine Antwort hat mich dauerhaft zufriedengestellt. Es gibt Fragen nach dem Warum, bei denen die Antwort eine andere Ebene ins Spiel bringen muss, um wirklich etwas zu sagen. Deshalb frage ich: Wann bringt Kain den Abel um? Eigentlich unmittelbar nach dem Sündenfall und der Vertreibung von Adam und Eva aus dem Paradies. Die grundsätzliche Sterblichkeit des Menschen war schon in diesem Augenblick eine Tatsache geworden, der Herr stellte Cherubim, wachende Engel, östlich von Eden auf, «und das lodernde Flammenschwert, damit sie den Weg zum Baum des Lebens bewachen».[1] Die Cherubim sind Wesen der erschütterndsten, potentiell lebensbedrohenden animalischen und himmlischen

Macht, zusammengesetzt aus den Bildern von Löwe, Stier, Adler und Engel.

Nun, jenseits des Gartens Eden, pflanzt sich das geschaffene Leben fort: «Adam erkannte seine Frau Eva. Sie wurde schwanger und gebar Kain.»[2] Nachdem Kain und Abel auf der Welt sind, geht es fast übergangslos – die Schrift sagt nur: «nach geraumer Zeit» – in die Szene des Konflikts um das Gott genehme Opfer. Schon in Gen 4, 8 lesen wir nämlich: «Als sie aber auf dem Feld waren, erhob sich Kain gegen seinen Bruder Abel und schlug ihn tot.» Aber was genau ist geschehen, dass es zum Äußersten kam? Der Mord geschieht am Anfang der Geschichte überhaupt. Man muss, so könnte der Gedanke der Autoren der Bibel gelautet haben, sofort vor Augen führen, wozu Menschen fähig sind. Die Lage nach dem Sündenfall muss gleich klar sein, es muss richtig eingehämmert werden, um was für eine Art von Wesen es sich handelt! Irrtum ausgeschlossen, sinnlos, darum herumzureden!

Der Schock dieser Geschichte, sozusagen aus heiterem Himmel, war gewollt. Wer von Menschen redet, redet von Gewalttaten, das ist der ungeheure Realismus der Heiligen Schrift: «Höre, das Blut deines Bruders schreit zu mir von der Erde. (...) Und nun sollst du verflucht sein, verbannt von dem Ackerboden, der seinen Mund aufgetan hat, um das Blut deines Bruders aufzunehmen.»[3] Blut steht, wie wir sahen, für das Leben und für die Seele. Kain und Abel opferten beide dem Herrn. Kain opferte von den Früchten des Feldes, Abel hingegen «brachte ein Opfer dar von den Erstlingen seiner Herde, und zwar von den Fettstücken. Der Herr schaute gnädig auf Abel und sein Opfer. Auf Kain und sein Opfer aber schaute er nicht.»[4] Man sieht einerseits eine natürliche und plausible Arbeitsteilung. Andererseits wissen wir aus späteren Büchern des Alten Testaments, dass die Tieropfer im Rang höher stehen, besser angesehen sind als pflanzliche. Das mag mit dem eigentümlichen Begriff des Lebens zusammenhängen, das sich das Alte Testament nur ans Blut gebunden vorstellen kann.

In diesem Konflikt um die Frage, wer die Gnade Gottes erfahren soll, lässt sich nicht verhandeln, weil es um Interessen gar nicht geht; ein «Mehr» oder «Weniger» verfehlte die Dimension der Auseinandersetzung. Es geht vielmehr um Anerkennung und damit um das Empfindlichste, was den Menschen zum Menschen macht, das Selbstbewusstsein. Von diesem hat Hegel einmal gesagt, es existiere nie im isolierten Selbst, sondern erst in der Spiegelung, die das Selbst vom anderen erfährt: eben in der Anerkennung. Jetzt, wo das Materielle keine Rolle mehr spielt und an seine Stelle ein kaum fassbarer Hauch zwischen den Menschen getreten ist, betreten wir die Zone eines Kampfes auf Leben und Tod. Gott entgeht der Sinn der Situation nicht. Als Kains Opfer nicht «angeschaut» wird - das heißt nicht angenommen, für unwert erachtet wird -, «wurde Kain sehr zornig und senkte seinen Blick». Er schaut nun auch seinerseits nicht mehr an, der Blickkontakt ist abgebrochen, die Beziehung aufgehoben, das «Mit» der Brüder zerrissen. «Da sprach der Herr zu Kain: Warum bist du zornig und senkst deinen Blick? Wenn du recht handelst, erhebst du dann nicht das Haupt? Wenn du aber nicht recht handelst, steht dann nicht die Sünde an der Tür, ein lauerndes Tier, das nach dir verlangt und das du beherrschen sollst?»[5] Kain antwortet nicht, sondern wendet sich an Abel mit dem Vorschlag, man könne zusammen «aufs Feld» gehen, also auf Kains eigenstes Gebiet. Dort ist er zu Hause, von dort bezieht er gewöhnlich seine Macht und Kraft und im gegenwärtigen Augenblick die stumme, naturhafte Gewissheit seines Wesens als Ackerbauer, die aber die verweigerte ausdrückliche Anerkennung nicht aufwiegen kann. Dort ist er stark, dort muss es geschehen.

Ich sehe gern die Sendung «Aktenzeichen XY ... ungelöst». Jeder Fall ist anders: Gemordet wird aus Geldgier, aus Eifersucht, weil der Ehepartner der neuen Beziehung im Weg steht. Das Strafgesetzbuch kennt auch den Mord aus reiner Mordlust, wobei das Opfer austauschbar ist, oder «zur Befriedigung des Geschlechtstriebs». Juristisch und kriminologisch ist aber mein Interesse an der Frage «Warum Mord?» noch nicht beantwortet. Bei recht vielen dieser Taten muss man wohl einen Unterschied zwischen Opfer und Täter annehmen, der wissenschaftlich nur schwer zu fassen ist. Mir scheint, es gebe Taten, die nur daraus zu erklären sind, dass dem Opfer eine gewisse Leuchtkraft eigen war, die aus dem Sein kam, aus der Existenz, und die mit allem Geld der Welt (zur Befriedigung der Habgier) nicht auszugleichen war. Vielleicht gibt es auch eine immaterielle Habgier, ähnlich der, die Kain verspürt haben muss, als sein dargebrachtes Opfer nicht «angeschaut» wurde. Als die Kaiserin Elisabeth («Sisi») im September 1898 in Genf von dem italienischen Anarchisten Luigi Lucheni ermordet wurde, indem er ihr eine Feile ins Herz stieß, die er selbst angespitzt hatte, muss so ein Fall vorgelegen haben. Betrachte ich das Polizeifoto von Lucheni, dann glaube ich, eine Welt zu sehen, in die niemals ein Stern strahlte. Der Täter wuchs im Waisenhaus auf. Und ähnlich geht es mir, wenn ich die Bilder der letzten Zarin Alexandra Fjodorowna und ihres Mörders Jakow Jurowski betrachte. Dessen Vater war wegen Diebstahls nach Sibirien verbannt worden.

Der Philosoph Max Scheler hat vor hundert Jahren etwas zu beschreiben versucht, was meiner Vermutung nahekommt: «Der ohnmächtigste Neid ist zugleich der furchtbarste Neid. Der Neid, der das stärkste Ressentiment auslöst, ist daher derjenige Neid, der sich auf das individuelle Wesen und Sein einer fremden Person richtet: der Existenzialneid. Dieser Neid flüstert gleichsam fortwährend: Alles kann ich dir verzeihen; nur nicht, dass du bist und das Wesen bist, das du bist; nur nicht, dass ich nicht bin, was du bist; ja dass ‹ich› nicht ‹du› bin.»[6] Scheler allerdings hielt diesen Existenzialneid für einen «seltenen Fall». Und hier kann ich ihm nicht folgen. Ich möchte meinen, dass sich jedenfalls Spurenelemente dieser Fehlhaltung in den meisten «rational» erklärbaren Tötungsdelikten finden lassen. Etwas von dieser Art muss zwischen Kain und Abel gewesen sein; eine Auszeichnung durch Gott, ein gnädig angenommenes Opfer ist nicht mit einer materiellen Entschädigung abzugelten. Es gibt nichts auf der Welt, was diesen Abstand und Abgrund auffüllen könnte. Dinge können nicht das Licht ersetzen.

Wo man genauer hinschaut, da kann man diesen Unterschied der Leuchtkraft finden. Charles Manson, seit seiner Jugend ununterbrochen kriminell, zeitweise Zuhälter, ließ 1969 die Schauspielerin Sharon Tate umbringen, die als eine der schönsten Frauen der Welt galt. James Earl Ray, der seit den späten vierziger Jahren eine kriminelle Karriere vor allem mit Raubüberfällen verfolgt hatte, erschoss am 4. April 1968 Martin Luther King, den reinen Typ eines Charismatikers. Charisma - ebendiese Leuchtkraft, von der ich spreche - erwirbt man nicht durch Lernen und schon gar nicht käuflich. Scheler sprach von dem Mordmotiv «dass ich nicht bin, was du bist». Die Anerkennung nannten wir eine «Spiegelung». Gelegentlich finden wir bei Mördern vor der eigentlichen Untat einen Versuch, die Grenze zu überspringen und sich in eine Art Spiegelbeziehung zum späteren Opfer hineinzuphantasieren. Mark David Chapman, der am 8. Dezember 1980 John Lennon in New York erschoss, hatte im Jahr zuvor auf Hawaii eine japanisch-amerikanische Frau geheiratet, weil sie ihn an Yoko Ono erinnerte. 1977 hatte er einen Selbstmordversuch unternommen. Auf dem Polizeifoto vom Tag der Tat sieht er aus wie eine verfettete Version von John Lennon.

Lee Harvey Oswalds Vater war ein Verwandter des früheren amerikanischen Präsidenten Theodore Roosevelt, er starb vor der Geburt seines Sohnes. Aber die Sozialfigur «Präsident der Vereinigten Staaten» muss Oswalds Phantasie beschäftigt haben. War er nicht vom selben Schlag? Könnte nicht auch hier das Mordmotiv «dass ich nicht bin, was du bist» eingerastet sein? Bereits als Schüler wurde er psychisch auffällig. Er meldete sich zum Marine Corps, von dem John F. Kennedy eine Auszeichnung erhalten hatte, als er im Krieg gegen Japan ein Schnellboot kommandiert hatte. In Japan war Oswald zeitweise stationiert. Kennedys Politik als Präsident war dominiert vom Kalten Krieg mit der Sowjetunion. In seine Amtszeit fielen die gescheiterte Invasion in der kubanischen Schweinebucht (1961) und die Kuba-Krise, ausgelöst durch sowjetische Raketen auf der Insel, deren Höhepunkt im Oktober 1962 lag. Oswald besuchte 1959 die Sowjetunion und begehrte deren Staatsbürgerschaft. Als man ihn ausweisen will, schneidet er sich die Pulsadern auf. 1962 kehrt er mit seiner russischen Frau in die Vereinigten Staaten zurück. 1963 organisiert er Kuba-Solidaritätsgruppen und verteilt Pro-Kuba-Flugblätter. Im Spätsommer 1963 will er nach Kuba gehen, das Visum wird ihm verweigert, auch im sowjetischen Konsulat erhält er keine Hilfe. Jetzt erst, im Oktober 1963, als alle Möglichkeiten, ein Gegen-Kennedy zu werden, ausgeschöpft waren, fährt er von Mexico City aus nach Dallas. Dort fielen am 22. November die Schüsse. Fast alle Bewegungen Oswalds in diesen Jahren muten wie eine verzerrte Spiegelung der Regierungspolitik an.

Auch die Todesstrafe ist ein Nehmen des Lebens. Das Alte Testament hatte sie gefordert, wenn das Blut eines Menschen vergossen worden war - die Strafe sollte der Tat genau angemessen sein. In der Debatte um die Todesstrafe hat John David Duty unfreiwillig Geschichte gemacht. Dieser Mörder aus den Vereinigten Staaten, der 1978 wegen Vergewaltigung, Raub und Mordversuch zu einer Haftstrafe von dreimal «lebenslänglich» verurteilt worden war und der dann im Gefängnis einen Zellengenossen umbrachte, wurde am 16. Dezember 2010 hingerichtet. Ungewöhnlich dabei war die Art der Exekution. Weil die normalen Giftstoffe, die man bei solchen Gelegenheiten verabreicht, im Gefängnis und offenbar im ganzen Staat Oklahoma, ja bundesweit ausgegangen waren, verabreichte man Pentobarbital. Das ist ein Stoff, den man sonst zum Einschläfern von Tieren benutzt - aber auch Sterbehilfeorganisationen wie «Exit» und «Dignitas» in der Schweiz greifen gern darauf zurück.

Man muss bei dieser Meldung einen Moment innehalten. Offenbar haben sich in diesem Fall zwei humanitäre Tendenzen getroffen: Der Tierschutz gebietet es für das westliche Bewusstsein, sich von archaischen Arten des Schlachtens zu verabschieden. Und zugleich soll auch der zu Exekutierende nicht beim letzten Übergang noch gequält werden. Das Resultat dieser beiden einander kreuzenden humanitären Erwägungen ist aber etwas, von dem wir empfinden, dass es der Majestät des Todes unangemessen ist, ja dass es einen unüberbietbaren Hohn bedeutet. Es nimmt die letzte Würde, die dem Verbrecher auch und gerade dann noch zugestanden wurde, wenn man ihn vor ein Erschießungspeleton stellte und füsilierte. Er war, wie Hegel gesagt hätte, eben damit als Verbrecher anerkannt. John David Duty aber machte man gleichsam seine evolutionäre Stufe im Reich der Lebewesen streitig. Soll man schon von einem Geschichtszeichen sprechen? Die vollständige, von keiner anderen Überlegung mehr erreichbare Humanisierung hatte jedenfalls diesmal zur vollendeten Bestialisierung geführt.

10. NICHT LEBEN WOLLEN

Saul ist eine der faszinierendsten und problematischsten Gestalten des Alten Testaments. Es wäre aber ganz widersinnig, ihn nur psychologisch zu deuten. Sicher: Er ist ein Mann der Extreme, teils prophetisch gottbegeistert, später in der Gottferne verdüstert und eingeschwärzt. In ihm verdichtet sich eine fundamentale Krise in Israel, die seine politische Verfassung, seine politische Theologie betrifft. Bisher wurde das Volk von gottesfürchtigen Richtern geführt, wie der Herr es angeordnet hatte - Könige kannte man nur bei den Nachbarn. Zu den Richtern gehörte Samuel. Nun aber wollten die Menschen auch in Israel einen König. Damit enttäuschten sie Gott, der zu Samuel spricht: «Ich soll nicht mehr König über sie sein», und dann fortfährt: «Genauso wie sie an mir gehandelt haben seit der Zeit, als ich sie aus Ägypten weggeführt habe, bis auf diesen Tag, indem sie mich verließen und anderen Göttern dienten, so handeln sie jetzt auch an dir.»[1]

Diese Krise im Verhältnis des auserwählten Volkes zu Gott - dass es ihn bitter enttäuscht hat - personifiziert sich in der Gestalt von Saul, dem ersten König der Juden überhaupt, und seine problematische Natur erklärt sich als Nachbeben der Verfassungsrevolution. Zunächst scheint er für das Herrschen geradezu prädestiniert zu sein: Er war jung und schön, sogar der Schönste, und dazu hochgewachsen.[2] Saul kommt zu Gott in kein rechtes Verhältnis mehr, immer wieder kippt es. Schon vorher war die Beziehung zu seinem ältesten Sohn Jonathan verdunkelt, der König wollte ihn töten lassen. Saul wird vom Herrn verworfen und fleht um Verzeihung, die ihm nicht gewährt wird: Ein «böser Geist kommt über ihn, dass er sich wie ein Rasender benimmt».[3] Einzig der junge David kann ihn durch sein Harfenspiel beruhigen: «Dann wurde es Saul leichter; er fühle sich besser und der böse Geist wich von ihm.»[4] Wir sehen eine ungeheure seelische Bewegung, ein Drama mit großem Bogen. Aus Angst vor den Philistern befragt Saul nach Samuels Tod die Hexe von Endor, obwohl er selbst die Totenbeschwörer und Wahrsager aus dem Land vertrieben hatte. «Warum fragst du mich», antwortet sie, «da doch der Herr sich von dir abgewandt hat und dein Feind geworden ist?»[5]

Bis in den Tod hinein ist um Saul etwas, das uns zurückscheuen lässt: Der erste König stirbt unköniglich. Als es im neuerlichen Krieg gegen die Philister schlecht steht, hören wir, dass Saul sich an seinen Waffenträger wendet: «Zieh dein Schwert und durchbohre mich, damit nicht diese Unbeschnittenen kommen und ihren Spott mit mir treiben. Sein Waffenträger aber weigerte sich, da er sich sehr fürchtete. Da nahm Saul selbst das Schwert und stürzte sich hinein. Als sein Waffenträger sah, dass Saul tot war, stürzte auch er sich in das Schwert und starb mit ihm.»[6] Dieser Suizid ist der letzte Akt eines seelischen Dramas, dem man in der Bibel wenig zur Seite stellen kann. «So starb Saul wegen der Untreue, die er gegen den Herrn begangen, wegen des Wortes des Herrn, das er nicht beachtet, und weil er die Totengeister befragt hatte, um Auskunft zu erhalten.»[7] Der Mensch des Alten Testaments hat noch kein Innenleben, in dem er den Suizid erwägen könnte. Wenn es sich in seiner Seele verdunkelt, dann ist ein böser Geist tätig eingedrungen. Gott hat schon entschieden.

Simson, der Held aus dem Buch der Richter, überkräftig, Löwen mit den Händen besiegend, durch die List der Delila in die Gewalt der feindlichen Philister gekommen, die damals

als Besatzungsmacht in Israel herrschen, geblendet, weil «der Herr sich von ihm abgewandt hatte»,[8] zu niedrigem Dienst gezwungen, begeht eine Art Selbstmordattentat: Er packte, als sich viele Philister in einem Haus zu einem Fest versammelt haben, «die Mittelsäulen, auf denen das Haus ruhte, und stemmte sich gegen sie, gegen die eine mit seinem rechten Arm und gegen die andere mit seinem linken, und Simson sprach: So sterbe ich mit den Philistern! Er drückte mit all seiner Kraft, da stürzte das Haus zusammen über den Fürsten und über allen Leuten, die darin waren. Die er dadurch in den Tod riss, waren zahlreicher als jene, die er in seinem Leben getötet hatte.»[9] Kein Wort einer moralischen Verurteilung verliert die Bibel an dieser Stelle. Es war ihm schon vor seiner Geburt bestimmt worden, Israel aus der Hand der Philister zu retten. Diese Aufgabe erfüllt er in der einzigen Weise, die ihm nach der Blendung noch blieb.

Es gibt auch hier kein ausdrückliches Verbot des Suizids. Klar wird nur: In der Bibel geht es um jene, die von Gott verworfen wurden (von denen er sich «abgewandt» hatte), am deutlichsten bei Judas, dem abtrünnigen Jünger Jesu: «Als nun Judas, der ihn verraten hatte, sah, dass er verurteilt war, reute es ihn; und er brachte die dreißig Silberlinge den Hohenpriestern und den Ältesten zurück und sprach: Ich habe gesündigt, dass ich unschuldiges Blut verraten habe! Sie aber sprachen: Was geht das uns an? Da siehe du zu! Da warf er die Silberlinge in den Tempel und machte sich davon, ging hin und erhängte sich.»[10] Noch nicht einmal - wie Saul - vom objektiven Heroismus der Schlacht ist Judas berührt, nur noch von der privaten Geldgier, die er zu spät bereut. Das ist unheimlich. Auch deshalb, weil dies, anders als die Tat von Saul, eine bewusste und freie Entscheidung ist. Judas weiß: Ich habe gesündigt. Es handelte sich nicht um eine objektive Ausweglosigkeit oder um ein Vermeiden von Schande in der öffentlichen Meinung, sondern um eine Unmöglichkeit des Weiterlebens angesichts der erkannten Schuld. Die Reue spricht. Judas gehört darum - so paradox es klingt - zur christlichen Ära: Er weiß von der Sünde. Wir sehen eine Verinnerlichung der Motive. Ein weiterer Unterschied zu Saul: Erhängen galt in der Antike allgemein als schimpflich, allenfalls für Frauen angemessen, der Tod durch das Schwert dagegen - selbst wenn die eigene Hand ihn herbeiführte - als ehrenvoll: Man überließ das Schicksal nicht der Mechanik der Schwerkraft, sondern übernahm die Verantwortung bis zum Schluss.

Antik ist die Ansicht, dass ein Suizid in auswegloser Lage eine Handlungsmöglichkeit darstellt, die sich der moralischen Verurteilung entzieht. Dies war der Fall des Herakles, der wegen des vergifteten Nessus-Hemds unerträgliche Schmerzen litt und selbst den Scheiterhaufen schichtete, auf dem er verbrannte. Die Götter ächteten seine Tat keineswegs, sondern entrückten ihn auf den Olymp zu den Unsterblichen, war ja auch er ein Halbgott, Sohn des Zeus, und Amphytrion nur sein Ziehvater gewesen. Antigone, zum Hungertod in einem Verlies verurteilt, weil sie ihren Bruder begraben hat, wählt den Freitod. Ihre Mutter Iokaste, Mutter und Frau des Ödipus, erhängt sich, nachdem sie die wahren Verhältnisse erkannt hat: «Denn sie knüpft' an das hohe Gebälk, in der Wut der Verzweiflung, / Selbst das erdrosselnde Seil.»[11] Im Fall des griechischen Helden Ajax, der gegen Troja kämpfte, war es die Scham, im Rededuell gegen Odysseus den Kürzeren gezogen zu haben (es ging um die kostbaren Waffen des inzwischen gefallenen Achilles), er stürzte sich in sein Schwert. Als Odysseus ihn in der Unterwelt trifft und sich freundlich an ihn wendet, die Trauer bekundend, die man empfunden habe, und erklärte: «Doch keiner ist hieran / Schuldig als Zeus, der, entbrannt vom schrecklichen Eifer, Achaias / Kriegerscharen verwarf und dein Verhängnis dir sandte!», wird er von Ajax keiner Antwort gewürdigt: «Also sprach ich; er schwieg und ging in des Erebos Dunkel / Zu den übrigen Seelen der abgeschiedenen Toten.»[12] Mit einem überlegenen Gegner kann man nicht nachträglich debattieren, es war «alles gesagt».

Sokrates verurteilt zwar den Selbstmord, aber ohne größeren argumentativen Aufwand, nur unter Berufung auf die übliche Ansicht, die fraglos geltende Sitte. Er hatte im «Phaidon», da er auf das Zeichen zum Trinken des Giftbechers wartete, das Philosophieren als Vorbereitung auf den Tod definiert und lässt nun dem abwesenden Euenos etwas mehrdeutig bestellen, er möge ihm nachkommen. Man ist für einen Augenblick verwirrt. Sokrates bemerkt zu dem Vorhalt des Simmias: «Nur Gewalt wird er sich doch nicht selbst antun; denn dies, sagen sie, sei nicht recht.»[13] Er könne darüber nur vom Hörensagen reden. Die Ablehnung des Selbstmords habe «doch wohl auch einigen Grund», stellt er noch einmal mit großer Zurückhaltung fest. Die Mysterien lehrten, die Menschen seien im Leben wie in einer Festung, aus der man sich nicht selbst entlassen dürfe; auch scheint es dem Sokrates richtig gesprochen, dass «die Götter unsere Hüter und wir Menschen eine von den Herden der Götter sind».[14] Wenn ein Stück aus einer Herde sich selbst töte, würde man ihm zürnen, «und wenn du eine Strafe wüsstest, es bestrafen».[15]

In den «Nomoi» («Gesetzen»), seinem Entwurf eines idealen politischen Gebildes, geht Platon erneut auf den Suizid ein: «Was soll aber dem widerfahren, welcher seinen Vertrautesten, der für seinen besten Freund gilt, tötet? Ich meine dem, welcher sich selbst tötete und gewaltsam dem über ihn verhängten Todestage seine Bestimmung entzieht, ohne dass der Staat durch einen Rechtsspruch es anordnete» - das war Sokrates' eigener Fall -, «ohne dass ein höchst schmerzliches und unentfliehbares Schicksal ihn betraf» - das war der Fall des Herakles -, «ja ohne dass er einer unheilbaren, das Leben unerträglichen Schmach anheimfiel, sondern indem er aus Schlaffheit und feiger Verzagtheit sich selbst eine rechtswidrige Strafe auferlegte.»[16] Hier lässt er, ganz der griechischen Überlieferung entsprechend, bestimmte Motive gelten, andere verwirft er. Und die «Begräbnisstätten in solcher Weise Umgekommener seien erstens einsame, ohne dass irgendjemand neben ihnen begraben wird, dann unbebaute, namenlose Stellen, an den Grenzen der zwölf Landesteile; man bestatte sie ruhmlos, ohne dass eine Säule oder Inschrift ihr Grab bezeichne».[17] Das entspricht der Scheu, die noch der aufgeklärteste Mensch angesichts eines Suizids empfindet, mag sie auch noch so leise zu vernehmen sein - und wieder wird der Sitte die Entscheidung gelassen; eigene, unabhängig von der Überlieferung geltende Argumente führt Platon nicht an.

Wenden wir uns nach Rom. Im Epos des Vergil (70 bis 19 v. Chr.), der «Aeneis», wird erzählt, wie der aus Troja fliehende Aeneas nach dem verlorenen Krieg gegen die Griechen durchs Mittelmeer irrt und, bevor er italischen Boden betritt, wo er nach dem Willen der Götter die Gründung Roms vorbereiten wird, in Karthago landet. Dort ist die Phönizierin Dido mit dem goldenen Haar Königin. Sie kommen zusammen, von Venus begünstigt. Didos Suizid, nach Aeneas' Abfahrt zu Schiff, kann so wenig moralisch verurteilt werden wie der von Saul, weil in beiden Fällen keine individuelle Autonomie der Entscheidung angenommen wird, vielmehr ein göttlich bestimmtes Wollen, ein von den Schicksalsmächten vorbestimmter Sinn, dem beide im Wege standen. Dieser angenommene Sinn war die weltgeschichtlich entscheidende Gründung Roms, und deshalb war es beschlossene Sache, dass Aeneas weiterziehen musste. Dido tötet sich mit dessen Schwert, als sie die schlimmen Zeichen beim Opfer erkennt: Das dargebrachte Fleisch verfärbt sich schwarz, der Wein wird zu grässlichem Blut.

Aeneas, der wie Odysseus die Unterwelt besucht, findet dort auch Dido noch vor der Entscheidung durch den Totenrichter, zusammen mit den verstorbenen kleinen Kindern und den schuldlos zum Tode Verurteilten. «Ihnen hausen zunächst die Traurigen, die sich dem Tode / Schuldlos mit eigener Hand geweiht und müde des Lichtes / Sich des Lebens entäußert. Wie gerne droben im hellen / Tage würden sie jetzt Beschwerden und Armut ertragen! / Gegen das Schicksal ist's; sie fesselt des widrigen Sumpfes / Traurige Flut.»[18] Bei diesen aber ist Dido nicht, sondern bei den Selbstmörderinnen, die «hingesiecht in schwerem Kummer der Liebe».[19] Unter anderem trifft der Held auf Euadne, die ihrem Mann, von einem Blitz des Zeus erschlagen, in den Tod folgt, indem sie sich in den brennenden Scheiterhaufen stürzt: ein Beispiel von Gattentreue. Dann Laodameia, die, jung verheiratet, die Götter bittet, ihren verstorbenen Mann zurückkehren zu lassen, was ihr auch gewährt wird. Aber nur für eine kurze Frist, dann muss er zurück. Laodameia nimmt sich das Leben und begleitet ihren Mann in die Unterwelt. Bei Vergil hat also die Nicht-Verurteilung des Suizids noch eine weitere Begründung: Liebe als Motiv ändert vieles; sie war in den Schriften des Alten Testaments und auch bei Platon nicht als Rechtfertigung vorgesehen. Eine innerliche Bewegung ist der Tat vorhergegangen. Auch Dido stirbt nach einem langen Todeskampf als Opfer für höhere weltpolitische Ziele, vor allem aber: weil sie liebte. Das ist neu, ein subjektiver Funke; das Selbst arbeitet sich aus dem Geschick heraus und schlägt zum ersten Mal die Augen auf.

Als Aeneas Dido mit frischer Wunde in den Scharen erkennt, kommen ihm die Tränen, und er spricht sie an. Auch hier eine subjektive Regung: «Ungern, Königin, habe ich deine Gestade verlassen; / Aber der Götter Befehl, der jetzt mich nötigt, durch diese / Schatten und Wüsteneien und nächtiges Grauen zu wandern, / Trieb mich unerbittlich. Wie konnte ich wähnen, dass jemals / Dir so schrecklicher Schmerz durch meinen Abschied entstünde?»[20] Vor allem Letzteres muss der Königin als unangemessene Ausrede erscheinen und wird - zu Recht - mit Schweigen quittiert, sie schaut ihn nicht mehr an, sondern blickt zu Boden, unversöhnlich. Ein Suizid aus verratener Liebe als Motiv war für den römischen Dichter denkbar - aber nur für Frauen.

Bleiben wir in Rom und betrachten die stoische Philosophie Senecas (ca. 1 bis 65 n. Chr.). Hier finden wir ein ganz anderes Bild, obwohl es manche Züge mit der bekannten antiken Ansicht teilt. Nun aber kommen Begründungen ins Spiel, mit denen Verhalten *gesteuert* werden soll. Wieder eine neue Stufe: Der Suizid wird zum Thema abwägender innerer Überlegung - davon konnte vorher keine Rede sein. Der stoische Idealmensch hat keine Instanz außer sich, auf die er sich berufen oder die ihn verwerfen könnte. Es gibt ein Göttliches, aber diesem wird nicht weiter nachgefragt. Man strebe, so lautet der einzige Imperativ der Stoa, nach einer «edeln Gesinnung», und nur als Funktion von dieser gestattet Seneca es sich dann auch, von Gott zu reden: «In einem jeden tugendhaften Manne wohnet ein Gott, doch welcher, ist ungewiss.»[21]

Solche verständige Kühle war das letzte Wort Roms vor dem Christentum. Das öffentliche Leben war auf politische Macht bezogen. Seneca machte die Stabilität des Charakters und der Entscheidungsmotive zur Hauptsache, von irgendwelchen näher umrissenen Gehalten und Geboten kann dabei keine Rede sein. Philosophie bewähre sich in der «Festigkeit deines Willens», schreibt er an Lucilius, und der «Verminderung deiner Begierden». Die Philosophie fordere, «dass jeder nach seinen Vorsätzen lebe, damit nicht das Leben der Rede widerspreche».[22] Verwerflich ist die Unbeständigkeit, Zeichen eines «schwankenden Gemüts, das noch nicht seine gehörige Haltung hat». Weisheit bedeute «immer dasselbe wollen und nicht wollen». Inhaltlich lässt Seneca das richtige Verhalten bewusst unbestimmt, denn «niemandem kann immer eines und dasselbe gefallen, wenn es nicht eben das Rechte ist».[23] Die höchsten Fragen haben bei ihm keinen anderen Horizont als den einer «verstandesklaren Sachlichkeit des römischen Wesens» - so hat es der klassische Philologe Jürgen Kroymann treffend formuliert.[24]

Von den Stoikern im Allgemeinen und von Seneca im Besonderen hat Hegel gesagt, man sehe bei ihnen «diese Stärke des Willens, die das Besondere nicht zu seinem Wesen rechnet, sich daraus herauszieht; wir sehen, dass dies einerseits wahrhaftes Prinzip, aber andererseits zugleich abstrakt bleibt (...), nur das Subjekt, als solches, soll seine Freiheit in sich behaupten.»[25] So beurteilt Seneca nun auch den Suizid im vierundzwanzigsten seiner Briefe an Lucilius: Verwerflich könne der Akt nur sein, wenn er vorschnell, unüberlegt begangen wird. Dagegen helfe nur die Vernunft. Positiv formuliert: Die geistige Stabilität des Menschen angesichts äußerer und innerer Stürme war für Seneca das entscheidende philosophische Lehrstück; Kräftigung des Willens ist das Ziel seiner Unterweisungen. «Im Festhalten dieses Allgemeinen», sagt wiederum Hegel, «besteht das Energische des Stoizismus.»[26] Im Sinne einer Klugheitslehre sind seine Überlegungen zu verstehen.

Seneca wendet sich gegen die Extreme und befürwortet das Vernünftige. Weit ausschlagende Stimmungen sind zu vermeiden, man darf das Leben weder «zu sehr lieben, noch zu sehr hassen».[27] Dem Freund sagt er, er wolle dessen «Geist kräftigen zur ruhigen Ertragung des Todes wie des Lebens. Wie? Zu beidem sind wir zu ermutigen und zu kräftigen.»

Das ist der Kern: Der in sich gefestigte, den Willen leitende Geist ist die eine maßgebliche Instanz, die berücksichtigt werden sollte, der «mutige und weise Mann» das Verhaltensideal. Er ist zu stabilisieren gegen das Lächerliche, gegen Unklugheit und Unsinn. Man solle einem «unüberlegten Hang des Herzens» widerstehen, gerade weil es eine «Wollust, zu sterben» geben kann. Selbst wenn die Vernunft rät, dem Leben ein Ende zu machen, «dürfen wir doch nicht unbesonnen und mit hastiger Eile den Anlauf dazu nehmen».[28] Den Formalismus Senecas hat schon Hegel kritisch bemerkt: Das stoische Bewusstsein bleibe beim Begriff stehen und komme nicht zur Erkenntnis eines Inhalts noch zu einer näheren Bestimmung des Werks, das vollbracht werden soll. Weitere Aspekte - etwa Tabus, Rücksichten - gibt es hier nicht zu beachten, und insofern ist seine Vernünftigkeit beschränkt. «Bei Seneca», sagt Hegel treffend, «finden wir viel Erbauliches, Erweckendes, Bekräftigendes für das Gemüt, geistreiche Antithesen, Rhetorik, Scharfsinnigkeit der Unterscheidung; aber wir empfinden zugleich Kälte, Langeweile über diese moralischen Reden.»[29]

Die große Wende nach diesem Formalismus kommt mit dem Christentum. Der Rechtsbegriff des Eigentums kann sich sinnvoll nur auf Sachen beziehen. Das Leben ist aber kein Ding. Eine der tiefsten Verwirrungen ist es, das menschliche Leben in Begriffen des Eigentums zu fassen. So nahe die Kirche einer freien, auf privatem Eigentum beruhenden Wirtschaftsordnung sein mag, es gibt eine Grenze. Zum Selbstmord stellt der Katechismus der katholischen Kirche in Artikel 2280 fest: «Wir sind nur Verwalter, nicht Eigentümer des Lebens, das Gott uns anvertraut hat. Wir dürfen darüber nicht verfügen.»[30] Das biblische Gebot «Du sollst nicht töten» wurde mit Augustinus (354 bis 430) zum alleinigen Maßstab. Die Vielzahl von Fällen, Situationen, Motiven eines Suizids verlor gegenüber dem einen durchdachten, ausformulierten Argument an Bedeutung. Mit dem Christentum, kann man sagen, kommt eine strukturierte Vernünftigkeit in die Frage. Das Dogma ist eine frühe Form, in der sich die Autonomie des Geistes erweist: Er kann Gesetze und Gebote formulieren. Eine dogmatische Theologie verlangt zwingend - das ist ihre innere Dialektik - nach argumentativ durchgearbeiteten Begründungen, die Inhalte betreffen. Aus Vernunft wird Allgemeingültiges postuliert, man erkennt darin einen kognitiven Schritt über die mythischen Erzählungen hinaus. Die ausgebreitete Form des Arguments wurde dann charakteristisch für die mittelalterliche Scholastik, für die «Summa» des Thomas von Aquin. Der weit gefasste Weltgehalt wird in *argumentative* Zusammenhänge gebracht. Schon im Jahr 533 n. Chr. folgte auf dem Konzil von Orléans die kirchenrechtliche Sanktionierung. Es bestimmte, «dass Selbstmörder - wie Mörder - ohne Gesang und ohne Fürbitten beerdigt werden sollten, und es folgte 563 n. Chr. das Verbot von Seelenmessen nach dem Konzil von Braga».[31] Das Dogma war die Geburt einer Vernunft, die sich, anders als Seneca, inhaltliche Urteile zutraute.

Es gibt ein mittelalterliches Epos, das sich von der antiken Götterwelt ebenso abgewandt hat wie von den reinen Waffentaten. In Dantes «Göttlicher Komödie» (1321) wird eine Jenseitsreise erzählt. Der Dichter durchwandert, geleitet erst von Vergil und dann von der angebeteten Beatrice, die Kreise der Hölle, das Purgatorium, am Ende die Himmelssphären des «Paradiso», wo er auf die Seelen großer Verstorbener trifft. Die Welt-Entscheidung ist ins Innere des Menschen gewandert, ihr Schauplatz ist die Seele. Nur indem sie dort erinnert und durchdacht werden, mit der steten Frage nach Gottes Vorsehung, sind die alten Abenteuer noch gegenwärtig. Der Mensch wird anders gewogen als im antiken Heidentum. Diese Wendung nach innen bezeichnet das Christliche in der epischen Welt. Zwar gab es schon vorher christliche Stoffe – im altfranzösischen Rolandslied etwa den Kampf des fränkischen Heeres gegen die Muslime in Spanien –, aber das betraf nur den Plot, noch nicht die Haltung der Erzählung.

Indem Dante alles in die Seele verlegt, wird der Dichter (und mit ihm der Leser) zum Erkennenden. Und zum Zweifelnden zugleich. Der christliche Dichter ist einer, der sich durch den Zweifel zur Wahrheit, zur Lehre hindurcharbeiten muss: «Ich stand in Zweifeln», sagt Dante von sich selbst im siebten Gesang des «Paradiso».[32] Er stellt die schwierigsten Fragen – etwa die nach der Willensfreiheit –, und er muss es tun, wenn er beim Durchgang durch Hölle und Fegefeuer wirklich verstehen will, was er sieht. Der Frage nach der Entsprechung von Schuld und Sühne kann er nicht ausweichen, sie wird seine Lebensfrage, wie es der klassische Philologe Georg Peter Landmann treffend formuliert hat. Dante macht aus den Höllenstrafen sozusagen eine Wissenschaft, wie er auch in seiner ganzen Auffassung des Weltgebäudes schon von wissenschaftlichem Geist erfasst ist. Nicht alle Antworten Dantes vermögen noch zu überzeugen. Sein Anspruch, jeden von Gottes Ratschlüssen definitiv auslegen zu können, ist für die heutigen Leser auch eine Zumutung. Der Romanist Karl Vossler sah in Dantes Haltung die «Schreckenskünste der Gerechtigkeit».[33]

Allerdings gibt es Passagen, in denen der Eindruck von unmenschlicher Härte vergeht. Dante gedenkt der Selbstmörder im dreizehnten Gesang der Göttlichen Komödie. Gefangen in dichtem und dornigem Gestrüpp trifft er sie: «Da war kein grünes Blatt, nur dunkles Laubwerk, / kein glatter Zweig, nur knorriges Geäste / und keine Früchte, Dornen nur und Gift.»[34] Eine Welt der Qualen ist die Hölle. Pier della Vigna ist hier der einzige Zeuge. Dieser Mann war zu Unrecht einer Missetat beschuldigt worden und wusste sich nicht anders zu helfen: «Voll Trotz und Missmut wähnte mein Gemüt / der Schmach durch Freitod zu entgehen, und ich, / der Rechtliche, übt Unrecht gegen mich.»[35] Dante kann ihn nicht aus der Hölle lossprechen, und zugleich muss er das Mitgefühl aussprechen, das sich mit gleicher Stärke wie die Doktrin in ihm meldet. Unschuldig, war sein Gegenüber schuldig geworden. Dante gibt den Zwiespalt zu; in einer der bewegendsten Szenen der mittelalterlichen Literatur sagt er nun: «Ich selbst vermag vor Herzweh kaum zu reden», und wendet sich an Vergil: «Frag du ihn noch nach dem, was du meinst, dass es mich befriedigen würde. Ich könnte es nicht, solches erbarmen greift mir ans herz.»[36] Sie hören Schmerzenslaute, dann spricht ein anderer, vermutlich florentinischer Selbstmörder: «Aus meinem haus machte ich mir meinen galgen.»[37] Ein Dichter, der die Hölle anerkennen muss und der dennoch vom Mitgefühl ergriffen wird - diese Szene steht wie kaum etwas anderes für die christliche Weitung des Herzens. In der Hölle bewährt sich die Empathie.

In der Abdämmerung des christlichen Europa ändert sich erneut das Bild. Die religiösen Gewissheiten verdampfen angesichts der Schrecken der konfessionellen Bürgerkriege des 17. Jahrhunderts und der Erfolge der Wissenschaften. Der schottische Philosoph David Hume (1711 bis 1776) war einer der hervorragendsten Vertreter der Aufklärung. Einen Essay über den Selbstmord sandte er 1755 seinem Verleger, zog ihn dann aber zurück, weil eine Verurteilung seiner Thesen durch die anglikanische Kirche zu befürchten stand.[38] Erst nach Humes Tod erschien der Aufsatz, im Jahr 1777, ohne dass der Autor oder der Verleger genannt wurden. Aufklärerischer Stolz spricht gleich aus dem ersten Satz: Es sei ein bemerkenswerter Vorzug der Philosophie, dass sie das mächtigste Mittel gegen Aberglauben und falsche Religion biete. Die schlichte Lebenserfahrung reiche hier nicht aus, finde man doch gestandene Männer, die sich als Sklaven des gröbsten Aberglaubens erwiesen. Und auch die sanftere Natur der Frauen biete keinen Schutz.

Das einzige Ziel von Humes Argumenten ist die Behauptung der absoluten menschlichen Freiheit gegenüber allen religiösen Einreden, auch im Falle des Selbstmords, wobei ihn andere Gesichtspunkte nicht im Geringsten interessieren. In den Ausführungen dieses vernünftigen Schotten spricht auch der rebellische Geist des 18. Jahrhunderts: Selbst im Elend fürchte der Mensch die Zuflucht zum Tod - der doch seiner Misere ein Ende setzen würde - in sinnloser Furcht («vain fear»), seinen Schöpfer («maker») zu beleidigen, indem er von einer Macht Gebrauch mache, mit der ihn doch gerade dieses wohltätige Wesen ausgestattet habe. Ein einziger Schritt reiche aus, um uns aus dieser Lage zu befreien, und doch genügten bloße Drohungen, uns in einem verhassten Dasein festzuhalten. Schon der Tod an sich bereite Schrecken, mehr aber noch in der Verbindung mit dem «Aberglauben». Hume will alle Gründe gegen den Selbstmord prüfen, um ihn von der Verbindung mit Schuld und Tadel zu befreien, ganz wie es die Anschauung der antiken Philosophen gewesen sei (wie er grob vereinfachend sagt). Gott gegenüber, so Hume, könne sich der Selbstmörder keineswegs schuldig machen, sei doch seine Handlung kein Widerspruch gegen die Naturordnung, wie der Schöpfer sie eingerichtet habe und wie sie sich nach ewigen Gesetzen bewege. Gerade so gut wie ein Selbstmörder könne ein Mensch, der einen Fluss begradigt, des Frevels beschuldigt werden.

Der Horizont des Urteils ist in Humes Fall neu: die bürgerliche Gesellschaft und ihre Öffentlichkeit. Noch ist der Mensch nicht gänzlich allein, aber als sein Gegenüber hat er nur unbestimmt bleibende andere ohne ein genaueres Verhältnis. Wenn die Existenz zur Last wird, sei die Selbsttötung die einzige Art, auch dann noch nützlich («useful») für die Gesellschaft zu sein. Noch gröber wird das Nützlichkeitsargument im folgenden Gedanken: Wenn ich das öffentliche Interesse («public interest») nicht mehr fördern kann, ja wenn meine Existenz sogar einen anderen daran hindert, in höherem Maße nützlich zu werden - dann sei ein freiwilliger Rückzug von dieser Existenz lobenswert. Auch an einen zum Tod verurteilten Straftäter denkt Hume, der im Freitod noch vorteilhaft («advantageous») für die Gesellschaft sei; selbst noch die Leiche in ihren aufgelösten Teilen erfülle Aufgaben in der großen Ordnung des Universums und sei darum «useful», und zwar ebenso nützlich, wie es der Lebende war - angesichts des unendlichen Universums sei hier kein Unterschied.

«Utilitarismus» heißt hundert Jahre nach Hume die systematische Ethik der «usefulness». Dass der gesellschaftliche Nutzen ein Gesichtspunkt ist, der gegenüber einer Selbsttötung gänzlich unangemessen sein könnte, war ein Gedanke, der dem aufgeklärten Philosophen nicht kam. Auch die schlichte Überlegung, warum der Selbstmord so unheimlich berührt, und zwar eigentümlich anders und in vielen Fällen trauriger als ein natürlicher Tod, stellt Hume nicht an. Die Aufklärung muss die leiseren Stimmen spontaner Intuition mit Dauerrhetorik übertönen, sie kann reden, aber nicht zuhören. Vor allem fragt Hume nicht nach der Wirkung, die ein Selbstmord auf die Angehörigen und Nahestehenden haben könnte. Der Philosoph blieb unverheiratet und hat auch dies in einem Essay («Of Love and Marriage») zu rechtfertigen versucht. Er hinterließ keine Nachkommen, Angehörige fallen aus. Die Rücksichtslosigkeit, die im Suizid liegt, ist bei Hume unausgesprochen da, schon fallen die Mauern.

1774, drei Jahre vor Humes Essay, war Goethes Roman «Die Leiden des jungen Werthers» erschienen. Der Titelheld ist der erste Mann in der Literatur, dem eine Liebesenttäuschung als Motiv des Suizids zugestanden wird. Wir finden also nicht den seit der Antike typischen männlichen Suizid aus verletzter Ehre, überhaupt kann man ihn nur aus der ausgebreiteten Gefühlsweitung verstehen, die der Roman den Lesern vorstellt: «Herz» und «Seele» findet man auf jeder zweiten Seite angerufen. Profane Geschehnisse werden mit religiöser Innigkeit geschildert: «Und habe ich nicht, gleich einem Kinde, ungenügsam allerlei Kleinigkeiten zu mir gerissen, die du Heilige berührt hattest!», schreibt er der unglücklich geliebten Lotte.[39] Im Heiligen kann er sich nicht genugtun und zeigt damit viel eher die Aufwertung der irdischen Verhältnisse und der von ihnen ausgelösten Seelenbewegung: «In diesen Kleidern, Lotte, will ich begraben sein, du hast sie berührt, geheiligt; ich habe auch deinen Vater darum gebeten.»[40]

Werthers Selbstmord fällt auf Heiligabend und beschließt eine Handlung, die im Wonnemonat Mai begonnen hatte. Die Form des Briefromans - nur gelegentlich durch den fiktiven Herausgeber unterbrochen - ist der (natürlich dichterisch fingierten) ungefilterten Mitteilung der Gefühle günstig.

Der Suizid ist geplant. Die Waffe erhält er ausgerechnet von Albert, Lottes Mann, den er gebeten hatte, sie ihm zu leihen. Auch den Ort des Grabes hatte Werther im Abschiedsbrief bestimmt. Um Mitternacht schießt er sich in den Kopf, Punkt zwölf am folgenden Mittag stirbt er. Gegen elf Uhr nachts wird er an der von ihm gewählten Stelle begraben: «Der Alte [der Amtmann] folgte der Leiche und die Söhne, Albert vermocht's nicht. Man fürchtete für Lottes Leben. Handwerker trugen ihn. Kein Geistlicher hat ihn begleitet.»[41]

Die privatisierte Religion seiner Heiligkeitsrhetorik erlaubt Werther die ungeheuerste Selbstermächtigung und entfernt ihn von der Kirche. Werther hatte indes eine Vorgeschichte des verantwortungslosen Spiels mit Gefühlen; eben die Zweideutigkeit im Verhältnis zu Lotte, an der er zerbricht, hatte er zuvor einer anderen zugemutet, wie gleich der erste Brief gesteht: «Waren nicht meine übrigen Verbindungen recht ausgesucht vom Schicksal, um ein Herz wie das meine zu ängstigen? Die arme Leonore! Und doch war ich unschuldig. Konnt' ich dafür, dass, während die eigensinnigen Reize ihrer Schwester mir eine angenehme Unterhaltung verschafften, dass eine Leidenschaft in dem armen Herzen sich bildete! Und doch - bin ich ganz unschuldig? Hab' ich nicht ihre Empfindungen genährt?»[42] Der Selbstmord ist ein Akt, der Gelegenheit gibt, die Dimensionen der modernen Subjektivität bis in die Extreme literarisch zu erkunden; Subjektivität überschwemmt hier alles. Werther spricht sich über sein Vorhaben nicht aus, es bleibt im Inneren. Dieses Innere aber wird zum All. Nicht wie Hume als Sprecher einer philosophischen Aufklärung erscheint uns Goethe, sondern als ein Schriftsteller, der den Menschen in neuen Maßen sieht, die ausgelotet sein wollen - wie später im «Faust».

Unter den Philosophen war es Schopenhauer, der sich

Hume (mit scharf antireligiöser Tendenz) anschloss. Vor allem kommt bei ihm zum ersten Mal der destruktive Wille als starke Macht ins Spiel. Das ist eine psychologisch neue Sicht: Von der Verneinung des «Willens zum Leben» (Schopenhauer denkt hier an asketische Praktiken) «unterscheidet sich nichts mehr, als die wirkliche Aufhebung seiner einzelnen Erscheinung, der Selbstmord. Weit entfernt Verneinung des Willens zu sein, ist dieser ein Phänomen starker Bejahung des Willens.»[43] Von der Entsagung ist der Suizid durch «Heftigkeit» unterschieden, mit welcher das Individuum «das Leben will und gegen die Hemmung desselben, das Leiden, andringt, es dahin bringt, sich selbst zu zerstören, so dass der individuelle Wille den Leib, welcher nur seine eigene Sichtbarwerdung ist, durch einen Willensakt aufhebt, eher als dass das Leiden den Willen breche.»[44] Die Aktion wird betont, zur Rebellion ist es nicht mehr weit.

Iwan Turgenjew war es, der durch seinen Roman «Väter und Söhne» den Begriff «Nihilismus» bekannt machte. Dieser stand einerseits für die Ablehnung der traditionellen Moral, andererseits für einen Wissenschaftsglauben und eine Zurückweisung der Religion. In Turgenjews Erzählung «Nach dem Tode» verweigert sich die Hauptfigur Clara Militsch, eine junge Sängerin und Rezitatorin im Moskau der zweiten Hälfte des 19. Jahrhunderts, den Konventionen des weiblichen Verhaltens auf der Bühne: «Im Saal wurde lebhaft applaudiert. Zaghaft ging sie zum vorderen Teil des Podiums, machte halt und verharrte regungslos, die langen schönen Hände ohne Handschuhe vor sich haltend; sie machte keinen Knicks, neigte nicht den Kopf und lächelte nicht.» Die Fremdheit gegenüber den Rollenerwartungen spiegelt sich in ihrem Äußeren: «Sie war etwa neunzehn, groß, etwas breitschultrig, aber gut gewachsen. Nach dem Typ ihres dunklen Gesichts konnte man sie für eine Jüdin oder eine Zigeunerin halten. Nicht sehr große schwarze Augen unter fast zusammengewachsenen Brauen, eine gerade, etwas aufgestülpte Nase, feine Lippen mit schönem, aber scharfem Schwung, ein großer schwarzer, anscheinend schwerer Zopf, eine niedrige, unbewegte, gleichsam versteinerte Stirn, winzige Ohren, alles in allem ein versonnenes, fast strenges Gesicht.» Die Charakterzüge liegen für den Erzähler auf der Hand: «ein leidenschaftliches, eigenwilliges Geschöpf, wohl kaum gutherzig, wohl kaum sehr intelligent, aber begabt - das war der allgemeine Eindruck».[45]

Karl Marx und Iwan Turgenjew waren Generationszwillinge. Beide wurden 1818 geboren (Marx am 5. Mai, Turgenjew am 9. November), beide starben 1883 (Marx am 14. März, Turgenjew am 3. September). Beide wuchsen intellektuell in die deutsche nachhegelianische Religionskritik hinein. Turgenjew studierte in Berlin, Marx in Bonn und dann ebenfalls in Berlin. Marx promovierte mit einer Arbeit zur materialistischen Naturphilosophie der Antike. Von ihm stammt eine Formulierung aus den frühen vierziger Jahren: «Für Deutschland ist die Kritik der Religion im wesentlichen beendigt, und die Kritik der Religion ist die Voraussetzung aller Kritik.»[46] Turgenjews Nihilisten antworteten darauf: «Reformiert die Gesellschaft, und es wird kein Leid geben.»

Mit Marx und Turgenjew beginnt im Nachdenken über die Sterblichkeit etwas Neues: Man kann das Leben wegwerfen. Wir treten in die eigentliche Moderne ein: Bedenkenlosigkeit ist der neue Stil, auf die Schleifung der Mauern durch die Aufklärung folgt in der Rede über den Suizid die Enthemmung. Ein Spiel auf höchstes Risiko ist die subjektive Seite des Radikalismus, der das 19. Jahrhundert ergreift. Für Marx, der es rebellisch mit der ganzen Gesellschaftsordnung aufnehmen wollte, war der heroische Selbstmord von Beginn an eine einkalkulierte Möglichkeit. «Kampf oder Tod; blutiger Krieg oder das Nichts. So ist die Frage unerbittlich gestellt» – mit diesem Motto, von der französischen Schriftstellerin George Sand übernommen, schloss Marx 1847 seine Schrift «Das Elend der Philosophie».[47] Das ist eine Bedenkenlosigkeit, die ihren Zenit knapp hundert Jahre später finden wird.

Das Christentum ist in Turgenjews Erzählung «Nach dem Tode», die von Clara handelt, nur noch eine kuriose Erinnerung. Platonida Iwanowna, die alte Tante des wissenschaftsbegeisterten Jakob Aratow, die seinen Haushalt führt, «seufzte nur öfter als zuvor und flüsterte: ‹Helf Gott!›, wenn sie seine vom Jod gefärbten Finger sah». Sie bekreuzigt ihn und sich, sie zündet Weihrauch an. Und doch ist sie es eigentlich, auf deren Seite die Wahrheit ist, denn mit wissenschaftlichen Mitteln kommt man der seelischen Verirrung, in die ihr Neffe verfallen ist, nicht mehr bei. Schon Aratows Vater war mit Chemie, Mineralogie, Entomologie, Botanik und Medizin beschäftigt, allerdings laienhaft, paracelsisch vertraute er auf Kräuter und metallische Pulver: Eine Neigung zum Geheimnisvollen und Mystischen war ihm eigen. Jakob trat gleichfalls in die naturwissenschaftliche Fakultät ein, ohne sein Studium zu beenden. Er betreibt eigene Forschungen, glaubt an undefinierte Geheimnisse der menschlichen Seele, «aber zugleich glaubte er auch an die Wissenschaft, ihren Wert und ihre Bedeutung», und zwar umso mehr, als er ein weltfremder und schüchterner junger Mann ist, dessen Weg noch keine Frau gekreuzt hat.[48] Seine Passion wird die Fotografie, die neueste Form, sich der Wahrnehmung des Menschen zu vergewissern.

Der Erkenntnishunger, szientifisch und pseudowissenschaftlich, fällt ganz auf die Seite des ziellos-unruhigen jungen Mannes, das rebellische Verhalten auf die Seite der jungen Frau. Beide zusammen ergeben das Bild einer neuen Generation. Betont wird Claras unregelmäßige Handschrift, sie deutet auf unberechenbare Impulse, die sich schon in der Kindheit zeigten: «Stolz war sie wie der Teufel selbst - und unzugänglich. Eine Fanatikerin! Hart wie Stein.» Kupfer, ein Freund des jungen Mannes, berichtet von ihr: «Clara - oder Katja, wenn du willst - beeindruckte jedermann von Kindheit an durch ihre Begabung», sie hatte aber, wie er hinzufügt, «ein störrisches, launenhaftes Wesen und zankte sich ständig mit dem Vater».[49] Den Generationenkonflikt beobachtet Turgenjew hier wie in seinem Roman «Väter und Söhne»: Irgendwie knistert es zwischen ihr und dem jungen Mann, der allerdings nicht selbst aktiv wird. Sie zieht in eine andere Stadt, später hört er von ihrem Ende: Sie hatte Gift genommen und war daran gestorben; der Vorfall war deshalb von so erschreckender Wirkung, «weil die Künstlerin das Gift im Theater nahm», während eines Auftritts.[50] Schrecken ist Terror. Das Öffentliche des Suizids, seine Ausstellung, ist das Neue; das Verletzende ist (gegenüber Werther) noch einmal gesteigert. Nun, da es zu spät ist, erkennt der junge Mann sein Versäumnis; er will es gutmachen, indem er ihr nachstirbt. Die Verinnerung des Suizids wird deutlicher akzentuiert, weil er sich gegen die Gesellschaft wendet.

In der Zeitschrift «Gesellschaftsspiegel», die von seinem Freund Friedrich Engels herausgegeben wurde, publizierte Karl Marx 1846 eine von ihm aus dem Französischen übersetzte, eingeleitete und redigierte Schrift über den Selbstmord. Der Verfasser Jacques Peuchet, geboren 1760, bekleidete am Ende seiner wechselvollen Karriere den Posten eines Archivars der Pariser Polizeipräfektur. Auf Peuchet griff Marx zurück, um einem deutschen Lesepublikum, das in den politischen Debatten des Vormärz und den philosophischen der

Junghegelianer begriffen war, die «Überlegenheit der Franzosen» auf dem Gebiet der kritischen Gesellschaftsschilderung vor allem gegenüber den Engländern zu verdeutlichen: «Die französische Kritik der Gesellschaft besitzt teilweise wenigstens den großen Vorzug, die Widersprüche und die Unnatur des modernen Lebens nicht nur an den Verhältnissen besonderer Klassen, sondern an allen Kreisen und Gestaltungen des heutigen Verkehrs nachgewiesen zu haben, und zwar in Darstellungen von einer unmittelbaren Lebenswärme, reichhaltigen Anschauung, weltmännischer Feinheit und geisteskühner Originalität, wie man sie bei jeder anderen Nation vergebens suchen wird.»[51]

Was Peuchets Schrift für Marx schätzenswert machte, dürfte vor allem die Betonung ökonomischer Motive, zumindest ökonomischer Hintergründe gewesen sein, die für die Selbstmorde namhaft gemacht werden. Jede Erzählung stößt hier früher oder später auf die Eigentumsverhältnisse. So ist etwa im ersten Fall der Verlobte der jungen Frau ein Schlächter von guten Sitten, «ökonomisch und arbeitsam». Seine Eltern sind der Verbindung zugetan: «Diese braven Leute versäumten keine Gelegenheit, den Besitz ihrer Schwiegertochter zu anticipiren.» Als sie tot ist, kommen ihre Eltern auf die Polizei, «um eine goldene Kette, welche das Kind an seinem Halse trug, ein Geschenk ihres künftigen Schwiegervaters, eine silberne Uhr und mehrere Kleinodien zu reklamieren, lauter Gegenstände, die in den Bureaus deponiert waren». Peuchet verweigert die Herausgabe der Wertgegenstände und schließt mit der Betrachtung: «Die Habsucht zog sie herbei, nicht das Verlangen, zwei oder drei Reliquien zu besitzen; ich glaubte, sie durch Habsucht bestrafen zu können.»[52] Im zweiten Fall, abermals geht es um den Selbstmord einer Frau, erfährt man über den Ehemann, er sei «reich und kunstliebend, ein Freund des Luxus und hoher Zirkel» gewesen. Nach einer entstellenden Krankheit glaubt er nicht mehr an seine natürliche Attraktivität und hält seine Frau in einem einsamen Haus gefangen: «Das unglückliche Weib war zur unerträglichsten Sklaverei verurteilt.» Vor allem gegenüber seinem Bruder ist der Ehemann von einem «Schwindel der Eifersucht» befallen. «Der Eifersüchtige», so redigiert Marx in Peuchets Text hinein, «ist vor allem Privateigentümer.»[53] Gegen die Verdammung des Selbstmords durch die Sittenrichter schreibt Peuchet: «Man errötet vor der öffentlichen Meinung, wenn man sie in der Nähe sieht mit ihrer feigen Erbitterung und ihren schmutzigen Vermuthungen. Die Meinung ist zu gespalten durch die Isolierung der Menschen, zu unwissend, zu verdorben, weil jeder sich selbst und alle sich wechselseitig fremd sind.»[54] Aber auch hier stammt der letzte Satz allein von Marx, dessen «Ökonomisch-philosophische Manuskripte» zwei Jahre zuvor den Begriff der Entfremdung auf die Eigentumsverhältnisse angewendet hatten.

Gewiss handelt es sich nicht um eine soziologische Theorie des Selbstmords, die sich mit der Untersuchung des Soziologen Émile Durkheim vergleichen ließe - eher um ein andeutendes Zeichenspiel mit den Pathologien von «Besitz» und «Reichtum», die einen anekdotischen Text illustrieren. Auch das Argument, der Text sei einer der substantiellsten Beiträge zum Geschlechterverhältnis in den Schriften von Marx, ist eine Überschätzung der Gelegenheitsschrift. Tatsächlich sind die statistischen Zahlen der männlichen Selbstmorde in Paris, wie Peuchet feststellt, mit 239 Fällen fast doppelt so hoch wie die der weiblichen mit 132 Fällen. Wenn Marx sich trotzdem vornehmlich auf die weiblichen Selbstmorde beschränkte, mag dahinter weniger eine Theorie des Geschlechterverhältnisses gestanden haben als eine melodramatisch geschickte Aufmachung, die aus der zeitgenössischen Belletristik bekannt war und dem Journalisten Marx naheliegen musste.

In seiner eigenen Jugendlyrik schilderte Marx oft Selbstmordszenarien. Wenn das Höchste misslingt, so legte es die Ballade «Lucinde» von 1836 noch in der Form einer Liebestragödie nahe, dann bleibt nur eine Lösung. Zur Hochzeit Lucindes erscheint ein «trüber Gast», dem sie die Ehe versprochen hatte. Er war zum Kampf um «hohes Gut» ausgezogen, nun kehrt er zurück, «ruhmbekränzet», und findet Lucinde in den Armen eines anderen. Er stürzt in den prächtigen Saal, zückt seinen Dolch und verkündet Lucinde einen makabren Tausch: «So! nun seh' ich deine Augen, / Und du schauest jetzt mein Blut.» Als er tot am Boden liegt, wirft sich die vom Wahnsinn ergriffene Lucinde über ihn: «Und die weiße Gazbedeckung, / die den schlanken Leib umschließt, / Färbet sich in Blutbefleckung, / Die sich sprudelnd drüber gießt.» Das ist gegenüber dem Werther-Schicksal um eine ganze Stufe greller, melodramatischer und brutaler. Werther hatte Lotte den direkten Anblick erspart, auch dem Leser wurde er nur angedeutet. Kein Zufall, dass die Bilder von Vernichtung und Selbstvernichtung, die den Hauptinhalt der Lyrik des jungen Marx ausmachen, zumeist in einer weiträumigen Umgebung prächtiger Hallen angesiedelt sind: «Und die Blicke rolln Vernichtungsblitz.»[55] «Pracht» ist beim frühen, frühesten Marx das, was später, im «Kapital», der «Reichtum der bürgerlichen Gesellschaft» genannt wird. Auch hier wird der Suizid (wie bei Turgenjew) durch die öffentliche Ausführung terroristisch: Zum Selbstmord als Attentat auf die Nerven der Bürgerwelt.

Wirklich unheimlich wird es, wenn man die reale Selbstmordgefährdung in der Familie Marx kennt. Von seinen drei Töchtern starb nur Jenny mit achtunddreißig Jahren, also sehr jung, eines natürlichen Todes. Eleanor brachte sich mit Anfang vierzig wegen eines Liebesverrats um, Laura starb mit vierundsechzig Jahren in einem angeblichen Doppelselbstmord mit ihrem Mann, dem Sozialisten Paul Lafargue. Da nur dieser einen Abschiedsbrief hinterließ, in dem allein von ihm und seiner Entscheidung die Rede ist (sie wird merkwürdig bürokratisch und wie in einem Rentenbescheid mit der bevorstehenden Vollendung des siebzigsten Lebensjahres begründet), kann man aber auch einen «erweiterten Suizid» annehmen. Paul Lafargue hat sich im Gedächtnis der Linken einen bleibenden Platz durch sein amüsantes Buch «Das Recht auf Faulheit» erworben. Unlängst hat man seine 1886 verfasste Parodie der heiligen Schriften wiederentdeckt. Ein Londoner Kongress, so die Fiktion des Büchleins, auf dem Kirchen-, Staats- und Wirtschaftsführer beraten, wie die Gefahr der Arbeiterbewegung zu bannen sei, verfällt auf die Idee, dass man nicht darum herumkommt, das Kapital als Gott einzusetzen. Und nun entwirft man Gebete, einen Katechismus des Arbeiters, ein Credo, eine Predigt der Kurtisane, schließlich die Klagen des Kapitalisten Hiob Rothschild. «Die Menschen haben Brahma, Jupiter, Jesus und Allah aus dem Himmel verjagt, meinen eigenen Tod aber besorge ich selber», so spricht der «Gott Kapital» bei Lafargue. Das Thema muss seine Phantasie lange beschäftigt haben.[56] Der Fall Lafargue war vergleichsweise einfach: Zwar hatte das Paar drei Kinder gehabt, sie waren indes alle früh verstorben, als sich die Familie nach der Niederlage der Pariser Kommune in Spanien aufhielt. Es gab keine Verpflichtungen gegenüber den Nächsten mehr.

Auch Jean Améry (1912 bis 1978), Schriftsteller und Essayist, war von Verpflichtungen gegenüber Kindern frei, als er sich das Leben nahm. In dem Buch «Hand an sich legen. Diskurs über den Freitod» erläuterte er seine Philosophie. Er, der im

KZ schwer gefoltert worden war und zum Schluss die Todesmärsche mitmachen musste, hatte vermutlich lange über den Suizid als Ausweg nachgedacht. Bei seiner Schrift handelt es sich um die erste explizite Rechtfertigung des Suizids aus dem Geist der Revolte und der Freiheit. Darum zog er auch den Begriff «Freitod» bewusst vor: «Als Todesart ist der Freitod frei noch im Schraubstock der Zwänge; kein Karzinom frisst mich auf, kein Infarkt fällt mich, keine Urämiekrise benimmt mir den Atem.»[57] Zu den bedenkenswerten Ideen Amérys gehört die Intuition, dass der Suizid einem Leben Dichte und Intensität geben könnte, die es in der zeitlichen Ausbreitung nicht erreicht hätte. Allerdings ist das grundsätzlich unbeweisbar – und dann wäre die Intensität eine völlig leere und bloß erschreckende.

Der grundsätzliche Gedanke ist existentialistisch: Freitod sei Aktivität, der «autonome Akt» zerreiße eine «Vorschrift der Natur».[58] In der Einleitung des Buchs fällt der überschwängliche Dank an die philosophische Leistung Jean-Paul Sartres auf, der Améry sich verpflichtet fühlt; «Sich selbst gehören» ist der Titel des vierten Kapitels. Die ultimative existentielle Revolte spricht aus der Rede des Suizidenten, die Améry entwirft: «Ich beuge mich nicht einem Zwange, der sich von außen als Gesetz der Gesellschaft und von innen als eine lex naturae drangvoll spürbar macht, die ich aber nicht mehr anerkennen will.» Er hat «mit der Logik des Lebens (…) gebrochen».[59] Sich selbst *gehören* kann man im strengen Sinn aber nur dann, wenn man keine *An-gehörigen* hat. Vor allem keine Kinder, an die beim Suizid eine unabsehbare Problemlast delegiert wird, die der aus dem Leben Geschiedene nicht mehr tragen konnte oder nicht mehr tragen wollte.

Die Schriftstellerin Sibylle Lewitscharoff (1954 bis 2023), deren Vater, ein bulgarischstämmiger Gynäkologe, sich das

Leben nahm, als seine Tochter elf Jahre alt war, hat ihre Antwort auf die existentialistische Autonomieidee Amérys in einem Gespräch mit dem Philosophen Thomas Macho formuliert: «Eine ganze Familie leidet darunter, die Angehörigen müssen mit einem unglaublichen Schuldkonto herumlaufen: Was haben wir falsch gemacht? Die Folgen sind enorm. Insofern ist meine Aggressivität gegenüber dieser Todesart sehr hoch. Etwas anderes ist es natürlich, wenn ein Mensch schwer krank ist und sterben möchte. Dafür habe ich durchaus Verständnis.»[60] Die Belastung der Angehörigen ist plausibel. Ein Suizid kann einen Verrat an den Nächsten bedeuten, die gerade des Lebensmüden am meisten bedürften. Es gibt wohl kein Vertrauen, das elementarer wäre als das zu den leiblichen Eltern. Bei den Fürsprechern einer Freigabe des Suizids fallen regelmäßig (wie schon bei Hume) die Angehörigen aus.

Eine der merkwürdigsten Tendenzen unserer Zeit ist es, die kürzlich noch so auffälligen rebellischen, nihilistischen und religionsfeindlichen Töne, die im Suizid vernehmbar waren, einzufrieden, sie durch Legalisierung und Normalisierung unsichtbar zu machen. Die Selbstbestimmung hat ein höheres Gewicht als jeder andere Gesichtspunkt gewonnen, sie steht im Begründungswert weit über dem Leben. Belgien hat seit längerer Zeit den assistierten Suizid ab achtzehn Jahren straffrei gestellt. Das schlägt sich in den Zahlen nieder: Die bewilligten Anträge auf aktive Sterbehilfe machten 2007 noch 56,3 Prozent aus, 2013 schon 76,8 Prozent.[61] In Kanada, wo eine sehr liberale Gesetzeslage besteht, gibt es, wie vor einiger Zeit berichtet wurde, einen makabren Verdacht: Behinderte und besonders teure Patienten würden zum assistierten Suizid überredet, um die Kosten für das Gesundheitssystem zu senken.[62]

Die Verinnerung des Suizids, die wir über Jahrhunderte sich vorbereiten sahen, ist an ihr logisches Ende gekommen und verschmilzt mit einem technischen, «humanen», weil schmerzfreien Lösungsmodell. Ohne Zweifel ist dies eine mögliche Konsequenz der Moderne. Man möchte von einer anthropologischen Revolution sprechen - sie geht heute an das Leben selbst. Die Subjektivität, die sich aus den Ratschlüssen des Schicksals und der Götter herausarbeitete, wird zur Alleinherrscherin. Es handelt sich um eine reine Umkehrung des Prinzips, Normen biologistisch zu begründen: Nun soll den Normen der Selbstbestimmung die Verfügungsgewalt über das Leben zufallen - man will das Leben nicht mehr ohne Weiteres weitergeben, man will es ohne Widerstand beenden dürfen. Der wahre subversive Akt wäre in dieser Situation die Selbstbegrenzung.

11. NICHT STERBEN KÖNNEN

Jonathan Swift lebte von 1667 bis 1745, in der Zeit der Frühaufklärung und der Weltumsegelungen. Noch waren nicht alle Kontinente, geschweige denn Inseln, entdeckt; Australien, Hawaii und Neuseeland fand James Cook erst viel später. In dieser Welt ist Gulliver mit seinen Reiseabenteuern angesiedelt: Man konnte nun – theoretisch – die eigene Welt von außen sehen. Satiren sind Swifts Erzählungen im klassischen Sinn, indem sie Extreme der menschlichen Narrheit schildern, und dies erlaubt der Kunstgriff des Perspektivenwechsels: Wie sieht die Welt aus, wenn man der Größte unter Winzlingen ist, und wie im umgekehrten Fall als Spielzeug von Riesen, das deren Kinder gern einmal in den Mund nehmen? Wie, wenn auf einer anderen Insel hochkultivierte Vernunft bei den Pferden angetroffen wird, den Houyhnhnms, die Menschen («Yahoos») dagegen in einen halbäffischen Zustand zurückgefallen sind?

Auf seinen Reisen durch die fernen Anderswelten der Erde kommt Gulliver auch nach Luggnag, eine Insel in der Nähe von Japan. Wenn die Unsterblichkeit der Seele nicht mehr geglaubt wird, dann verschwindet die Frage nicht einfach, sondern sie stürzt ein paar Registerstockwerke tiefer. Eines Tages will man dort von Gulliver wissen, ob er schon einen Struldbrugg gesehen habe, einen Unsterblichen. Seine Neugier ist geweckt. Manchmal werde auf der Insel ein Kind mit einem runden roten Fleck über der linken Augenbraue geboren, «das sei ein Zeichen der Unsterblichkeit».[1] Der Fleck verändert mit der Reifung Größe und Farbe; sind die Wesen fünfundvierzig

Jahre alt, dann wird er schwarz und bleibt für immer so. Die Struldbruggs sind nicht auf bestimmte Familien beschränkt, sondern scheinen zufällig da und dort zur Welt zu kommen, ihre Kinder allerdings seien wieder sterblich. Gulliver glaubt, einen Menschheitstraum erfüllt zu sehen: «‹Glückliches Volk!› rief ich begeistert auf balinbarbisch (...), ‹wo jedes im Mutterschoß heranwachsende Kind die Aussicht auf Unsterblichkeit hat. Glückliches Land, in dem so viele Menschen leben, welche die Tugenden und die Weisheit der Alten leibhaftig verkörpern und sie als Lehrer an die Nachfahren weiterzugeben vermögen! Am glücklichsten aber sind sie selbst, jene edlen Struldbruggs, die, von dem allgemeinen Verhängnis ausgenommen und verschont vor der Angst vor dem Tod, frei und heiter dahinleben können!›» Sie erscheinen ihm als «erhabene Geschöpfe».[2]

Gulliver bekennt, wie er selbst sich gelegentlich die Unsterblichkeit ausgemalt hatte. Als Erstes hätte er versucht, sich Reichtümer zu verschaffen, mit zweihundert Jahren würde er der reichste Mann im Königreich sein. Nun würde er die Künste und die Wissenschaften studieren, dann alle bedeutenden öffentlichen Ereignisse aufzeichnen, er würde ein Chronist seiner Epoche: «Als ein lebendiger Wissens- und Weisheitsschatz würde ich dann der Nation als Orakel zu Diensten sein können.»[3] Eine aufklärerische Idealbiographie! Tatsächlich würde er dann, zusammen mit den Struldbruggs, die «Menschen unablässig aufklären und warnen» und so die «fortwährende Entartung des menschlichen Geschlechts aufhalten».[4] Große geschichtliche Ansichten würden sich ihm eröffnen, als Zeuge würde er den Rückfall in die Barbarei bei den einen beobachten und andererseits die Zivilisierung barbarischer Völker. Er kann kaum aufhören mit seiner Rede, so sehr begeistert ihn der Ideenflug seiner menschenfreundlichen Phantasie.

Als man ihn den Zuhörern übersetzt hat, muss er bemerken, wie sie auf seine Kosten lachen. Nun wird der Aufklärer aufgeklärt: Man sei nicht so versessen auf das ewige Leben – habe man doch das abschreckende Beispiel der Struldbruggs vor Augen. Denn in Wahrheit seien diese Wesen schon mit dreißig Jahren chronisch trübsinnig und niedergeschlagen, mit achtzig kämen auch für sie die Krankheiten, dann würden sie launisch, eigenbrötlerisch, eitel und geschwätzig; sie beneideten die Jungen für den Genuss der Laster und die Alten dafür, dass sie sterben können. Sie werden kindisch und verlieren das Gedächtnis, ab neunzig verfallen sie und vergessen alles. Da sich die Sprache wandelt, können sie sich mit zweihundert Jahren nicht mehr unterhalten. Als Gulliver mit einigen der Unsterblichen dann wirklich zusammentrifft, betteln sie ihn an. «Niemals hat mich etwas mit tieferem Grauen erfüllt als der Anblick dieser Geschöpfe.»[5] Menschenfreundlichkeit schlägt in Menschenfeindlichkeit um. Misogynie ist dem Satiriker nicht fremd, und so erscheinen Gulliver die weiblichen Struldbruggs noch abstoßender als die männlichen: «Der Leser wird begreifen, dass mir nach allem, was ich gesehen und gehört hatte, die Lust auf Unsterblichkeit gründlich vergangen war. Ich schämte mich der Illusionen, die ich mir vorgegaukelt hatte, und mir schien, kein noch so gewalttätiger Tyrann könne sich eine Todesart ausdenken, in die ich mich nicht freudig vor diesem Leben geflüchtet hätte.»[6] Ein erster Vorstoß in eine nicht mehr von den Verheißungen der Religion oder Philosophie bestimmte Unsterblichkeitsidee war nun formuliert. Allerdings war alles noch dem Zufall der Geburt anheimgegeben, solches Schicksal war nicht planbar.

Die durchschnittliche Lebenserwartung der Menschen ist im vergangenen Jahrhundert enorm angestiegen, sie hat sich in

Deutschland dank dem medizinischen Fortschritt fast verdoppelt. Es mag sein, dass sich durch gesunde Ernährung und entsprechende Lebensführung noch eine weitere Verbesserung ergeben kann, doch irgendwann dürfte auch bei bester gerontologischer Forschung und Betreuung ein Grenzwert erreicht sein. Aber die Unsterblichkeit ist ein Menschheitstraum, seit die erste Erschütterung angesichts der Sterblichkeit erlebt wurde. Gilgamesch glaubte, die Lösung im Kraut gefunden zu haben, das ihm die Schlange dann stahl. Das Leben soll nicht enden. Es gibt aber eine leere Unendlichkeit, Hegel nennt sie auch die «schlechte Unendlichkeit». Es geht immer so weiter als «Progress ins Unendliche». Hegel bezeichnet diese Figur als «eine erste Erhebung des sinnlichen Vorstellens über das Endliche in den Gedanken, der aber nur den Inhalt von Nichts (...) hat, - eine Flucht über das Beschränkte, die sich nicht in sich sammelt, und das Negative nicht zum Positiven zurückzubringen weiß».[7]

Eine Unsterblichkeit, die «nur den Inhalt von Nichts» hätte, wäre ein Albtraum. Bedeutung bildet sich aber erst da, wo ein Verlust überhaupt empfunden werden kann. Friedrich Hebbel notierte am 9. Januar 1837 in seinem Tagebuch: «*Wir müssen nicht klagen, dass alles vergänglich sei.* Das Vergänglichste, wenn es uns wahrhaft berührt, weckt in uns ein Unvergängliches.»[8] Erst im Licht der Vergänglichkeit erhalten Handlungen Sinn und Bedeutung - wenn sie den Aspekt des Einmaligen, Unwiederholbaren, Risikobehafteten besitzen. Dieser Sinn kann als Triumph erlebt werden oder als Scham, als Wehmut, Trauer oder unverdientes Glück - nur durch diesen Klang wird das, was wir tun und erleben, zur Erfahrung. Erst in Zusammenhängen der Vergänglichkeit erhalten Entscheidungen überhaupt Gewicht, werden Augenblicke dramatisch oder kostbar. Unsterblichkeit im Sinne der «schlechten

Unendlichkeit» wäre nur ein inhaltsloses «Immer so weiter»: ein Reich der Langeweile, in dem nichts mehr seiner Seltenheit wegen geschätzt würde. Wertlos ist, was endlos zur Verfügung steht. Der Philosoph Peter Strasser hat es unlängst so formuliert: «Nichts, was ist, wird für immer sein, deshalb ist es wert, bis zur Neige ausgekostet zu werden.» Ein Leben ohne Tod, so glaubt er, würde uns zu «Zombies einer leeren Ewigkeit machen».[9]

Darum gibt es auch eine Skepsis gegen Unsterblichkeitsversprechen und Warnungen, wenn diese mit künstlichen Mitteln werben. In J. R. R. Tolkiens Roman «Der Herr der Ringe», der erstmals 1954/55 erschien, ist von der Macht der Ringe die Rede, die der Zauberer Gandalf erläutert: «Ein Sterblicher, Frodo, der einen der Großen Ringe besitzt, stirbt nicht, aber er wächst auch nicht und gewinnt nicht mehr Leben, sondern dehnt es bloß aus, bis zuletzt jede Minute eine Qual ist. Und wenn er den Ring oft benutzt, um sich unsichtbar zu machen, schwindet er, bis er schließlich ständig unsichtbar ist und im Zwielicht wandelt unter dem Auge der dunklen Macht, die die Ringe beherrscht. Ja, früher oder später - später, wenn er zuerst stark ist oder keine bösen Absichten hat, doch werden weder Stärke noch gute Absichten von Dauer sein - früher oder später wird die dunkle Macht ihn verschlingen.»[10] Mit Bilbo Beutlin, der den Ring besitzt, stimmt etwas nicht: «Und alles schien mit Bilbo in Ordnung zu sein. Und die Jahre verstrichen. Ja, sie verstrichen und schienen ihn nicht zu berühren. Er zeigte keine Anzeichen des Alterns. Der Schatten überfiel mich wieder. Aber ich sagte mir: ‹Schließlich kommt er mütterlicherseits aus einer langlebigen Familie. Noch ist Zeit! Warte ab!›»[11] Die magisch-lebensverlängernde Kraft des Rings ist mit bösen Folgen für den Träger verbunden - Gollum wird in seiner Seele beschädigt, als er sich den goldenen Ring aneignet. Tolkiens Idee, der Ring, ein Produkt menschlicher Technik, werde Träger des Unsterblichkeitsversprechens sein, war eine hellsichtige Vorahnung.

Wissenschaft soll an sich die Barriere gegen Unvernunft sein. Dem kristallhellen Argument wird die verzerrte Wahrnehmung entgegengesetzt, und verrückte Wissenschaftler existieren nur in amerikanischen Billigfilmen. Dass die Welt so sauber geordnet sei, ist allerdings kein Befund der Wissenschaften. Vielmehr zeigt sich, dass die Wissenschaft als Instanz von höchst unvernünftigen Bestrebungen um Hilfe angerufen werden kann. Im angesehenen Verlag des Massachusetts Institute of Technology hat der Philosoph Ingemar Patrick Linden 2022 sein Buch «A philosopher's case against death» veröffentlicht, Anklage eines Philosophen gegen den Tod. Linden unterrichtet an der Tandon School of Engineering in Brooklyn – und ein ingenieuraler Zugriff bestimmt seine Ansicht von der Sterblichkeit. Zunächst gesteht er zu, dass «in unserer Kultur» – was eine kuriose Einschränkung ist – der Tod akzeptiert werde. Nun aber sei es Zeit, solche Haltungen über den Haufen zu werfen. Schon seine Schilderung des Widerstandes gegen die Abschaffung des Todes klingt grotesk. Es wundert ihn, dass seine Studenten sich mit einer Lebensdauer von achtundsiebzig bis hundert Jahren abfinden. Grund sei eine jahrtausendealte Erziehung. Tolkiens Botschaft war konservativ und wies auf Grenzen des Machens hin. Linden dagegen ist froh, am großen Wendepunkt der Weltgeschichte zu stehen: Eine Rebellion gegen den Tod sammle sich, weil der christliche Glaube an ein Leben nach dem Tod in der Bevölkerung schwinde und man insgesamt weniger bereit sei, Dinge einfach hinzunehmen. Darin steckt sicher etwas Wahres.

Phantasien wie die von Linden sind keine amerikanische Eigentümlichkeit. Im Umkreis der kommunistischen Oktoberrevolution von 1917 gab es im russischen Kulturraum ähnliche Ideen. Der Schriftsteller Maxim Gorki erklärte 1920 in einem Universitätsvortrag seine Überzeugung, «dass der Mensch früher oder später, vielleicht in zweihundert, vielleicht auch erst in tausend Jahren, wirklich die Unsterblichkeit erringen wird».[12] Gorki sprach kurz nach Lenins Revolution, als ein absoluter Optimismus des Machbaren herrschte - eine extreme Zukunftsfixierung. Karl Marx hatte sich vom Ende des Kapitalismus fast eine anthropologische Wende versprochen: «Mit dieser Gesellschaftsformation schließt daher die Vorgeschichte der menschlichen Gesellschaft ab.»[13] Gorki erweitert diese Vision: «Und selbst wenn uns der Gedanke, dass der Mensch kraft seines Verstandes eine solche Erscheinung wie den Tod besiegen wird, seltsam, fantastisch oder märchenhaft-kindisch vorkommen mag, dann erinnere ich nur daran, dass noch vor vierzig Jahren die Unterwasserfahrt als kindischer Gedanke galt.»[14] Eine geistige Strömung unter den russischen Revolutionären am Anfang des 20. Jahrhunderts waren die sogenannten «Gottbildner». Sie lehnten die Religion nicht völlig ab, sondern wollten sie im Sozialismus aufgehen lassen. Gorki gehörte dieser lose verbundenen Gruppe an. Er singt das Hohelied der Arbeit, der mystische Qualitäten beigelegt werden. Die Idee der Unsterblichkeit ergibt sich für ihn zwanglos, indem er die revolutionäre Linie auszieht.[15]

In den philosophischen Utopien der technischen Unsterblichkeit kann man die russisch-revolutionäre und die kalifornisch-gegenwärtige des Silicon Valley identifizieren. Auch in Letzterer herrscht ein Futurismus, diesmal auf der Basis von Computern und Netzwerken, die auf ihre Weise die Lebenswelt revolutionieren; zudem spielen Erinnerungen an die «bewusstseinserweiternden» kalifornischen Therapien und Lebensexperimente der 1960er Jahre hinein. Im Vordergrund steht heute die Vorstellung, den gesamten «Gehirninhalt» auf einem anderen Datenträger zu speichern. Mindestens aber sollen die Menschen demnächst fünfhundert Jahre leben können. Im Jahr 2029, so verkündete Ray Kurzweil, einer der bekanntesten Vertreter des Transhumanismus, werde das Gehirn mit Computern verschmolzen sein. Kleinstroboter verhinderten dann das Eindringen von Krankheitskeimen.

Die Transhumanisten sprechen von einer «Singularität» und meinen damit auch die Heraufkunft von Maschinen, die menschliche Intelligenz übertreffen werden. Was sie bei dieser Fixierung auf künstliche Intelligenz übersehen, ist der Ursprung auch des differenziertesten Denkens in der gelebten Praxis. Wie im 18. Jahrhundert, auf dem Gipfel der Aufklärung, Scharlatane mit dem Stein der Weisen, besonderen Elixieren und anderen Wundermitteln auftraten, die das ewige Leben schenken sollten, so ist es heute wieder. Die Vision der Transhumanisten ist die furchtbarste, die man sich je von der Unsterblichkeit gemacht hat: Sie läuft auf ein Nichtsterben-Können hinaus. Wenn die Menschen fünfhundert Jahre alt werden, würden Kinder nicht mehr gebraucht, eigentlich müssten sie dann verboten werden. Man erkennt in dieser Idee den Angriff auf einen ethisch sehr verletzbaren Bereich. Utopien sehen meistens schön aus, betrachtet man sie aber näher, so ähneln sie einem Sanatorium - sie sind nur möglich, wenn man sich den Abbau aller Spannungen zwischen den Menschen ausmalt. Das wäre zwar ein friedlicher Zustand, aber er hätte nicht mehr viel mit dem Menschen zu tun, wie er uns bekannt ist. Ray Kurzweil hat auf die Frage, ob es Gott gibt, eine knappe Antwort: «Noch nicht!» Das ist das Versprechen der Schlange im Paradies: «Ihr werdet sein wie Gott.» Man hat sich oft gefragt, ob es nach dem Bankrott des Totalitarismus auch in Zukunft noch «ideologische» Kämpfe geben wird, und man hat ebenso oft deren Ende vorausgesagt. Inzwischen sind sie heftiger denn je: Die Auseinandersetzung darüber, was der Mensch ist, was es bedeutet, dass er geboren wird und sterblich ist, wird schärfer werden.[16]

In der frühen Sowjetunion waren diese Ideen vom Revolutionspathos getragen. Sie haben neue Kraft gewonnen. Der russische Oligarch Dmitri Izkow entwarf 2012 seine Zukunftsvision: «Alter, Krankheit und Tod abschaffen.» Genauer ausgeführt wird für das 22. und 23. Jahrhundert das «Erreichen grenzenloser Unsterblichkeit» mithilfe der «Übertragung der Persönlichkeit auf alternative Träger». Im 23. bis 30. Jahrhundert werde man so weit sein, «den Verlauf der persönlichen Geschichte durch Gedankenkraft (...) zu kontrollieren».[17] Das ist es: Der Anfang des Lebens wird ebenso wie sein auf ewig hinausgeschobenes Ende zur Angelegenheit von Ingenieuren, ein unverfügbares Geschick soll es nicht mehr geben. Nach der Religion sehen wir nicht freie Weisheit kommen, sondern den ultimativen Wahn.

Die Übertragung des «Bewusstseins» auf andere Datenträger wird gegenwärtig von den Transhumanisten als Unsterblichkeitskonzeption favorisiert, nachdem in früheren Jahrzehnten an das Einfrieren des Leichnams gedacht wurde, die man eines Tages, bessere Medizin vorausgesetzt, wieder auftauen könne. Davon ist man abgekommen. Das «Bewusstsein» wird bei den Transhumanisten in der Sprache der Informatik als Informationsmenge verstanden. Der bulgarische Physiker Tanju Kolew sieht 1983 die «Persönlichkeitsinformation», der belarussische Wissenschaftsphilosoph Alexej Manejew geht weiter zum «Träger der gesamten Information des Subjekts», darin eingeschlossen der «informationelle Gehalt des Selbstbewusstseins, Unterbewusstseins und Unbewussten».[18] Der berühmte Science-Fiction-Autor Stanisław Lem wollte schon 1957 die Gesamtmenge an Informationen in Betracht ziehen und postulierte, «dass an ein lebendiges Gehirn, das heißt an ein Neuronennetz - ein Netz anderen Typs - ein elektrisches (oder ein elektrochemisches) angeschlossen wird».[19]

Eine der verbreiteten Vorstellungen hält es für denkbar, dass das «Bewusstsein» eines Menschen erst auf einen «zwischengelagerten künstlichen Träger» und dann auf den Klon übertragen wird, den man inzwischen von diesem Menschen hergestellt hat. Es gebe die Möglichkeit der «Transplantation» eines «Bewusstseinsabdrucks».[20] Auch der Physiker Leonid Leskow (1931 bis 2006) sieht den Inhalt als «Information». Im Unterschied zu anderen Autoren dieser Richtung ahnt er aber, dass das «Bewusstsein» keine noch so groß gedachte, einmal fixierte Informationssumme ist, von der ein schlichter «Abdruck» genommen werden könnte wie bei der Kopie eines Buches. Information ist ein Wissen, ein Fertiges, und sei es aus vielem Fertigen zusammengesetzt - eine Information ist ein abgeschlossener Bestand. Leskow ist das nicht entgangen, und deshalb erwähnt er 1995 ein «Speicherungsproblem des subjektiven Anfangs» und meint damit ein Ereignis mit fortwirkender Dynamik.[21] An diesem Punkt ist er nahe daran, die Vergeblichkeit des ganzen Unternehmens zu erkennen, zieht diese Konsequenz dann aber doch nicht. Ähnlich Tanju Kolew, der 1983 von einer möglichen «Selbstorganisation» spricht, aber nichts weiter als das Wort gibt.[22] Auch Stanisław Lem ahnte, dass es mit der Rede von den «Informationen» nicht sein Bewenden haben könne, und sprach dynamischer von einer «‹Verlagerung› der psychischen Prozesse» ins Innere «eines toten metallischen Apparats», ohne allerdings das Nähere zu skizzieren.[23] Der polnische Science-Fiction-Autor Bohdan

Petecki brachte 1975 immerhin in Vorschlag, nicht einen, sondern zwei Gehirn-Scans anzufertigen, denn damit weise man dem «aufgezeichneten Bewusstsein (...) jetzt die prozessualen Eigenschaften zu».[24]

Nehmen wir einmal an, es gelänge, das komplette «Bewusstsein» auf einem anderen Datenträger zu speichern. Es wäre dann zwar dort, aber niemand hätte etwas davon, auch «ich» nicht, dessen «Inhalt» dort lagert, denn das «Bin» kann nicht mit eingelagert werden. Dort, im Datenträger, wäre nur eine Anhäufung vorhandener Informationen. Das «Ich *bin*» liegt auf einer ganz anderen Ebene: Nur im Licht meiner Vorhaben heben sich aus der Masse der «Informationen» Bedeutungen heraus; das Vergangene bleibt nicht stets das Gleiche, sondern färbt sich neu, je nachdem, ob ich in meinem Projekt triumphiere, scheitere oder der Herausforderung ausweiche. Und so auch im Alltäglichen: Der kalte Nebeltag draußen verstärkt eine Stimmung, in der mir das gestern Erlebte trüber erscheint, vielleicht auch gerade schöner. Das «Ich bin» ist kein endlicher, abgrenzbarer und zu speichernder Inhalt, es ist als «Information» nicht zu fixieren; es ist ein ständig und wesentlich zukunftsoffenes, in der Lebenspraxis befindliches Verhalten, es ist die Zukunftsoffenheit selbst. Es lebt in einem Möglichkeitshorizont, in Projekten, es *hat* nicht nur Möglichkeiten, es *generiert* sie.

Edmund Husserl versuchte an einem so einfachen Vorgang wie dem Hören einer Melodie zu zeigen, dass wir nicht punktförmig ein Jetzt erleben (und dann kommt der nächste Punkt und so weiter), sondern den letzten Ton noch gerade «mithören» und den folgenden schon antizipieren: «Wenn der neue Ton erklingt, so ist der vorausgegangene nicht spurlos verschwunden, sonst wären wir ja auch unfähig, die Verhältnisse aufeinanderfolgender Töne zu bemerken, wir hätten in jedem

Augenblick einen Ton, ev. in der Zwischenzeit zwischen dem Anschlag zweier Töne eine leere Pause, niemals aber die Vorstellung einer Melodie.»[25] Allgemeiner formuliert: «Ein Jetzt kann nicht bewusst sein ohne ein Soeben-gewesen. (…) Das Soeben wandelt sich in ein neues Soeben, ein Soeben von dem Soeben, dieses wieder, in infinitum.» Das Bewusstsein hat nun für jede dieser Phasen eine neue Sinnstruktur, es zieht gerade Vergangenes mit sich wie einen Kometenschweif.[26]

Speicherbar ist nur Abgeschlossenes. Auch die künstliche Intelligenz kann nur aus schon vorhandenen Informationen möglicherweise ungewohnte Kombinationen hervorbringen, verfügt aber nicht über Urteilskraft. Der Horizont des Handelns, der Praxis, ist ihr nicht zugänglich. Noch einen Schritt weiter als Husserl ging Martin Heidegger, als er über die Weisen des «In-seins» sprach, in denen sich das Bewusstsein zuallererst bildet: «Zutunhaben mit etwas, herstellen von etwas, bestellen und pflegen von etwas, verwenden von etwas, aufgeben und in Verlust geraten lassen von etwas, unternehmen, durchsetzen, erkunden, befragen, betrachten, besprechen, bestimmen.» Und andererseits die uneigentlichen Formen des Handelns: die Weisen des «Unterlassens, Versäumens, Verzichtens, Ausruhens».[27] In all diesen Kontexten ist «Möglichkeit» die «ursprünglichste und letzte positive Bestimmtheit des Daseins».[28] Schon das Wort «Information» ist darum eine Fehldeutung dessen, was menschliches Bewusstsein ausmacht: Freiheit und Offenheit sind durch Rechenvorschriften nicht abzubilden, sie gehen allen nur denkbaren Informationen voraus.

12. DIE GRÄBER

Geht man danach, was in Filmen und im Fernsehen zu sehen ist, dann gilt die Feuerbestattung längst als die selbstverständliche, im Grunde einzige Form der Beisetzung. Jedes Bewusstsein davon, dass auch in deutschen Großstädten noch vor wenigen Jahrzehnten andere Sitten herrschten, ist verschwunden. Beerdigungen im Sarg sind für das Kino nur noch dort obligatorisch, wo es sich um gefallene amerikanische Militärhelden handelt, um hochrangige Mafiosi oder um den europäischen Hochadel - also merkwürdigerweise eben doch dort, wo man den großen Stil erwartet. Das ist kein Ästhetizismus. Ein Gedankenexperiment: Wäre die Trauerfeier für Königin Elisabeth II. am 19. September 2022 in Westminster Abbey statt mit einem Sarg, den eine prächtige Fahne bedeckte, mit einer Urne möglich gewesen? Und dann die feierliche Überführung in die St George's Chapel in Windsor? Man hätte das als unschicklich empfunden. Die Majestät des Todes verlangt nach Anerkennung und sichtbarer Gestaltung.

Fragen wir bei der Philosophie nach. Jürgen Habermas zuzuhören, lohnt sich immer. Aber gerade der Philosoph verdient es, mit der Frage «Ist es denn auch wahr?» konfrontiert zu werden. Philosoph ist Habermas in dem besonderen Sinn, dass Ereignisse ihn zum Reflektieren bringen können. Immer ist es schön, jemanden zu hören, der nicht nur überzeugende logische Ableitungen präsentiert, sondern sich durch ein Geschehen herausfordern lässt. Die Wirklichkeit wird zum Prüfstein. Am 10. Februar 2007 veröffentlichte Habermas in der «Neuen Zürcher Zeitung» den Essay «Ein Bewusstsein von dem, was fehlt». Er beginnt mit dem Abschied von dem verstorbenen Schriftsteller Max Frisch, mit dem Habermas befreundet gewesen war. Was der Zeremonie damals fehlte, war die Religion. In einem herausgehobenen Augenblick war dem Philosophen die Leerstelle aufgefallen, wie er berichtet: «Am 9. April 1991 fand in der Stiftskirche St. Peter in Zürich eine Totenfeier für Max Frisch statt. Zu Beginn verlas Karin Pilliod, die Lebensgefährtin, eine kurze Erklärung des Verstorbenen. Darin heißt es unter anderem: ‹Das Wort lassen wir den Nächsten und ohne Amen. Ich danke den Pfarrherren von St. Peter in Zürich (...) für die Genehmigung, dass während unserer Trauerfeier der Sarg in der Kirche sich befindet. Die Asche wird verstreut irgendwo.›» Dann sprachen, wie Habermas weitererzählt, zwei Freunde; kein Priester war anwesend, kein Segen wurde gespendet, kein Vaterunser gebetet. Die Teilnehmer: meist Intellektuelle ohne Bezug zu Kirche und Religion. «Für das anschließende Essen hatte Frisch selbst noch das Menü zusammengestellt.»

Damals, so Habermas, habe er in der Veranstaltung nichts Merkwürdiges gesehen. Nun aber sei ihm alles daran ein Anlass des Fragens geworden. Frisch habe «offenbar die Peinlichkeit nichtreligiöser Bestattungsformen empfunden und durch die Wahl des Ortes öffentlich die Tatsache dokumentiert, dass die aufgeklärte Moderne kein angemessenes Äquivalent für eine religiöse Bewältigung des letzten, eine Lebensgeschichte abschließenden rite de passage gefunden hat. Man kann diese Geste als Ausdruck der Melancholie über ein unwiederbringlich Verlorenes verstehen.»[1]

Jeder hat in den vergangenen Jahrzehnten ähnliche Szenen erlebt, wenn etwa gegen Ende der Zeremonie etwas Fröhlich-Jazziges gespielt wird – «Er hätte es so gewollt». Aber es steckt noch anderes darin. Merkwürdig ist nicht nur, dass der Tote sozusagen selbst das Wort ergreift, sondern überhaupt als Souverän frei schalten will, wo es an anderen wäre, Entscheidungen zu treffen und Worte zu finden. So bei dem an sich trivialen Menü, dessen Speisefolge Frisch sich hatte vorbehalten wollen. Ähnliches findet man gelegentlich in Traueranzeigen von Regionalzeitungen, wenn der oder die Verstorbene letzte Grüße oder ein Lebensresümee als Text hinterlässt, die Anzeige womöglich noch selbst in Auftrag gegeben hat.

Frischs Inszenierung passt nicht zur ausgestellten Bescheidenheit und der künstlich unbeholfen gemachten Formulierung «Die Asche wird verstreut irgendwo». So reden, nach der Meinung des Schriftstellers, die unverbildeten Leute. Noch in der Kirche will der Intellektuelle den Priester verdrängen. Und dass es für ihn keinen Gedenkort geben wird, sollen bitte alle wissen. Was Habermas nicht thematisiert, ist die Feuerbestattung. Seit 1990 stieg ihr Anteil stetig, heute ist sie die am meisten verbreitete Form - und sie markiert eine Entwicklung, in der sich jahrhundertealte Sittlichkeiten verändern.

Das Problem ist deshalb wohl ein grundsätzliches. Gegenüber dem Tod, der Unterbrechung jeder Routine eines «Weiter so», nehmen sich alle Versuche, die Krise dennoch mit Gewohntem zu überspielen, besonders grotesk aus. Vermutlich ist das Risiko eines Verfallens in unangemessenes Gerede hier besonders stark und am Ende kaum zu vermeiden. Gustave Flaubert hat es vor rund hundertfünfzig Jahren in seiner «Éducation sentimentale» beschrieben. Der reiche, tatsächlich auch adlige Herr Dambreuse, ein Pariser Bankier, ist gestorben, dessen Frau die Geliebte des jungen Frédéric ist. Als man sich vor der Beerdigung im Salon der Dambreuses versammelt, ist die Situation nur noch mit Geschwätz zu bewältigen: «Und fast alle sagten, indem sie sich begrüßten, mit melancholischer Stimme: ‹Ich habe ihn noch vor einem Monat gesehen! Mein Gott, das ist unser aller Los!› ‹Ja, aber versuchen wir, dass es uns möglichst spät beschieden wird!› Dann lachte man, ein kleines, zufriedenes Lachen, und begann sogar Gespräche, die dieser Veranlassung durchaus fremd waren.» Anders als bei der religionslosen Zeremonie für Max Frisch wird hier ein katholisches Requiem abgehalten, aber die innere Entfremdung muss schon damals horrend gewesen sein: «Bis auf wenige waren sie alle in religiösen Dingen so unwissend, dass der Zeremonienmeister hin und wieder ihnen Zeichen geben musste, aufzustehen, zu knien, sich zu setzen.» Um sich abzulenken, «lauschte Frédéric dem *Dies irae*; er betrachtete die Versammelten und suchte die allzu hohen Fresken zu sehen, die das Leben der Magdalena schildern».[2] In dieser Lage kann eine traditionale religiöse Zeremonie allerdings auch die überforderten Beteiligten entlasten, weil sie, je älter sie ist, umso mehr den Eindruck von Objektivität vermittelt, die sich durch unendlich viele Generationen bewährt hat. Der Gefahr einer Zeitgeist-Phraseologie oder der modernen Peinlichkeit, die Habermas in Zürich empfand, ist vorgebaut.

Die maßgebliche Art der Bestattung im Alten Testament war die Beerdigung in einem Grab. Als Sara, die Frau des Erzvaters Abraham, mit 127 Jahren in Hebron stirbt, wird sie von Abraham beweint, er hält die Totenklage. Da das Land im Besitz der Hethiter ist, sucht Abraham eine Grabstätte zu kaufen. «Da gaben die Hethiter Abraham diesen Bescheid: Höre uns, Herr! Als ein Fürst Gottes lebst du unter uns. In den besten unserer Gräber bestatte deine Tote. Keiner von uns wird dir sein Grab verweigern, dass du deine Tote bestattest.»[3] Abraham wünscht die Höhle von Machpela und bietet an, einen Kaufpreis dafür zu zahlen. Efron, der Besitzer, lehnt den Handel ab: Er will Abraham die Höhle schenken. Das wiederum muss Abraham ablehnen, es könnte ihn Efron gegenüber in ein Verhältnis des Klienten, gar des Schuldners setzen, nicht in das eines gleichberechtigten Geschäftspartners: «Ich zahle dir den vollen Preis des Grundstücks.» Efron nennt vierhundert Silberschekel, und «Abraham wog Efron den Preis ab, den dieser in Gegenwart der Hethiter genannt hatte, vierhundert Silberschekel, zum üblichen Handelswert». So ging das Grundstück mit der Höhle samt allen Bäumen in den Besitz Abrahams über. «Darauf begrub Abraham seine Frau Sara in der Höhle auf dem Grundstück von Machpela östlich von Mamre im Land Kanaan. So war das Grundstück mit der Höhle darauf rechtskräftig von den Hethitern als Grabstätte in den Besitz Abrahams übergegangen.»[4]

Die Angelegenheit ist deshalb so wichtig und muss in ihrer Rechtsförmigkeit dargestellt werden, weil Abraham ein Mann ohne Land war, der die Seinen und das Vieh durch die Gegend streifen lässt. Der Herr hatte ihn ja aus seinem Land hinweggeführt: «Ziehe fort aus deinem Land, von deiner Verwandtschaft und aus deinem Vaterhause in das Land, das ich dir zeigen werde!»[5] Später wird auch Abraham dort begraben, ebenso sein Sohn Isaak und dessen Sohn Jakob - der eigentliche Stammvater der Israeliten. Der Landlose hatte sich einen ersten Rechtstitel an einem Grundstück verschafft. Dies zu erweisen - und nicht primär die Schilderung einer Trauerzeremonie zu geben -, war die Absicht des biblischen Berichts. Wo die Gräber der Vorfahren sind, dort ist Heimat. König Herodes ließ an der angenommenen Stelle der Gräber einen Bau errichten, später kam eine Moschee, in der Zeit der Kreuzzüge erst ein Kloster, dann eine Kathedrale. Reisende konnten im 12. Jahrhundert gegen Bezahlung die Höhlen besuchen, es gab einen Raum, in dem die Namen der Patriarchen in hebräischer Schrift zu lesen waren.

Ganz anders die Trauerriten der Griechen. In der «Ilias» nehmen die Trauerzeremonien für Patroklos, den engsten Freund und Kampfgenossen des Achilles, den gesamten dreiundzwanzigsten Gesang ein. Achilles ließ die Griechen «das prächtige Trauermahl halten». Er, der seinen baldigen Tod ahnt, bestimmt in einer ergreifenden Szene, dass seine Gebeine und die des Freundes zusammen in einer goldenen Urne bestattet werden sollen. Er «beschor sein goldenes Haupthaar» und legte es neben den Freund auf den Scheiterhaufen.[6] Herrliche Kampfspiele, Wagenrennen vor allem, zu Ehren des Patroklos, schließen die Feier ab.

Im vierungszwanzigsten Gesang der «Odyssee» erzählt dann Agamemnon in der Unterwelt von der Betrauerung des Achilles: «Aber du lagst umhüllt mit Göttergewanden, und um dich / Standen Gefäße mit Öl und süßem Honig; und viele / Helden Achaias rannten gerüstet, zu Fuß und zu Wagen, / Rings um das lodernde Feuer; es stieg ein lautes Getös auf. / Als dich Hephaistos' Flamme verzehrt, da gossen wir morgens / Lauteren Wein in die Aschen und sammelten, edler Achilleus, / Deine weißen Gebeine, mit zwiefachem Fette bedeckend. / Aber die Mutter brachte die goldne gehenkelte Urne, / Dionysos' Geschenk und ein Werk des berühmten Hephaistos. Hierin ruht dein weißes Gebein, ruhmvoller Achilleus.»[7] Ein einziges grandioses Fest der Trauer! Die Löschung des Feuers mit Wein zeigt es an. Und wie es sich bei einem Fest gehört, wird der Überfluss demonstriert und zelebriert. Alle Aufmerksamkeit gilt dem Augenblick, der *gesteigert* wird. An einem Gedenkort gibt es durchaus ein Interesse, die Gebeine der Freunde des Achilles überführte man später auch dorthin: «Und das heilige Heer der sieggewohnten Achaier / Häufte darüber ein großes und weitbewundertes Denkmal / Auf der Spitze des Landes am breiten Hellespontos, / Dass es fern im Meere vorüberschiffende Männer / Sähen, die jetzo leben und spät in kommenden Jahren.»[8] Es ist ein Denkmal der Waffentaten, der Helden, und wurde als solches schon in der Antike zur Inspiration: Alexander der Große besuchte es bei seinem Zug, später auch Caracalla. Hektors Verbrennung schildert der vierundzwanzigste Gesang der «Ilias».

Ganz vergebene Mühe wäre es aber, die Feuerbestattung als legitime Praxis auch für das Alte Testament nachweisen zu wollen. Eine begründete Ausnahme ist allein das Schicksal des Königs Saul, von dessen unköniglichem Tod durch Suizid wir schon gehört haben. Als die Philister den toten König und seine Söhne finden, schlagen sie ihm den Kopf ab, ziehen ihm die Rüstung aus, «seinen Leichnam aber hefteten sie an die Mauer von Beth-Schean». Als man unter den Israeliten davon hört, machen sich alle waffenfähigen Männer nachts auf den Weg, bergen den Leichnam Sauls und die seiner Söhne, bringen sie nach Jabesch «und verbrannten sie dort. Ihre Gebeine aber nahmen sie und begruben sie unter der Tamariske von Jabesch. Dann fasteten sie sieben Tage lang.»[9] Eine Ambivalenz erscheint hier: Saul hatte Schande gebracht, die Integrität seines Leichnams war schon von den Feinden geschändet worden; andererseits war er eben der König gewesen. Unter einer Tamariske auf einer Kulthöhe hatte er einst Gericht gehalten.[10] Abraham hatte eine Tamariske in Beerscheba gepflanzt «und rief dort den Namen des Herrn, des Gottes der Ewigkeit, an».[11] Das Begräbnis der Gebeine unter einer Tamariske ist die Reintegration vor Gott und das Fasten eine Reinigung.

Aus dem Alten Testament geht die Beerdigung in das Neue über. Nach Jesu Tod nahm Josef von Arimathäa den Leichnam, «hüllte ihn in reine Leinwand und legte ihn in ein neues Grab, das er in den Felsen hatte hauen lassen. Dann wälzte er einen großen Stein vor den Eingang des Grabes und ging weg.»[12] Johannes bringt einen aufschlussreichen Zusatz: «Sie nahmen den Leichnam Jesu und umwickelten ihn samt den wohlriechenden Ölen mit Leinenbinden, wie es bei den Juden Begräbnissitte ist.»[13] Nach diesem Vorbild gestaltete sich über fast zwei Jahrtausende die Bestattungskultur der christlichen Weltgegenden. Daran hing im Mittelalter nicht zuletzt der Reliquienkult, der bei Einäscherung unmöglich gewesen wäre, wie auch der auferstandene Christus in einer Welt der Feuerbestattung zunächst ohne Evidenz für den Glauben gewesen wäre. Für Katholiken war eine Einäscherung seit dem Edikt von Paderborn im Jahr 785 durch Karl den Großen verboten.

Gotthold Ephraim Lessing scheint in seiner Streitschrift «Wie die Alten den Tod gebildet» 1769 gegen die überlieferte Christlichkeit zu schreiben. Es sei «gewiss, dass diejenige Religion, welche dem Menschen zuerst entdeckte, dass auch der natürliche Tod die Frucht und der Sold der Sünde sei, die Schrecken des Todes unendlich vermehren musste. Es hat Weltweise gegeben, welche das Leben für eine Strafe hielten; aber den Tod für eine Strafe zu halten, das konnte ohne Offenbarung schlechterdings in keines Menschen Gedanken kommen, der nur seine Vernunft brauchte.» Das Christentum erst habe «das alte heitere Bild des Todes aus den Grenzen der Kunst verdrungen». Nun sei es an der Zeit, dass die Künstler «das scheußliche Gerippe» aufgeben und sich «wiederum in den Besitz jenes bessern Bildes (…) setzen»; die wahre Religion erkenne man daran, dass «sie uns überall auf das Schöne zurückbringt».[14]

Das ist noch keine Revision der Theologie, aber eine der hergebrachten, nun als verletzend empfundenen (mittelalterlichen) Bildwelt zugunsten einer Antike, die Tod und Schlaf versöhnlich als Brüder zeige. «Ich sage: die alten Artisten, wenn sie ein Skelett bildeten, meinten damit etwas ganz anderes als den Tod, als die Gottheit des Todes.»[15] Das ist noch rein aus der künstlerischen Wirkung argumentiert. Und doch liegt darin eben eine andere Auffassung des Todes. Das Gerippe erinnert drastisch an die Sterblichkeit, es ist Teil eines härteren christlichen Realismus. Am Schluss von Lessings Abhandlung liest man: «Nur die missverstandene Religion kann uns von dem Schönen entfernen, und es ist ein Beweis für die wahre, für die richtig verstandene wahre Religion, wenn sie uns überall auf das Schöne zurückbringt.»[16] Es geht um die Religion in ihrem Verhältnis zum Tod, nicht um ein ästhetisches Detail. Lessing steht am Anfang eines Prozesses, an dessen Ende wir Habermas in Zürich sehen. Durch die Aufklärung sollte, über die Ästhetik, eine erste Bresche in die christliche Todesdarstellung geschlagen werden. In diesem Fall zugunsten einer von Lessing idealisierten klassischen Antike. Das Versprechen der Aufklärung konnte nicht eingelöst werden.

Eine zweite Bresche in die Grabsitten schlug die Romantik. Jacob Grimm machte 1849 in einer Akademierede nicht mehr die Bekenntnisse oder ästhetische Gestaltungen geltend, sondern ethnisch begründete Sitten: «Alle indogermanischen völker hiengen wesentlich dem brennen an.»[17] Begraben und Verbrennen sei «eine nothwendige, den bedürfnissen und der entwicklung der völker unentbehrliche unterscheidung» - wiederum hören wir von den Völkern. Grimm vermutet, das Begraben der Toten sei vorausgegangen, und sieht im Verbrennen einen «fortschritt geistiger volksbildung». Die «gewohnheit des leichenbrandes» zeige «höherstehende völker und ihren freieren blick in die natur der dinge». Feuer hält er andererseits für nomadische Sitte, Beerdigung für die von sesshaften Bauern. Auch sieht er ein «vorrecht des adels auf den leichenbrand», das vom christlichen Verbot der Kremierung hinweg-egalisiert worden sei. Wohin das Christentum drang, «da erloschen vor ihm alle leichenbrände».[18] Was von der frühen Christenheit angeführt worden war - dass Verbrennung dem Gedanken der Auferstehung des Fleisches zuwiderlaufe -, sieht er distanziert-kritisch: «wie könnte ihm die auferstehung oder das emporsteigen der rauchseule mehr als ein bild jener geistigen fortdauer sein?»[19] Mit dem wachsenden Abstand zum christlichen Dogma geht der Aufstieg des ethnologischen Arguments zusammen.

Der Altertumsforscher Johann Jakob Bachofen (1815 bis 1887), ein jüngerer Romantiker, in Basel geboren und dort zeitlebens wohnend, erlebte in jungen Jahren die Entdeckung von Columbarien, in denen Aschenurnen aufbewahrt wurden. 1838 hatte man in Rom ein Columbarium bei der Villa Pamfilia gefunden - Bachofen besuchte es 1842 - und schon 1832 eines in der Campana. Der Eindruck wurde lebensbestimmend: Die antike Gräberwelt wurde zum Ausgangspunkt seiner Forschungen. 1853 diskutierte er Beerdigung und die Sitte des Verbrennens in der Basler Gesellschaft für Vaterländische Altertümer. In seiner Selbstbiographie gab er einen Eindruck von der Poesie der Urnenstätten: «Wer sie betritt, glaubt sie zu entdecken. Aber diese Stille erscheint als eine Huldigung der Lebenden gegen die Todten. Zwischen sie und uns tritt nichts in die Mitte. Die Sonne durchwärmt und erhellt so wunderbar diese Ruhestätten der Todten, und übergießt die Sitze des Schreckens mit dem Zauber des wonnereichen Lebens.»[20] Bachofen argumentiert hier durchaus religiös, mit einer antiken Naturreligion, mehr noch mit der poetischen und symbolischen Qualität, am Ende mit der eigentümlichen Schönheit des ganzen Gräberensembles. Das Grab, so hat es Ernst Howald, Herausgeber von Bachofens Schriften, festgehalten, war dessen «eigenste Domäne, und zwar so sehr, dass es durch Innigkeit und Intensität der Einfühlung seinen stofflichen Charakter verliert».[21] Bachofen ließ mannigfaltige Auslegungen sich darum ranken, die ihn selbst aus der Domäne reiner Geschichtsschreibung in die einer mythologischen Einbildungskraft führten.

Aber das blieben Angelegenheiten von Gelehrten. Diese müssen immer vorangehen, wenn man etwas bewirken will. Eine praktische Wendung nahm die antiquarische Diskussion erst gegen Ende des 19. Jahrhunderts, und nun mit einem ausdrücklich antiklerikalen, säkularistischen Gedankengang. Der erste Mensch, der sich am 6. Dezember 1876 kremieren ließ, soll der amerikanische Theosoph und Freimaurer Baron Joseph de Palm gewesen sein. In Belgien «wurde die Kremierung zuerst von Nichtkatholiken gefördert - die meisten unter ihnen Freimaurer - die sich entschieden gegen die institutionelle Macht der Kirche wandten».[22] Für Italien behauptet die «Encyclopedia of Cremation», das erste Feuerbestattungskomitee habe ausschließlich aus Freimaurern bestanden.[23] Und so stellt es noch Thomas Manns Roman «Der Zauberberg» im Gespräch zwischen dem jesuitisch-kommunistischen Leo Naphta und dem Freimaurer Lodovico Settembrini dar: «Unter wachsender Anteilnahme aller» disputiert man über «die Probleme der Feuerbestattung, der körperlichen Züchtigung und der Todesstrafe».[24] Settembrini spricht für die Zweckmäßigkeit der Leichenverbrennung, erklärt sich «für mitbeteiligt an den Vorbereitungen zu einem internationalen Kongress für Feuerbestattung», wo man ein musterhaftes Krematorium «nebst Urnenhalle» einrichten will, am Ende verspricht er sich davon eine «Ernüchterung des Bestattungsvorgangs». Naphta erklärt sich dagegen für das «Todesgrauen» und den «Todesdienst» als Grundlage der Kultur.[25] Von dem Aufklärer

Settembrini wird hier der Grundgedanke der Gegenwart ausgesprochen: Die Majestät des Todes soll abgebaut werden in Richtung einer nüchternen, oft hygienisch begründeten Kremierung. Kein Hauch mehr von den grandios feierlichen Spielen um die Scheiterhaufen der antiken Helden. Man darf von einer Verbürgerlichung sprechen, sicher von einer Verkleinerung des menschlichen Wesens, indem der ganze Vorgang eine klinisch-technische Anmutung erhält.

Progressiv und laizistisch blieb die Ideologie der Feuerbestattung in den folgenden Jahrzehnten. Allerdings öffnete sich gerade das nationalsozialistische Deutschland der neuen Idee - womöglich ebenfalls aus dem Wunsch der Zurückdrängung kirchlicher Dominanz - und stellte die Feuerbestattung 1934 rechtlich mit der Erdbestattung gleich. Der NS-Ideologe Alfred Rosenberg jedenfalls hielt in seiner Weltanschauungsschrift «Der Mythus des 20. Jahrhunderts» fest, dass «das nordische Blut die Feuerbestattung mit sich brachte».[26] Nach dem Krieg wurde die Kremierung vor allem in der DDR gefördert. Mit Blick auf die Gegenwart berichtete der Kulturwissenschaftler Norbert Fischer in der «taz», fünfundfünfzig Prozent aller Bestattungen in Deutschland seien inzwischen Einäscherungen - «mit großen regionalen und konfessionellen Unterschieden: Je protestantischer, je nördlicher und östlicher eine Region und je größer die Stadt, desto mehr Feuerbestattungen. In Städten wie Hamburg, Berlin, Lübeck, Kiel gibt es zu achtzig Prozent Feuerbestattungen. In ländlichen katholischen Regionen dagegen ist die Einäscherung fast unbekannt.»[27]

Wir sehen einen langfristigen Trend zur Verabschiedung von älteren christlichen Bräuchen, zu einer Entkonfessionalisierung, der alle paar Jahrzehnte seine Begründungen wechseln kann, dabei aber als Tendenz stabil bleibt, sogar stärker wird. Inzwischen dürften Motive der Versachlichung der Zeremonie und der Individualisierung von «Riten» vorherrschend sein, auch die biologische Abbaubarkeit mancher Urnen hört man als Argument vorgebracht. Die katholische Kirche hat ihren grundsätzlichen Widerstand im Juli 1963 aufgeben müssen: «Vorrangig» soll an der Erdbestattung festgehalten werden in Erinnerung an den Tod und das Begräbnis Jesu. Das Heilige Officium verkündete damals, eine Feuerbestattung widerspreche der christlichen Religion nicht «an sich». Die neuere «Instruktion *Ad resurgendum cum Christo* über die Beerdigung der Verstorbenen und die Aufbewahrung der Asche im Fall der Feuerbestattung» vom 15. August 2016 lässt sogar Bestattungen in einem sogenannten Friedwald zu, wenn diese nicht anonym erfolgen[28] – für ein Verbot dieser Begräbnisform gebe es keine «lehrmäßigen Gründe». Die Einäscherung, so heißt es, «berührt nicht die Seele und hindert die Allmacht Gottes nicht daran, den Leib aufzuerwecken».[29]

13. BUDDHISTISCHE UND ATHEISTISCHE LÖSUNGEN

Loslassen können: In der psychotherapeutischen Beratung, auch in ihren Grenzbereichen, überall, wo es um Sinnsuche geht, hat diese Idee große Autorität. Unter den in die Alltagspsychologie gesunkenen Weisheiten dürfte sie die beliebteste sein, die konkrete Gestaltung schwankt zwischen Wellness-Urlaub, Entspannungstechniken und Spiritualität. Selbst Terroristen müssen, ebenso wie die gestressten Angestellten, manchmal loslassen können, so verlautbarte die Rote Armee Fraktion (RAF) zu ihrer Auflösung im März 1998: «Es ist notwendig zu sehen, dass wir uns in einer Sackgasse befinden, um Wege aus ihr heraus zu finden. Da kann es auch völlig richtig sein, etwas, was man theoretisch auch weiterführen könnte, loszulassen.»[1]

Gibt es Weisheiten, die nicht, und sei es über viele Vermittlungsschritte, aus einer ursprünglich religiösen Quelle stammen? Vermutlich ist das Religiöse daran nur unsichtbar geworden, seine Spuren sind abgeschliffen. So steht es mit dem Loslassen-Können. Das 19. Jahrhundert kannte die Idee noch nicht. Populär wird sie erst durch die Rezeption des Buddhismus zu Anfang des 20. Jahrhunderts. «Loslassen ist alles!», schrieb der Arzt und Asienreisende Paul Dahlke 1923 in seiner Übersetzung buddhistischer Lehrschriften: «Zum Loslassen braucht man aber keine Begriffe, sondern nur die Einsicht in die Wirklichkeit, die sich dem wirklichen Denker eben so darstellt, dass er merkt und weiß: Leben ist so beschaffen, dass ich loslassen kann. Der Buddha ist derjenige, der endgültig, vollkommen, bedingungslos losgelassen hat.» Der Buddhismus lasse sich «überhaupt auf keinen begrifflichen Standpunkt festlegen; er erschöpft sich restlos in jener Lassenstat, im Loslassen von Gegenständlichem wie von Begrifflichem».[2]

Ägyptische Pyramiden, griechische Tempel, gotische Kathedralen waren für Jahrtausende gebaut. Ins Antlitz der Zeit hinein behauptete der Mensch seine Fast-Ewigkeiten. Nichts könnte der japanischen Kultur fremder sein: Der Gedanke der Ewigkeit ist hier nie heimisch geworden. Ein Shintō-Schrein – also ein heiliger Ort der traditionellen Religion – wird, wie der Ise-jingū, alle zwanzig Jahre (oder in anderen, festgelegten Rhythmen) abgerissen und neu gebaut. Das ist die übliche Praxis bei vielen Schreinen: Die Überreste werden verbrannt, sakrale Gegenstände (etwa Spiegel) fertigt man neu an. Die Idee greift auf ganz andere Kunstgebiete über. Haikus etwa sind traditionelle japanische Gedichte von äußerster Kürze. Und diese Form ist dem Inhalt angemessen, denn ein Haiku lobt den vergänglichen Augenblick. Es bedarf keiner in die Länge gezogenen Zeitreihe, eher einer hoch konzentrierten Meditation des Moments, um die Meisterschaft der Wahrnehmung und des Ausdrucks zu erreichen. Oft wird eine Jahreszeit angedeutet. Der Dichter Matsuo Bashō (1644 bis 1694) gilt als Neubegründer und zugleich Vollender der Form: «Der alte Teich. / Ein Frosch springt hinein – / das Geräusch des Wassers.» Oder: «Dort im Fischerkorb / welchen flüchtigen Mondentraum / träumt der Tintenfisch?»[3] Die Aufwertung des Augenblicks bestimmt auch die japanische Version des Buddhismus, den Zen. Erleuchtung wird nicht durch langwierige Darlegungen oder gar Beweise provoziert, sondern durch einen einzigen paradoxen Satz (ein Kōan) des Meisters. Die Antwort des Adepten darf nur eines nicht sein: eine rationale Auflösung des Paradoxons.

Alle Menschen müssen ein Verhältnis zu ihrer Endlichkeit finden; alle Kulturen haben Formen und Formeln entwickelt, Glaubenslehren und Riten, in denen für diese schwierige Aufgabe Lösungen angeboten werden. Aber keine hat wohl aus der Tatsache der Vergänglichkeit selbst so viel Poesie, eine so intensive Schönheit gewonnen wie die japanische. Der Ewigkeitsanspruch ist verpönt. So bringt schon die Lebenspraxis eine beständige Einübung in den buddhistischen Gedankenkreis. «Wenn dich jemand nach dem Geist eines wahrhaften Japaners fragt, weise ihn auf die wilde Kirschblüte hin, in der Morgensonne scheinend.»[4] So hat es ein großer Gelehrter des 18. Jahrhunderts formuliert, Motoori Norinaga (1730 bis 1801), der die flüchtige, vergängliche Schönheit als Mittelpunkt der japanischen Ästhetik erstmals theoretisch erweisen wollte - denn praktisch war sie längst da, nicht zuletzt im japanischen Kalender, in dem das Kirschblütenfest wohl eine zentrale Rolle spielt. Gefeiert wird das Vergehen in seiner Schönheit. Und als das herausragende literarische Zeugnis dieser Ästhetik galt Norinaga der mittelalterliche Roman vom Prinzen Genji, «Genji Monogatari». Norinaga prägte einen Ausdruck für dieses innerlich empfundene und zugleich schöne Gefühl der Vergänglichkeit: «Mono no aware» nannte er es, das «Herzzerreißende der Dinge». Der Prinz Genji spricht es gegen Ende seines Lebens im Gedicht an die Dame Akashi aus: «Ich weinte und weinte auf meinem langsamen Heimweg. Dies ist eine Welt, in der nichts dauert.» Und sie antwortet mit einem Gegengedicht: «Die Wildgänse sind fortgeflogen, trocken ist der Reis-Sämling. Fort ist die Blüte, die das Wasser einst spiegelte.»[5]

Am Hof des Kaisers war eine unter den vielen Damen der Kleiderkammer und des Bettgemachs, die, obwohl nicht von hohem Rang, doch «die kaiserliche Huld am meisten genoss».[6]

So beginnt die Geschichte. Der europäische Leser staunt angesichts des hohen zivilisatorischen Standes dieser höfischen Welt, der womöglich die europäischen Standards übertraf. Der Kaiser also liebt die erwähnte Frau mehr als die anderen, auch als seine Ehefrau. Der Hof sieht mit missgünstigem Blick auf die Angelegenheit. Ein Sohn wird geboren, ein einzigartig schöner, «juwelengleicher» Knabe, Genji. Es gibt einen älteren Halbbruder, der Neid wird stark. Kaum ist das Kind geboren, wird seine Welt von der Vergänglichkeit erfasst; der schönen Mutter geht es nicht gut, und das Gelöbnis, das sie und der Kaiser einander gegeben hatten - «dass zu der letzten Reise keiner von uns früher aufbrechen solle als der andere» -, ist nicht einzuhalten. Man hatte sich geschworen, zusammen aus der Welt zu gehen. Der Kaiser ahnt, dass seine «unvernünftige, alle Welt bestürzende Liebe zu ihr bereits ein Zeichen war, dass unsere Beziehungen nicht lange währen sollten». Man fürchtet, auch Genji werde nicht viel Zeit bleiben - so atemberaubend ist seine Schönheit. Er wird mit der Tochter eines Ministers verheiratet, die älter ist als er. Aber sein Ideal und seine große Liebe wird Fujitsubo, eine der Frauen des Kaisers, von der man sagt, sie sei Genjis Mutter ähnlich. Er hängt sein ganzes Herz an sie, die man dem Sonnenglanz vergleicht.[7]

Durch den Roman zieht sich die Blütenpoesie, Blauregen (Wisteria) kommt prominent vor, Orangen-, Lavendel- und Pflaumenblüten, auch die Färberdistel wird nicht vergessen. Man feiert die Suetsumu-Blüte, das Fest des roten Herbstlaubes, den Sakaki- und den Hahaki-Baum, das Dorf der fallenden Blüten, die Fuji-Bakama-Blüten. Mit Letzteren hat es eine besondere Bewandtnis: Die Pflanze, bekannt als *Eupatorium japonicum*, tritt im Roman mit Fuji-Goromo, dem Trauergewand, in eine Beziehung des Anklingens, nicht nur sprachlich, sondern auch der leicht düsteren Farbe wegen. Die Dame Tamakazura trägt diese Kleidung, «doch trat gerade dank dieser ungewohnten dunklen Farbe die Schönheit ihres Gesichts noch auffälliger hervor».[8] Das bemerkt ihr Verehrer: «Sie sah, als sie noch trauriger als sonst dasaß, ungemein liebreizend aus. Vielleicht in der Absicht, ihr seine Gefühle anzudeuten, hielt ihr Yugiri wundervoll aufgeblühte Fuji-bakara unter den Vorhang hinein: ‹Auch ihr habt Veranlassung, diese Blüten zu betrachten!›» Als sie nach den Blüten greift, ergreift Yugiri sie und zieht sie zu sich mit den Worten: «‹Mit den von Tau benetzten / Fuji-bakama-Blüten, / die aus dem gleichen / Felde stammen wie Ihr, / habt, bitte, Erbarmen!›» So ist in die Handlung das Blühen und Verblühen mit großer artistischer Finesse ständig hineinverwoben. An einer späteren Stelle ist es die Pflaumenblüte, die bedeutsam-unterstreichend in eine Korrespondenz wirkt.[9]

Als der Prinz Genji alt geworden ist, kommt draußen der Frühling. Er schaut in den Garten und weiß, die letzte Epoche seines Lebens hat begonnen. Die Gegenwart eines Jungen lässt ihn seine launischen Kirschblüten vergessen. Die Blumen auf dem Altar allerdings betrachtet er wehmütig: «Sie ist nicht mehr hier, um sich an ihren Frühlingsblumen zu erfreuen, und ich fürchte, auch mir helfen sie in diesen Tagen wenig.» Dabei ist die Blüte fast wie zum Hohn üppiger als in anderen Jahren. Warum haben sie ausgerechnet dieses Jahr gewählt, um diese förmliche Explosion von Blüten hervorzubringen? Fast wollen sie uns bedeuten, wie gleichgültig sie gegenüber unserem Kummer sind. Genjis Erinnerung an die tote Fujitsubo will, dass selbst die Kirschblüten Trauer tragen und sich schwarz färben.[10]

In Europa, in der christlich geprägten Welt, haben Gedanken zu einer positiven Deutung der Endlichkeit spät Einzug gehalten. Wenn im 18. Jahrhundert die Religionskritik noch vorsichtig argumentierte und den Vorwurf des Atheismus scheute, so brachte das 19. Jahrhundert größere Klarheit. In der gebildeten, literarisch maßgebenden Schicht Deutschlands war das Christliche schon zu einem bloßen Äther oder Duft geworden - die bedeutenden Ausnahmen sind überschaubar. Hier war der Philosoph Ludwig Feuerbach der entschiedenste Vertreter einer Lehre, nach der alle Vorstellungen von Gott Wunsch- und Angstprojektionen der Menschen seien. 1841 erschien sein zentrales religionskritisches Werk «Das Wesen des Christentums». Friedrich Engels bekannte später: «Wir waren alle momentan Feuerbachianer.»[11]

Der Schriftsteller Gottfried Keller traf Ludwig Feuerbach im Dezember 1848 in Heidelberg und meldete am 28. Januar 1849 einem Freund: «Das Merkwürdigste, was mir hier passiert ist, besteht darin, dass ich nun mit Feuerbach (...) fast alle Abende zusammen bin, Bier trinke und auf seine Worte lausche. (...) Ich werde tabula rasa machen (oder es ist vielmehr schon geschehen) mit allen meinen bisherigen religiösen Vorstellungen, bis ich auf dem Feuerbachschen Niveau bin.» Und nun erst kommt er zu der Formulierung einer Vergänglichkeitsidee: «Wenigstens für mich waren es feierliche und nachdenkliche Stunden, als ich anfing, mich an den Gedanken des wahrhaftigen Todes zu gewöhnen. Ich kann Dich versichern, dass man sich zusammennimmt und nicht eben ein schlechterer Mensch wird.»[12]

In seinem Roman «Der Grüne Heinrich» geht Gottfried Keller auf die Frage nach der Unsterblichkeit ein und lässt dabei seine eigenen Vorbehalte durchblicken. Als der Protagonist Heinrich Lee gegenüber Dorothea, einer jungen Frau, die als Findelkind aufgewachsen war, mehr beiläufig von der «unsterblichen Seele» spricht, «bewegte sie den Kopf leise wie zu einem Nein und sagte: ‹Mit diesem Trost wollen wir uns weiter nicht brüsten! Der Findling wird sich so still wieder drücken, wie er gekommen ist.›»[13] Der Graf, ihr Schutzpatron, erläutert: «Sie müssen nämlich wissen, es ist Dortchens Wahrzeichen, dass sie ganz auf eigene Faust nicht an Unsterblichkeit glaubt, und zwar nicht etwa infolge eingeschulter Dinge oder durch fremden Einfluss, sondern auf ursprüngliche Weise, sozusagen von Kindesbeinen auf!» Dorothea schämt sich ein wenig, der Erzähler Heinrich Lee aber erfährt einen Schauder oder «sanften Schreck», plötzlich ist etwas «dicht an seine Seele» herangetreten. Der Graf ist diesen Gedanken jedenfalls nicht abgeneigt: «Es kommt allerdings nicht selten vor, dass rechtliche Leute aus allen Ständen dies ursprüngliche Vergänglichkeitsgefühl ohne weiteres aus der Mutter Natur schöpfen und, ohne skeptischer oder kritischer Art zu sein, dasselbe unbekümmert bewahren wie eine harmlose Selbstverständlichkeit.»

Keller, der Schriftsteller, kann seinem ganzen Wesen nach nicht der Propagandist eines kahlen Atheismus ein, darum wird die Haltung der jungen Frau fein ausbalanciert: «Das ganze vorübergehende Dasein unserer Persönlichkeit und ihr Begegnen mit anderen vergänglichen, belebten und unbelebten Dingen, unser aufblitzendes und verschwindendes Tanzen im Weltlichen hat für sie einen zarten leichten Anhauch bald von milder Trauer, bald von zierlicher Fröhlichkeit.» Dabei ist sie keineswegs eine dogmatische Atheistin: «Vielmehr verursacht ihr in Gespräch und Lektüre eine zu große Freiheit oder Frechheit im Ausdrucke nur Missbehagen, und allzu grobe Ausfälle duldet sie nicht.»[14] Das dürfte nahe an Kellers eigener Haltung sein, der, von Feuerbach kommend, nicht in die Richtung von Marx und Engels ging und der, wie man weiß, auf dem Sterbebett eben doch das Vaterunser nicht verschmähte.

Thomas Mann hat im Alter gelegentlich angedeutet, man werde «überrascht sein, mich auf ihre Frage, woran ich glaube oder was ich am höchsten stelle, antworten zu hören: Es ist die Vergänglichkeit.» Diese Haltung bedarf innerer Stärke, vielleicht der Reife, aber wohl auch einer schwer definierbaren Veranlagung zum Glück; ein Empfinden, dass es Erfüllung genug gab, für die man dankbar sein kann. Vergänglichkeit, sagt Mann jedenfalls, sei das, «was allem Leben Wert, Würde und Interesse verleiht». Wir haben gesehen, dass dieser Gedanke gegenüber einer leeren Unendlichkeit des Nicht-sterben-Könnens gute Gründe für sich hat: «Gewinnend gerade und Sympathie erweckend» werde das Leben, so Mann, «*als* Episode».[15]

Wenn der Eindruck nicht täuscht, dann sind die Menschen gegenüber den letzten Dingen zurückhaltender, als man es in früheren Jahrhunderten war. Eine gewisse schwermütige Gefasstheit ist die Haltung, von der wohl jeder hofft, sie eines Tages bewähren zu können. Vielleicht hat sich die eigentliche Angst verschoben: vom realen Tod auf die durch sinnlose Operationen und technisch mögliche, der Situation aber nicht mehr angemessene «lebensverlängernde Maßnahmen». Es wäre also die Angst, durch fortgeschrittenste Perfektion um den «eigenen Tod» betrogen worden zu sein.

14. DER EIGENE TOD

Die Menschen haben kein Thema, das sie heftiger betrifft als das eigene Leben, die eigene Lebenszeit. Das ist der verborgene Mittelpunkt unseres Denkens, selbst wenn wir uns mit ganz anderem beschäftigen. Ja: «*Ich* denke.» Und das Ich ist immer mit im Spiel, es weiß nur nicht immer von seiner Rolle und verbirgt sich hinter den Kulissen vor sich selbst. Es meint, über dies oder jenes zu denken, und denkt dabei an das Einzige, was es wirklich angeht. Die Dichter und die Denker sind aufmerksamer auf Zusammenhänge des individuellen Lebens und des eigenen Todes – sie sind es, denen dafür die Sprache und die Sensitivität gegeben wurde; ihr Amt ist es, aus der Fülle der lautlosen Sprachen oder des verschwommenen Summens für uns zu dolmetschen. Grundsätzlich möchte man solche Intuitionen bei allen Menschen annehmen, nur gibt die Poesie die feineren Instrumente und vor allem: eine legitime Sprecherposition, sie aufzufangen. Kunst des Sterbens wäre: in gewisser, je verschiedener Weise den Tod als den «eigenen» annehmen zu können. Er käme nicht als ein Fremder, sondern als Ende *unseres* (und nicht irgendeines) Lebens. Hinweise dazu werden in diesem Kapitel versucht, und damit wird eine Aufgabe der Zukunft skizziert: Wer mit Sterbenden zu tun hat, ob als Arzt oder als Angehöriger und Nahestehender, könnte sokratisch und mit Takt letzte Einsichten fördern – womöglich auch gewinnen. Auch die Trauer fände hier einen Sinn. Ernst von Feuchtersleben, ein psychologisch wacher Arzt des 19. Jahrhunderts, hat es bündig ausgesprochen: «Wir alle, die wir unter dem Monde leben, sind nur relativ gesund; jedem ist der Weg, auf welchem gerade er sterben wird, in sein Wesen gezeichnet.»[1]

Einer der Ersten, die versuchten, den Tod aus dem Leben selbst heraus zu verstehen, war Sigmund Freud. Der entscheidende Referenzpunkt für unsere Frage ist «Jenseits des Lustprinzips», Freuds Abhandlung aus dem Jahr 1920. Sie versucht, Lebens- und Todestrieb als Polarität innerhalb des Organismus zu erfassen, im Inneren der einen, unverwechselbaren eigenen Biographie. Die zugespitzte und zunächst paradox klingende These lautet, «*dass der Organismus nur auf seine Weise sterben will.* Wenn wir es als ausnahmslose Erfahrung annehmen dürfen, dass alles Lebende aus inneren Gründen stirbt, ins Anorganische zurückkehrt, so können wir nur sagen: Das Ziel alles Lebens ist der Tod, und zurückgreifend: Das Leblose war früher da als das Lebende.»[2] Freud selbst sprach von einer «Spekulation»; wie alle, die es wagten, sich zu diesem Thema zu äußern, tat er es mit der äußersten Zurückhaltung und Selbstkritik – diese Geste wird uns in diesem Kapitel immer wieder begegnen. Der Widerstand gegen seine Annahmen war und ist auch heute in der psychoanalytischen Profession heftig: Der Anteil «repressiver» Institutionen, die von außen einwirkend die Individuen in destruktive Richtung zu lenken verstehen, würden in der These vom Todestrieb systematisch unterschätzt, hält man Freud entgegen. Für unser Argument ist die Idee Freuds entscheidend, dass Lebenstriebe, Sexualität und Todestrieb Manifestationen des einen Wesens, des einen Organismus sind – was im Übrigen zeigt, dass er ein Denker im eminenten Sinn war, der sich den letzten metaphysischen Fragen gegenübersah: mehr als ein Fachwissenschaftler.

Im Inneren des Organismus waltet ein Widerstreit: «Irgend einmal wurden in unbelebter Materie durch eine noch ganz unvorstellbare Krafteinwirkung die Eigenschaften des

Lebenden erweckt. (...) Die damals entstandene Spannung in dem vorhin unbelebten Stoff trachtete darnach, sich abzugleichen; es war der erste Trieb gegeben, der, zum Leblosen zurückzukehren.»[3] Den «eigenen Todesweg» anzuerkennen, von dem Freud spricht, bedeutet, die Individualität des Sterbenden und des Sterbensprozesses anzuerkennen. Diese Einsicht hat sich erst spät durchsetzen können, sie sollte heute den Leitfaden für eine «Kunst des Sterbens» bilden. Wenn wir in den frühesten schriftlichen Urkunden der Menschheit - im Gilgamesch-Epos und in der biblischen Schöpfungsgeschichte - den reinen Gegensatz zweier Prinzipien fanden, des Lebens und des Todes, so erscheinen sie uns jetzt ineinander verflochten zu sein.

Es gab lange eine vertraute Ansicht des Todes, die ihn als von uns unabhängige, unveränderliche Figur auffasst, als den Sensenmann, der eines Tages draußen steht und an die Tür klopft, als Freund Hein, als «Gevatter Tod» oder in ähnlichen Erscheinungen - ein Fremder kommt. Wir sehen diese ältere Auffassung in mittelalterlichen Bildern des Totentanzes: Etwas greift nach uns. Hat man zwei entgegengesetzte Tendenzen, so ist es ein Zeichen des tieferen Verstehens, wenn man sie in ihrem Aufeinander-angewiesen-Sein erfassen kann. Auch hier gilt, dass aus einer ursprünglichen Idee von der Bestimmung durch Fremdes, wie Schelling sagt, «das innere Leben durch den härtesten Kampf und das mächtigste Widerstreben sich durchschlage und zur Erscheinung komme».[4] Freud hat es nüchterner formuliert: «Wo Es war, soll Ich werden.»[5]

Die Geste des «Du bist es selbst» steht für die höchste Einsicht. Seit Beginn des 20. Jahrhunderts verändert sich deshalb nicht nur bei Freud das Bild: Der Tod ist der Tod eines bestimmten, einzelnen Lebens, so unverwechselbar wie dieses.

Rainer Maria Rilke hat diesem Gedanken lyrische Gestalt gegeben: «O Herr, gieb jedem seinen eignen Tod. / Das Sterben, das aus jenem Leben geht, / darin er Liebe hatte, Sinn und Not. / Denn wir sind nur die Schale und das Blatt. / Der große Tod, den jeder in sich hat, / das ist die Frucht, um die sich alles dreht.»[6] Rilkes Gedicht formuliert die Hoffnung, dass dieser Tod diesem Leben angemessen sein möge. Sie ist alt, vielleicht die älteste – jede Tragödie, jedes Epos erzählt von ihr –, aber erst seit einem guten Jahrhundert wird sie ausgesprochen. Es gehört zu ihr eine Individualisierung.

Georg Simmel hat diesen Gedanken am klarsten formuliert. Ihm erschien es «ganz zweifellos, dass der Tod von vornherein dem Leben einwohnt». Sicher sei das faktische Sterben eine Sache der jeweiligen Zukunft, vor allem aber eine «innere Immer-Wirklichkeit jeder Gegenwart, ist Färbung und Formung des Lebens, ohne die das Leben, das wir haben, unausdenkbar verwandelt wäre».[7] Wie Freud geht auch Simmel mit viel Selbstkritik an seine Sache, er gesteht zu, dass er die «völlige Unerweislichkeit» seiner Ansicht zugeben müsse, auch handle es sich nicht um eine Hypothese, die womöglich irgendwann «bewiesen» werden könne. Simmel, der seine Gedanken zur Lebenszeit an der Porträtkunst Rembrandts entfaltet, kontrastiert die Zeitlosigkeit, in der die Renaissance den Menschen zeige, mit Rembrandts eigentümlicher Kraft der Darstellung. In kühnen und rätselhaften Wendungen wird sie von Simmel als ein fast hellseherischer Vorausblick gedeutet: «Ich sprach oben von dem zeitlich abgelaufenen Leben der Persönlichkeit, das Rembrandt an der Schicksalsprägung ihrer Züge – das Nacheinander in das Mit-einem-male ihrer Züge hineinzaubernd – fühlbar macht», und davon, dass einige Bilder «den Lebensverlauf wie in der Drehung der Zeit, im Vorblick, enthalten und entfalten». Rembrandts Porträts, so

Simmel, zeigten das Leben «in seiner weitesten Bedeutung, in der es auch den Tod einschließt», seine Haltung sei die des «in ein Dunkel hinein» Fragenden.[8]

Martin Heidegger, eine Generation jünger als Simmel (1889 bis 1976), geht noch näher heran. «Sein und Zeit» stellte 1927 die Frage nach dem eigenen Tod im «eigentlichen» Dasein: Dasein ist «Sein zum Tode».[9] Seine Darlegung hat einen gewissen heroischen Akzent. Die dem Tod gemäße Stimmung ist die Angst: «Sie ist keine beliebige und zufällige ‹schwache› Stimmung des Einzelnen.» Gerade sie wird aber häufig verdeckt und in eine Fluchtbewegung des Bewusstseins verwandelt, in eine «Flucht aus der Unheimlichkeit». Vielfältig wie bei keinem Thema sonst sind die Arten, dem Tod mit oberflächlichem Gerede zu begegnen. Er wird zum «Todesfall», den die Öffentlichkeit kennt, ja der eigentlich allzu bekannt ist: «Dieser oder jener Nächste oder Fernstehende ‹stirbt›. Unbekannte ‹sterben› täglich und stündlich. ‹Der Tod› begegnet als bekanntes innerweltlich vorkommendes Ereignis.» Das verdeckende Ausweichen vor dem Tod «beherrscht die Alltäglichkeit so hartnäckig, dass im Miteinander die ‹Nächsten› gerade dem ‹Sterbenden› oft noch einreden, er werde dem Tod entgehen und demnächst wieder in die beruhigte Alltäglichkeit seiner besorgten Welt zurückkehren. Solche ‹Fürsorge› meint sogar, den ‹Sterbenden› dadurch zu ‹trösten›», macht aber die Verhüllung nur undurchdringlicher.[10] Die Tendenz des alltäglichen Kollektivs, des «Man», wie es Heidegger nennt, «besorgt dergestalt eine ständige Beruhigung über den Tod». Der Tod werde verniedlicht. Wenn andere sterben, heißt das nicht, dass wir «im genuinen Sinne das Sterben der anderen» erfahren, sondern wir sind «höchstens immer nur ‹dabei›».[11]

«Ganz sein» kann der Mensch nicht, wenn er sich als stabile, zeitlose Substanz missversteht: «Im Dasein steht, solange es ist, je noch etwas aus, was es sein kann und sein wird.»[12] Der eigene Tod vereinzelt, und nur der eigene Tod ist der wirkliche, nicht mehr formelhaft zu verdeckende; nur am «eigenen» Tod ist das Wesen des Todes fassbar. «Keiner kann dem Anderen sein Sterben abnehmen.»[13] Und in diesem Zusammenhang fällt das Wort «frei»: «Das vorlaufende Freiwerden für den eigenen Tod befreit von der Verlorenheit in die zufällig sich andrängenden Möglichkeiten.» Das eigentliche Dasein öffne sich für die «ständige Bedrohung» und finde sich in einer «von den Illusionen des Man gelösten, faktisch ihrer selbst gewissen und sich ängstenden Freiheit zum Tode».[14] Es ist wohl zum ersten Mal, dass die tapfere und vielleicht tatsächlich aus dem noch nicht lange zurückliegenden Krieg stammende Haltung als Freiheit verstanden wurde. Heidegger hatte sich als Leser dieser Abschnitte vor allem die Ärzte gewünscht.

Freud, Simmel, Heidegger: drei Ansätze zur Entdeckung des eigenen Todes. Biologisch bei Freud, aus einer künstlerischen Vision bei Simmel, aus einer heroischen Ich-Stärke bei Heidegger.

15. WUNDERBARE RETTUNG DREIER BERGLEUTE

In der Sammlung der «Deutschen Sagen» der Brüder Grimm gibt es eine, die mich immer wieder beschäftigt hat. Wie es sich für eine Sage gehört - im Unterschied zum Märchen, das im Irgendwo und Irgendwann handelt -, hat sie einen Halt in der Wirklichkeit: Es geht um den Kuttenberg in Böhmen, um die dortige Bergmannssiedlung, die seit dem 12. Jahrhundert urkundlich bezeugt ist; man betrieb den Abbau von Silber. Mönche spielten dort eine Rolle. Die höhere Risikoträchtigkeit einer Arbeit unter Tage macht den frommen Einschlag in das Schicksalsgewebe der Sage verständlich.

Drei Bergleute sind dort tätig. «Wann sie Morgens in den Berg gingen, so nahmen sie dreierlei mit: erstens ihr Gebetbuch, zweitens ihr Licht, aber nur auf einen Tag mit Öl versehen, drittens ihr bisschen Brot, das reichte auch nur auf einen Tag. Ehe sie die Arbeit anhuben, taten sie ihr Gebet zu Gott, dass er sie in dem Berge bewahren möchte und darnach fingen sie getrost und fleißig an zu arbeiten.» Eines Tages stürzt der Eingang zusammen, sie sind verschüttet. Schon glauben sie, auf immer begraben zu sein; Brot und Öl für das Licht reichen ja nur für den Tag. «Nun befahlen sie sich Gott und dachten bald zu sterben, doch wollten sie nicht müßig sein, so lange sie noch Kräfte hätten, arbeiteten fort und fort und beteten.» Ein Wunder geschieht: Sieben Jahre bleiben sie verschüttet, sieben Jahre gehen ihnen Brot und Öl nicht aus. Oben hält man sie schon lange für tot. Eines Tages kommen die drei dazu, ihre letzten Wünsche auszusprechen: «Ach!

könnt ich noch einmal das Tageslicht sehen, so wollt' ich gerne sterben!» Der Zweite sprach: «Ach! könnt ich noch einmal daheim mit meiner Frau zu Tische sitzen und essen, so wollt' ich gerne sterben!» Da sprach auch der Dritte: «Ach! könnt ich nur noch ein Jahr friedlich und vergnügt mit meiner Frau leben, so wollt' ich gerne sterben!» In diesem Augenblick kracht es im Berg, der Eingang ist wieder frei, sie sehen das Tageslicht. Und nun werden ihre Wünsche genau erfüllt. Gerade oben angekommen, sinkt der Erste tot nieder, der Zweite stirbt nach dem Abendessen, der Dritte nach einem Jahr, das er «in Stille und Frieden» mit seiner Frau verbracht hat. Also, schließt die Sage, «hatte Gott ihre Wünsche ihrer Frömmigkeit wegen erfüllt».[1]

Auch das gehört zur Sage: dass überhaupt gestorben werden kann. Im Märchen gilt das «Und wenn sie nicht gestorben sind, dann leben sie noch heute», am Ende muss nur die böse Hexe beseitigt werden. Die Sage von den Bergleuten steht am Anfang der ganzen Sammlung, die Grimms müssen ihr ein besonderes Gewicht zugestanden haben. Hineinverwoben steckt in der Erzählung womöglich eine Wahrheit: Das Leben, so ist sie zu verstehen, sei in Gottes Hand und Gott die einzige Instanz, die dem Faktum «Leben» gegenüber irgendwie von Belang sein kann. «Gott» ist hier der Name für eine Intuition, die besagt, dass das Leben nicht unser Eigentum ist wie eine Sache. Es kann mir seinem Wesen nach nicht «gehören». Es gehört einer anderen Ordnung an als der des Besitzes, ja überhaupt einer ganz anderen als die sonstigen Dinge und Vorkommnisse auf der Welt, und es ist auch kein Resultat eines menschlichen Arbeitsprozesses, der es etwa «erschaffen» hätte.

Eine These über die Sprache liegt unausgesprochen in der Sage: dass sie nicht nur eine bewusste Absicht ausdrückt, sondern dass stets (und immer unabsichtlich) etwas mitläuft. Dass sie etwas sagt, von dem der Sprecher selbst nicht weiß, dass er es sagt. Seit Freud spricht man vom «Unbewussten», aber dieses Wort, das einen möglichen Horizont öffnen sollte, ist inzwischen selbst zu einer Sperre geworden - man glaubt, immer schon zu wissen, was der Fall ist, dann tritt der Oberdurchblicker auf. «Die Sprachen sind nicht nur der Ausdruck derer, die sie sprechen, sondern zugleich auch die geheime Wahrheit über diese selbst», so hat es der Dichter Franz Werfel allgemeiner und besser formuliert.[2] Dass die Sprache selbst spricht und nicht allein - vielleicht nicht einmal primär - der sich selbst transparente Sprecher, ist ein verbindendes Motiv all derer, die im 20. Jahrhundert über die Sprache nachgedacht haben. Die Sage geht jedenfalls gleich auf die wesentlichen Fragen, die sich stellen, wenn wir uns mit dem Leben individueller Menschen beschäftigen: Unabhängig davon, welche Wissenschaften sonst noch dazu beitragen können, ist das Leben in seiner zeitlichen Erstreckung ins Auge zu fassen. Wie auch immer es wirtschaftlich, kulturell und psychologisch oder durch die Zugehörigkeit zu einer Nation oder einer ethnischen Gemeinschaft bestimmt sein mag, verlangt es, als Lebenslauf verstanden zu werden.

Die Frage, die unsere Sage aufwirft, wurde von Philosophen nur selten in den Blick genommen. Die Dichtung spricht darüber, dichterische Naturen sind es, die sich die Frage der Sage zu eigen gemacht haben: Wie hängen Inneres und Äußeres zusammen, vorwegnehmende Phantasie (von der man erst später weiß, dass sie antizipierend war) und nacktes, faktisches Geschehen, das in diesem Licht seinen Sinn enthüllt? Alma Mahler-Werfel schrieb in ihren Lebenserinnerungen: «Ich glaube, dass ein Mensch sehr wohl die Linien seines Schicksals erkennen kann, wenn er nur aufmerksam genug ist. Er wird auch von einer inneren Stimme gewarnt. Aber er muss sie hören und ihr zuhören können.»[3] Der Bezugspunkt dieser Spekulation ist die Musik, die sich auffallend oft in solchen Zusammenhängen einstellt.

Am 21. April 1948 notierte Ernst Jünger: «Es gibt im Leben die Kette von Ursache und Wirkung; sie ist lückenlos. Die Wirkung, als das Spätere, wird durch die Ursache gesetzt. Es gibt aber auch die Zeichenkette, das Muster von Anklängen, das man als die Kette von Prophezeiung und Erfüllung bezeichnen kann.» Die zweite Verflechtung sei «tiefer und stellt sich in umgekehrter Zeitordnung dar. Daher ist auch ihr Eindruck bedeutender, erfasst uns auf geheimnisvolle Art. (...) Die Dinge erscheinen uns nicht mehr in der Aufeinanderfolge, sondern korrespondierend, in überzeitlicher Komposition.»[4] Das ist (wie bei Freud und Simmel) vorsichtig und tastend formuliert: Jünger hat keine Antwort, er versucht eine Beschreibung und will das Phänomen überhaupt erst ins Auge fassen. Er gibt keine Erklärung, sondern sucht nach einem Vergleich, der an künstlerische Verfahren denken lässt: Zeichen, Muster, Komposition, Anklang, Korrespondenz. Das sind Verhältnisse jenseits von Ursache und Wirkung, wie man sie aus der positiven Wissenschaft kennt. Kausalität kann hier nicht erwartet und nicht erwünscht werden.

Von «correspondances» hatte Charles Baudelaire gesprochen, dort, wo die Dinge und Sachverhalte einander antworten – «se répondent». «Réponse» oder Antwort – das ist ein Akt, kein naturhaftes Vorkommnis. Ein Verhältnis wird angenommen, das sich nur einem sozialen vergleichen lässt, einem Gespräch, einem Brief, der zur «Korrespondenz» gehört. Auf der Annahme, dass die Antwort auch in einer Sprache der Dinge möglich sei, beruht geradezu die Dichtung. «Verflechtung» steht hier der «Kette» gegenüber. Letztere gilt einem einfachen Zweck, sie will, pragmatisch, stabil verbinden. Das Geflochtene hingegen will schön sein, Zierde, etwa in der Form eines Kranzes. Hugo von Hofmannsthal hat in seiner Bearbeitung des mittelalterlichen «Jedermann»-Stoffes («Das Spiel vom Sterben eines reichen Mannes») in einer kurzen Szene diese Art des Aussprechens erfasst. Jedermann begrüßt die Gäste zu einem üppigen Fest, das er hat ausrichten lassen: «Seid allesamt willkommen sehr, / Erweist mir heut die letzte Ehr.» Man ist irritiert, Jedermann weicht aus: «Ist unversehens zu Mund so kommen, / Ich heiß euch alle recht schön willkommen!» Aber gleich fällt er weiter aus der Rolle; er glaubt, die Gäste im Totenhemd zu sehen, dann wird es um eine weitere Stufe unheimlich: «Ihr Leute, seid ihr auch recht am Ort? / Ihr sehet mächtig fremd mir aus.»[5]

Von den Philosophen eine Antwort auf die Frage nach den drei Bergleuten zu erhalten, ist nicht leicht. Selbst ob sie überhaupt gestattet ist, bleibt unsicher. Zu riskant ist eine definitive These, und der Philosophie muss an Klarheit gelegen sein. Arthur Schopenhauer ist vielleicht der Einzige, der sich ihr in einer Abhandlung mit dem Titel «Transcendente Spekulation über die anscheinende Absichtlichkeit im Schicksale des Einzelnen» direkt gestellt hat.[6] Das hat mit seiner Stellung zu tun, die er als reifer Mensch ganz außerhalb der universitären Lehre und ihres Betriebs gewann. Er war unabhängig von den Fragekonventionen seiner Zeit, auch deshalb, weil er ein eigenes System entworfen hatte: nach Kant, ihn voraussetzend, aber abbiegend von jenem Weg, der über Fichte und Schelling zu Hegel führte und den man deutschen Idealismus nennt. Sein erster großer Leser war Jean Paul, ein Romancier, später Richard Wagner - Künstler und Dichter also. Die Vorstellung, im Schicksal walte eine unbewusste Absicht, nennt er treffend einen «kolossalen Gedanken», vor dem man durchaus Scheu verspüren könne – er aber nimmt anders Maß.[7]

Lakonisch notierte Schopenhauer in den frühen Vorlesungen zu Beginn das Postulat seiner ganzen Philosophie: «Primat des Wollens».[8] Nicht etwa: Primat der Vernunft. Damit ist ein Irrationales an den Anfang der Philosophie gesetzt. Dann geht er direkt auf das innere Wesen der Dinge los, und dieses kühne Vorstürmen nennt er Metaphysik: «Also ihr Gegenstand ist das innere Wesen alles Erscheinenden, das Ding an sich, das was in allen Kräften der Natur, in allen Eigenschaften der Dinge sich äußert; das was in den Gestalten alles Lebenden erscheint, das innere Wesen alles Daseyns.»[9] In der Annahme von einem Primat des «Willens» erkennt man eine Lehre, die in ihrem absolut dynamischen Impuls schon das Industriezeitalter bezeugt; eine zeitgenössische Parallele haben wir nur im «Kapital» von Karl Marx.

Schopenhauers Kühnheit, den Begriff des Schicksals betreffend, folgt aus seinem Begriff der Philosophie. Er versuchte, die Frage, die in der Sage der Brüder Grimm durch Gottes Gnade und unerforschlichen Ratschluss beantwortet war, allein mit den Mitteln des philosophischen Nachdenkens zu klären. Das tat er vorsichtig, selbstkritisch und doch entschieden. Es sei, so beginnt er, daran zu erinnern, dass an dieser Art von Fragen alles «zweifelhaft ist, nicht nur die Lösung, sondern sogar das Problem. Demnach hat man hier nichts weniger, als entschiedene Aufschlüsse zu erwarten, vielmehr die bloße Ventilation eines sehr dunkeln Sachverhältnisses, welches jedoch vielleicht Jedem, im Verlaufe seines eigenen Lebens, oder beim Rückblick auf dasselbe, sich öfter aufgedrungen hat.» Er verfolgt sie, obgleich «die hier mitzutheilenden Gedanken zu keinem festen Resultate führen, ja, vielleicht eine bloße metaphysische Phantasie genannt werden könnten». So sei es mehr ein Herumtasten, das er anbieten könne, «wo man merkt, dass wohl etwas dasei, jedoch nicht recht weiß, wo, noch was».[10]

Schopenhauers Freiheit ist außergewöhnlich; er scheut den möglichen Hohn nicht - glaubt er sich doch dem zeitgenössisch geltenden Denken weit überlegen. «Hievon jedoch abgesehn, ist, dem bloßen, reinen, offenbaren Zufall eine Absicht unterzulegen, ein Gedanke, der an Verwegenheit seines Gleichen sucht. Dennoch glaube ich, dass Jeder, wenigstens Ein Mal in seinem Leben, ihn lebhaft gefasst hat.»[11] Er nimmt Fragen auf, die nicht aus der akademischen Disziplin kommen, sondern die die Existenz aufwirft. In Hinsicht auf das eigene individuelle Schicksal erwachse «in Vielen jener *transcendente Fatalismus*, zu welchem die aufmerksame Betrachtung des eigenen Lebens, nachdem sein Faden zu einer beträchtlichen Länge ausgesponnen worden, vielleicht Jedem ein Mal Anlass giebt, und der nicht nur viel Trostreiches, sondern vielleicht auch viel Wahres hat».[12]

Betrachte man das individuelle Leben aus diesem Gesichtspunkt des Schicksalsglaubens, so habe man «bisweilen das wunderlichste aller Schauspiele vor Augen, an dem Kontraste zwischen der offenbaren, physischen Zufälligkeit einer Begebenheit und ihrer moralisch-metaphysischen Nothwendigkeit, welche letztere jedoch nie demonstrabel ist, vielmehr immer noch bloß eingebildet seyn kann».[13] Gerade das Zufälligste, der Ursache nach, werde sich als Notwendiges erweisen, im Wesen betrachtet. Diese Idee Schopenhauers folgt aus seiner Lehre von der Willensfreiheit, die er in ihrer üblichen Ansicht für falsch ansieht. Der individuelle Charakter sei angeboren und manifestiere sich eben als Wille, der es erreicht, dass «alle Begebenheiten, so zu sagen, mit einander Tempo halten, mithin Alles in Allem wiederklingt». Das erinnert an

Jüngers «Anklang». Allerdings besteht Schopenhauer auch auf einer «alle Vorgänge ohne Unterschied verknüpfenden Kausalkette», aus der sich «die strenge Notwendigkeit alles Geschehenden» ergebe.[14]

Schopenhauer gehört einem wissenschaftlichen Zeitalter an. Kausalität, das Verhältnis einer Ursache zu einer Wirkung, ist hier der Hauptgedanke. Darum muss er selbst Intuitionen, die darüber hinausweisen, in der Sprache der Wissenschaft befestigen. Aber das bringt ihn nur wieder zurück auf den Willen, denn es seien «alle, die Handlungen eines Menschen bestimmenden Begebenheiten, nebst der sie herbeiführenden Kausalverknüpfung doch auch nur die Objektivation des selben Willens, der auch in diesem Menschen selbst sich darstellt».[15] Hier knirscht es in der Ableitung. Weise man diese Ansicht jedoch zurück, dann werde alles «Vorhersehen des Zukünftigen» hinfällig - auf das Schopenhauer viel gab.[16] Er war weniger bescheiden als Ernst Jünger und scheute sich nicht, das «zweite Gesicht» - also das Hellsehen - aus britischen Zeitungsberichten regelrecht zu beweisen; nicht als Schriftsteller wollte er gelten, sondern als Philosoph mit starken Argumenten. Ein mythisch-wissenschaftliches Konglomerat war seine Philosophie, der «Wille» ein genial entworfenes Konstrukt. Und dieser Wille, «jene unsichtbare und nur in zweifelhaftem Scheine sich kund gebende Lenkung», geleite «uns bis zum Tode, diesem eigentlichen Resultat und insofern Zweck des Lebens».[17] Schopenhauer hat keine Deutung irgendeines biographischen Datums gegeben, um uns von seiner Philosophie zu überzeugen, aber auf die Sage von den Bergleuten würde seine Ansicht passen.

Jean-Paul Sartre steht in der vom Schicksal der Bergleute aufgeworfenen Frage am anderen Pol, Schopenhauer entgegengesetzt. Er bestritt in seinem frühen Hauptwerk «Das

Sein und das Nichts» energisch, dass es einen «eigenen Tod» (nach dem Wort von Rilke) geben könne und «dass das Ende jedes Menschen seinem Leben ähnelt, weil das ganze individuelle Leben Vorbereitung dieses Endes gewesen ist».[18] Allerdings beschreibt Sartre den Gedanken durchaus klar: Behauptet werde damit, es handle sich beim Tod um den «Schlussakkord einer Melodie» - ohne ihn bliebe diese Melodie in der Luft. Dies, so Sartre, laufe auf den idealistischen Versuch hinaus, «den Tod zu vereinnahmen». Er wäre als ein Endpunkt betrachtet, der zur Reihe gehört. Ja der Tod würde der «Sinn des Lebens, wie der Schlussakkord der Sinn der Melodie ist». Hier erscheine der Tod als «Phänomen meines persönlichen Lebens, das aus diesem Leben ein einmaliges Leben macht». Dagegen setzt Sartre den «absurden Charakter des Todes». Jeder Versuch, ihn als einen Schlussakkord am Ende einer Melodie zu betrachten, müsse strikt zurückgewiesen werden. Der Tod sei ein zufälliges, sinnleeres Faktum, es gebe «keine personalisierende Kraft, die meinem Tod eigentümlich wäre».[19]

Das hat mit Sartres Lehre von der Freiheit zu tun: Der Mensch, so heißt es in der Schrift über Existentialismus und Humanismus, ist «nichts anderes als die Gesamtheit seiner Handlungen».[20] Sartre will vom Handeln her denken. Er sieht indes dieses Handeln flächig, von der Absicht her, und ahnt nicht, dass eine Handlung, ganz wie die angeschlagene Saite eines Instruments, Obertöne hervorrufen kann, die weder in der Absicht noch überhaupt im Horizont des Handelnden lagen, sich aber gesetzmäßig auf den Grundton beziehen. Die einzige Form von Mehrdeutigkeit einer Handlung, die er darüber hinaus anerkennen kann, ist die Unaufrichtigkeit («mauvaise foi»), der er große Analysen widmet.

Was Sartre nicht beachtet, ist die Tatsache, dass im Licht *dieses* Todes *dieses* Menschenleben plötzlich neue Sinndimensionen offenbaren kann. Als er mit fünfundsiebzig Jahren im April 1980 starb und in Paris beigesetzt wurde, folgten fünfzigtausend Menschen dem Sarg. Simone de Beauvoir veröffentlichte im Jahr darauf ihre Erinnerungen an die letzten Lebensjahre des Gefährten,[21] ihr tat es die mit ihm befreundete Françoise Sagan nach, deren Erinnerungsbuch «Avec mon meilleur souvenir» 1984 erschien. Kein Tod war eigener, bedeutungstragender, keiner glich mehr einem Schlussakkord: Eine Epoche wurde zu Grabe getragen.

16. VORAHNUNGEN DER DICHTER: VON GEORG BÜCHNER ZU ERNST JÜNGER

Die Botschaft der Sage war, dass man auf das von den Bergleuten Gesagte zu hören verstehe. Das einmal Ausgesprochene macht sich geltend - das ist die alte Anschauung von der Sprache. Nicht nur die Schrift soll unveränderbar bleiben, sondern auch das Gesagte, jedenfalls wenn es oberen, nicht mehr banalen Bedeutungsschichten angehört. Der greise, inzwischen erblindete Isaak - «und seine Augen erloschen, dass er nicht mehr sah» - gibt dem jüngeren Sohn Jakob seinen Segen, der ihn betrog und glauben machte, er sei Esau, der Erstgeborene.[1] Obwohl unrechtmäßig erworben, «gilt» der Segen, selbst der Spender kann ihn nicht mehr zurücknehmen. Ein Wort gilt, trifft ein, und wir wissen nicht immer, wie. Je bedeutungsvoller die Angelegenheit, umso unverrückbarer ist das einmal ausgesprochene Wort. Wenn wir von vornherein vor dem Obersten Gericht verhandeln, ist an Revisionsanträge nicht zu denken.

Solches Hören soll hier versucht werden. Die Menschen wissen mehr, als sie zu wissen behaupten. Die Sage legte es nahe: Jeder Mensch hat eine Idee von der Zeit, die ihm beschieden sein wird, auch wenn gerade diese ihm meist nicht bewusst ist. Aber ganz verbergen kann er sie niemals. Die Bergleute wussten nicht, dass sie die reine Wahrheit aussprachen, von daher wird das abergläubische «Unberufen!» verständlich, das besagt: Bestimmte Dinge auch nur auszusprechen, könnte sie herbeirufen. Vielen geht es wie den Bergleuten, aber es zieht an uns vorbei, wir achten wenig darauf, man erzählt davon, und wir nehmen es hin als eine ausgefallene Laune des Schicksals; wenn das Gespräch einmal darauf kommt, kennt jeder ähnliche Fälle, aber in unseren Tagesgedanken lässt es sich kaum fassen. Nur bei den Dichtern findet man genug verschriftete Zeugnisse, prägnante Dokumente, mit denen sich arbeiten ließe. Weil dieses einmalige Leben das Kostbarste ist, alles ist, und zugleich das am wenigsten sichere, weil es kein Ding ist und so schwer definierbar - darum richtet sich die Frage darauf, auch wenn wir sie selten bewusst stellen. Unbewusst fragen wir danach.

«Kairos» erfreut sich unter den griechischen Lehnwörtern großer Beliebtheit. Ursprünglich bedeutete es so viel wie «rechter Augenblick», «günstiger Zeitpunkt», aber auch «rechtes Maß» und «rechter Ort». Aufgeladen wurde es durch die Revolutionsbewegungen, in Abgrenzung von «chronos», der unakzentuiert verlaufenden Zeit. «Kairos» wurde ein Synonym des revolutionären Augenblicks. Walter Benjamin sprach von der «Jetztzeit». Wer eine Revolution dichterisch gestalten will, muss sich auf die Zusammendrängung der Zeit verstehen. In der sozialrevolutionären, prophetisch-apokalyptisch gesteigerten Flugschrift «Der Hessische Landbote», die der Schriftsteller Georg Büchner 1834 mit dem Theologen und Lehrer Ludwig Weidig verfasste, gibt das Motto die Parole des Kairos: «Friede den Hütten! Krieg den Palästen!»[2] Das muss *bald* geschehen: «Deutschland ist jetzt ein Leichenfeld, bald wird es ein Paradies sein.»[3] Auf keinen Fall darf die Zeit *gedehnt* werden, sie soll sich nicht *ausbreiten*. Sonst wäre der Kairos eingeebnet. Man muss vielmehr die Zeit *zerreißen*.

In Büchners Drama «Woyzeck» vom irren Stadtsoldaten, der seine Geliebte ermordet, erscheint eine längere Lebenszeit als erschreckende Vorstellung. Das Leben ist zu lang - das ist ein Gedanke, von dem Büchners Figuren heimgesucht werden: Der Hauptmann ermahnt den Soldaten, der ihn rasiert, nicht zu schnell zu machen: «Langsam, Woyzeck, langsam; ein's nach d. andern; er macht mich ganz schwindlich. Was soll ich dann mit meinen zehn Minuten anfangen, die er heut zu früh fertig wird. Woyzeck, bedenk' er, er hat noch seine schöne dreißig Jahr zu leben, dreißig Jahr! macht 360 Monate, und Tage, Stunden, Minuten! Was will er denn mit der ungeheuren Zeit all anfangen? Teil er sich ein, Woyzeck.»[4]

Wie furchtbar, müsste man länger leben! Und in Büchners Komödie «Leonce und Lena» kommt die Antwort auf die Frage, was man mit der Zeit machen soll, in der Form eines Lobs der Sinnlosigkeit: «Mein Herr», so sagt Leonce, «was wollen Sie von mir? Mich auf einen Beruf vorbereiten? Ich habe alle Hände voll zu tun. Ich weiß mir vor Arbeit nicht zu helfen. Sehen Sie, erst habe ich auf den Stein hier dreihundert fünf und sechzig Mal hintereinander zu spucken. Haben Sie das noch nicht probiert? Tun Sie es, es gewährt eine ganz eigne Unterhaltung. – Dann, sehen Sie diese Hand voll Sand? – (er nimmt Sand auf, wirft ihn in die Höhe und fängt ihn mit dem Rücken der Hand wieder auf) – jetzt werf' ich sie in die Höhe. Wollen wir wetten? Wieviel Körnchen hab' ich jetzt auf dem Handrücken? Grad oder ungrad?»[5] Mit dieser Reflexion über das unausgefüllte, sinnlose Leben beginnt das komische Spiel. Die Langeweile droht überall.

In «Dantons Tod» wird selbst der Revolutionär, auf den die Guillotine wartet, von ihr angefallen: «Es ist recht gut, dass die Lebenszeit ein wenig reduziert wird, der Rock war zu lang, unsere Glieder konnten ihn nicht ausfüllen. Das Leben wird ein Epigramm, das geht an, wer hat auch Atem und Geist genug für ein Epos in 50 oder 60 Gesängen?»[6] Ein früher Tod sei die bessere Lösung, so noch einmal Danton: «Es ist noch vorzuziehen, sie treten mit gelenken Gliedern hinter die Coulissen und können im Abgehen noch hübsch gestikulieren und die Zuschauer klatschen hören.»[7] Alles wird absurde Komödie.

Büchner können wir dem ersten Bergmann vergleichen. Man mag von seinen Themen ausgehen, dem Realismus im «Woyzeck», der Französischen Revolution in «Dantons Tod», oder ihn literaturgeschichtlich einordnen in den Vormärz, ein politisiertes Klima, die Zeit nach der «Kunstperiode», wie Heine die Epoche Goethes genannt hatte. Ihm eigentümlich ist aber doch etwas anderes: Alle Figuren seiner Dramen und Erzählungen sind vom Tod in totaler Weise umstellt und eingekreist: durch den Terror der Französischen Revolution in «Dantons Tod», durch den Mord des Stadtsoldaten an seiner Geliebten in «Woyzeck», durch Lebensleere in dem Lustspiel «Leonce und Lena». Das erste Erzählungsfragment («dem Vater zugedacht») des vierzehn- oder fünfzehnjährigen Schülers schilderte ein Schiffsunglück: «Trotz der fürchterlichen Wogen und der Brandung gelang es uns vom Schiffe zu stoßen, welches, da wir uns kaum eine halbe Seemeile davon entfernt hatten von einer ungeheuren Welle zertrümmert wurde und unter einem gräßlichen Schrei, der mir jetzt noch in den Ohren gellt, versanken fast 400 Menschen in den furchtbaren Abgrund.»[8] Ein Gedicht des Fünfzehnjährigen, als Weihnachtsgeschenk für die Eltern geschrieben, schließt mit den Zeilen «Lass wandeln uns auf deines Sohnes Wegen / Und siegen über Tod und Grab.»[9] «Grab» dürfte leicht das häufigste Wort bei Büchner sein. Seiner Braut Louise Wilhelmine («Minna») Jaeglé gestand er am 7. März 1834: «Das Gefühl des Gestorbenseins war immer über mir.»[10]

Seine Dramen klammern das Leben als Ganzes ein, auf je verschiedene und neuartige Weise. Im «Danton» ist man von der ersten Szene an auf Grab und Guillotine gestimmt, in «Leonce und Lena» ist das Leben entleert. So sagt Leonce: «Was die Leute nicht alles aus Langeweile treiben! Sie studieren aus Langeweile, sie beten aus Langeweile, sie verlieben, verheiraten und vermehren sich aus Langeweile und sterben endlich aus Langeweile und - und das ist der Humor davon - Alles mit den wichtigsten Gesichtern, ohne zu merken, warum, und meinen Gott weiß was dazu.»[11] Das ist ein Echo von Dantons Worten: «Ja wahrhaftig, es war mir zuletzt langweilig. Immer im nämlichen Rock herumzulaufen und die nämlichen Falten zu ziehen! Das ist erbärmlich.»[12] Leonce wiederum will sich umbringen und spielt mit Reden vom Tod. Wer arbeite, sei «ein subtiler Selbstmörder».[13] In dieser Komödie geschieht schlechterdings nichts Belangvolles, die Zeit ist auf absolute Weise leer, ein Vakuum des Sinns. Hier herrscht keine Republik mit revolutionären Kolossalgestalten und Terror, vielmehr findet man sich in einem winzigen Märchenkönigreich; so miniaturisiert ist es, dass man aus den Schlossfenstern die Grenzen sieht. Leonce erklärt seine Existenz: «Mein Leben gähnt mich an, wie ein großer weißer Bogen Papier, den ich vollschreiben soll, aber ich bringe keine Buchstaben heraus.»[14]

Die Todesahnungen melden sich in «Dantons Tod» gleich in der ersten Szene des ersten Akts, als Danton sagt: «Nein, Julie, ich liebe dich wie das Grab.» Darauf Julie, «sich abwendend»: «Oh!» Wieder Danton: «Nein, höre! Die Leute sagen im Grab sei Ruhe und Grab und Ruhe seien eins.»[15] Auf den Lebenswillen kann man sich nicht verlassen. So erklärt er vor Gericht: «Das Nichts wird bald mein Asyl sein - das Leben ist mir zur Last, man mag es mir entreißen, ich sehne mich danach, es abzuschütteln.»[16] Und doch klingt es ein paar Szenen später ganz anders: «O Julie (...) nur Ruhe finden bei ihr. / Ich kann nicht sterben, nein, ich kann nicht sterben. Wir müssen schreien, sie müssen mir jeden Lebenstropfen aus den Gliedern reißen.»[17] Geboren wurde Georg Büchner am 17. Oktober 1813 in Goddelau im Großherzogtum Hessen; er starb am 19. Februar 1837 in Zürich an Typhus, mit noch nicht einmal vierundzwanzig Jahren.

Der spätromantische Schriftsteller Wilhelm Hauff, fast nur noch durch seine Märchen bekannt, die allerdings wohl unvergänglich sind, wurde am 29. November 1802 geboren und starb ebenfalls an Typhus am 18. November 1827. Jemand sieht einen spindeldürren, ja spinnenhaften und hochmütigen Menschen in einem Gasthaus. «Nach Georgs Mutmaßungen», lesen wir in Hauffs «Lichtenstein», einem historischen Roman, der im frühen 16. Jahrhundert spielt, in der Epoche der Reformation und der Bauernaufstände des «Armen Konrad», «war er ein reisender Arzt, wie sie zu jener Zeit im Land umherzogen, um die Menschen künstlich umzubringen.»[18] Seltsame Idee, den Lebensretter als Mörder vorzustellen! Denken wir uns fünf Zutaten in einer Geschichte: Jemand ist krank oder verwundet als Opfer eines Mordanschlags; eine Waffe (Säbel, Messer, Dolch, Pistole) kommt ins Spiel; ein Arzt erscheint; jemand stirbt; jemand wird zum Tode verurteilt. Ungefähr daraus besteht in wechselnden Mischungen eine typische Hauff-Erzählung. Die Rolle des Arztes ist zweideutig: Wo er sich einstellt, ist der Tod nah, aber im Extremfall ist es gerade der Arzt, der den Tod bringt. Andererseits kann er den Tod abhalten, ja sogar den Urheber eines Mordversuchs entlarven, wie in Hauffs Novelle «Die Sängerin». Der Arzt ist der Hüter der Schwelle zwischen Leben und Tod. Man braucht ihn, denn der Tod ist nicht immer eindeutig, es kann sich um Scheintote handeln – also Lebende, die nur gegenwärtig keine Lebenszeichen von sich geben – oder um wirklich Tote, die als Gespenster rumoren. Die Grenzen sind nicht völlig dicht. Auch hier hat der Arzt seinen Ort, der etwa zur Rettung einer Gefangenen eine Medizin verabreicht, die einen Zustand des Scheintodes herbeiführt.

Die Kausalreihen zwischen diesen fünf Elementen einer Geschichte sind veränderlich, sie lassen sich in verschiedenen Kostümen und Motivierungen durchspielen: orientalisch in der Sammlung «Die Karawane», die den Leser nach Ägypten und ins Osmanische Reich führt, deutsch-europäisch in «Das Wirtshaus im Spessart», westlich in Paris - genug, dass Säbel, Dolche oder Seziermesser stets zur Hand sind. Damit ist der Stoffkreis vieler Hauff'scher Geschichten auch schon umschrieben. In dem Gedicht «Regel für Kranke» heißt es: «Hast du mit dem Apotheker Streit, / Es dem Arzt zu klagen vermeid'; / Hast du über den Arzt zu klagen / Sollst du's nicht dem Apotheker sagen.»[19]

Im Märchen «Die Geschichte von der abgehauenen Hand» begegnen wir dem jungen griechischen Arzt Zaleukos, der unlängst sein Studium in Paris beendet hat. Tatsächlich hat er in einer besonders schauerlichen Szene den Tod gebracht, sich dabei zwar nicht eigentlich des Mordes schuldig gemacht, wohl aber der Unachtsamkeit. Aus Konstantinopel stammt er, nun, auf dem Weg in die Heimat, macht er in Florenz Station. Eines Tages findet er unter seinen Sachen einen Zettel: Man bestellt ihn für Mitternacht auf den Ponte Vecchio. Alles ist mysteriös genug: Ein Mann erwartet ihn, der sein Gesicht verbirgt; als Zaleukos ihn ergreifen will, entkommt dieser, und der Arzt hält nur den seltsam fremden Mantel in Händen. Nach umständlichen Verwicklungen findet er den Eigentümer doch noch wieder, der ihm ein seltsames Angebot macht: Er brauche ihn als Arzt, «doch nicht für einen Lebenden, sondern für einen Toten».[20]

Zaleukos wird vorgespiegelt, es gelte, einer jungen Toten, der Schwester des Unbekannten, die plötzlich an einer Krankheit verstorben sei, den Kopf abzuschneiden, um diesen nach Familiensitte in der «Gruft der Väter» beerdigen zu können. Zaleukos willigt ein und folgt dem Fremden auf bizarren Wegen. Auf einem Bett liegt die vermeintliche Leiche, man sieht nur den Kopf, «aber dieser war so schön, dass mich unwillkürlich das innigste Mitleid ergriff. In langen Flechten hing das dunkle Haar herab, das Gesicht war bleich, die Augen waren geschlossen.» Später erfährt man, dass sie Bianka heißt. Zaleukos nimmt sein schärfstes Messer und schneidet «mit einem Zug» die Kehle durch. «Aber welcher Schrecken! Die Tote schlug die Augen auf. Schloss sie aber gleich wieder, und in einem tiefen Seufzer schien sie jetzt erst ihr Leben auszuhauchen. Zugleich schoss mir ein Strahl heißen Blutes aus der Wunde entgegen. Ich überzeugte mich, dass ich erst die Arme getötet hatte; denn dass sie tot sei, war kein Zweifel, da es von dieser Wunde keine Rettung gab. (...) darum wollte ich den Kopf vollends ablösen; aber noch einmal stöhnte die Sterbende, streckte sich in schmerzhafter Bewegung aus und starb.»[21] Sein Begleiter ist verschwunden, er flieht in der Dunkelheit, vergisst aber dabei seine Utensilien. Am nächsten Tag erfährt er, es habe sich um die Tochter des Gouverneurs gehandelt, heute hätte ihre Hochzeit stattfinden sollen. Alsbald wird er in Haft genommen. Zwölf greise Richter urteilen über ihn, der älteste darunter ist ein neunzigjähriger Senator. Die Todesstrafe erwartet ihn: «Dahin also war es mit mir gekommen. Verlassen von allem, was mir auf Erden noch teuer war, fern von meiner Heimat, sollte ich unschuldig in der Blüte meiner Jahre vom Beile sterben!»[22]

Der Tod ist in dieser Geschichte etwas, das eher die Jugend bedroht als das greisenhafte Alter. Zufällig kommt ein Bekannter aus Paris in die Stadt und besucht den Eingekerkerten. Er erreicht eine Teilbegnadigung: Zaleukos wird die rechte Hand abgehauen, sein Vermögen eingezogen und er selbst «auf ewig verbannt». Anonym, aber von dem Auftraggeber des Mordes überwiesen, erhält Zaleukos, zurück in der Heimat, «jedes Jahr tausend Goldstücke». Den Kummer der Seele kann man ihm nicht abkaufen, «denn ewig lebt in mir das grauenvolle Bild der ermordeten Bianka».[23]

Auch der kleine Muck, Protagonist eines anderen bekannten Märchens von Hauff, «stellte in seinem Kerker traurige Betrachtungen an; er wusste, dass auf Diebstahl an königlichen Sachen der Tod gesetzt war, und doch mochte er das Geheimnis mit dem Stäbchen dem König nicht verraten, weil er mit Recht fürchtete, dieses und seiner Pantoffel beraubt zu werden. (…) Als ihm aber am andern Tage sein Tod angekündigt wurde, da gedachte er doch, es sei besser, ohne das Zauberstäbchen zu leben, als mit ihm zu sterben, ließ den König um geheimes Gehör bitten und entdeckte ihm das Geheimnis.»[24] In dem Märchen «Die Errettung Fatmes» wird einer sechzehnjährigen Sklavin, die entfliehen will, eine Arznei verabreicht, «die einen todähnlichen Schlaf herbeiführte, der durch ein anderes Mittel augenblicklich wieder gehoben werden könnte».[25] Dann aber fällt der Arzt, der über die rettende Medizin verfügt, scheinbar ins Wasser. Fatme gibt scheinbar ihren Geist auf. Sie wird gerettet, ist aber tatsächlich eine andere als die Gemeinte, die zufällig auch Fatme heißt. Der edelmütige Räuber Orbasan befreit am Ende die Richtige.

In dem Märchen «Der Zwerg Nase» ist der titelgebende Kleine (ein verzauberter, ehemals hübscher Junge namens Jakob) zum Meisterkoch geworden. Nach vielen Abenteuern landet er an einem herzoglichen Hof und genießt, obwohl wegen seiner Gestalt verlacht, bald großes Ansehen. Eines Tages kauft er drei Gänse auf dem Markt, nimmt den Käfig auf die Schultern und wundert sich, dass die eine Gans nicht schnattert. «‹Die ist halb krank›, sprach er vor sich hin, ‹ich muss eilen, dass ich sie umbringe und zurichte.› Aber die Gans antwortete ganz deutlich und laut: ‹Stichst du mich, / So beiß' ich dich. / Drückst du mir die Kehle ab, / Bring' ich dich ins frühe Grab.›»[26] Auch sie, die eigentlich Mimi heißt, war verzaubert worden.

Das «frühe Grab» kennen Hauff-Leser aus seinem Gedicht «Reuters Morgengesang. Nach einem schwäbischen Volkslied», das sein Schicksal antizipiert:

> Morgenroth,
> Leuchtest mir zum frühen Tod?
> Bald wird die Trompete blasen,
> Dann muss ich mein Leben lassen,
> Ich und mancher Kamerad!
>
> Kaum gedacht,
> War der Lust ein End' gemacht.
> Gestern noch auf stolzen Rossen,
> Heute durch die Brust geschossen,
> Morgen in das kühle Grab![27]

In der «Sage vom Hirschgulden» stirbt der adlige Kuno mit achtundzwanzig Jahren, «und böse Leute behaupten, an Gift, das ihm der kleine Schalk beigebracht hatte» – einer der beiden Brüder, mit denen Kuno verfeindet war.[28] Andere junge Männer sterben nicht, aber nur dank des Schutzes der Fee, die alle Lebensgefahren von ihnen abwenden kann – so in dem Märchen «Saids Schicksale», dessen Protagonist eben noch befürchtet hatte, «dass er so frühe sterben müsse».[29]

Schrecklicher als das der Ermordeten ist nur das Geschick derer, die nicht sterben können, der Untoten, der Gespenster: Die definitive Grenze ist durchlässig geworden. Zombies und Vampire kündigen sich als drastischere Nachfolger der Geister an. Die Romantik war auch ein Vorschein des Horror-Genres, wie schon bei der scheintoten Bianka. In der «Geschichte vom Gespensterschiff» ist der Protagonist ein junger Mann von noch nicht einmal zwanzig Jahren. Sein Vater ist vor der Zeit verstorben, er selbst schifft sich nun ein, um Geschäfte zu machen, und gerät in schwere Seenot. Gerade noch kann man ein anderes Schiff entdecken und auf Rettung hoffen, «aber der Kapitän an meiner Seite wurde blass wie der Tod. ‹Mein Schiff ist verloren›, rief er, ‹Seht nur, dort drüben segelt der Tod!›» Der Erzähler und sein treuer Diener können sich retten. Als sie das andere Schiff betreten – «Ich empfand ein sonderbares Grauen vor diesem Schiffe», bekennt er –, hat der Sturm sich gelegt.[30] Nun ist es rätselhaft still. Sie klettern hinauf: «Aber Entsetzen, welches Schauspiel stellte sich meinen Augen dar, als ich das Verdeck betrat! Der Boden war von Blut gerötet, zwanzig bis dreißig Leichname in türkischen Kleidern lagen auf den Planken, am mittleren Mastbaum stand ein Mann, reich gekleidet, den Säbel in der Hand, aber das Gesicht war blass und verzerrt. Durch die Stirn ging ein großer Nagel, der ihn an den Mastbaum heftete; auch er war tot.»[31]

Als wäre es des Grauens noch nicht genug, vernimmt der Berichterstatter, als er sich zum Schlaf niedergelegt hat, Stimmen und Lärmen. Er meint, das Geräusch von Waffen zu hören, dann verfällt er in einen noch tieferen Schlaf. Am Morgen, als er aufblickt, findet er alles wie am Tag zuvor: «Unbeweglich lagen die Leichname, unbeweglich war der Capitano an den Mastbaum geheftet.»[32] Sein Diener weiß mehr: Er sah den Capitano singend und trinkend. Man beschließt, in der kommenden Nacht Verse aus dem Koran zu beten, um den Schlaf abzuhalten. Wieder hören sie Stimmen und Schritte. Und dann sehen sie den Capitano auftreten: «Der Nagel ging ihm auch jetzt mitten durchs Hirn, das Schwert aber hatte er in die Scheide gesteckt.»[33] Wildes Gelächter ertönt, der Capitano schlägt dröhnend mit der Faust auf den Tisch; die Gespenster entfernen sich, und wieder ist am Morgen alles wie zuvor. Das geht über Tage, auch das Schiff scheint den gleichen Weg immer wieder zurückzulegen. Nun beschließen die beiden Lebenden, auch die Segel mit Koranversen zu sichern. Tatsächlich kommt das Schiff voran, sie sehen nach einer Woche Land und ankern. Man verweist sie an einen zauberkundigen Mann, der empfiehlt, die Toten an Land zu bringen. An Land gebracht, zerfallen sie bei der ersten Berührung mit der Erde zu Staub. Nur der Capitano lässt sich nicht vom Mast lösen.

Der zauberkundige Muley weiß Rat, man holt einen Topf mit Erde auf das Schiff, Muley spricht geheimnisvolle Worte darüber und schüttet die Erde auf das Haupt des Toten. Dieser beginnt nun zu bluten und zu sprechen: Seeräuber aus Algier sei er gewesen. Man nahm bei einem Landaufenthalt einen Derwisch mit, der umsonst zu reisen begehrte. Der Gottesmann, einmal auf dem Schiff, tadelt den Seeräuber wegen dessen Lebenswandels, den anderen packt die Wut: «Und ich stieß ihm meinen Dolch in die Brust.»[34] Sterbend verfluchte der Derwisch seinen Mörder, «nicht sterben und nicht leben zu können, bis wir unser Haupt auf die Erde legen. Der Derwisch starb, und wir warfen ihn in die See und verlachten seine Drohungen.» Ein Teil der Mannschaft meutert, der Capitano wird an den Mast genagelt, aber die anderen werden ihrer Tat nicht glücklich, sie bringen sich gegenseitig um, das Schiff wird zum großen Grab. «Auch mir brachen die Augen, mein Atem hielt an», berichtet der Capitano, «und ich meinte zu sterben. Aber es war nur eine Erstarrung, die mich gefesselt hielt; in der nächsten Nacht, zur nämlichen Stunde, da wir den Derwisch in die See geworfen, erwachte ich und alle meine Genossen, das Leben war zurückgekehrt; aber wir konnten nichts tun und sprechen, als was wir in jener Nacht gesprochen und getan hatten. So segeln wir seit fünfzig Jahren, können nicht leben und nicht sterben; denn wie konnten wir das Land erreichen? Aber jetzt hat mein Haupt die Erde berührt, und ich kann versöhnt zu meinen Vätern gehen.»[35] So die Geschichte des Capitano. Das Sterben kommt hier als eine Erlösung, fast als eine Wunscherfüllung.

Tilman Spreckelsen, Herausgeber der derzeit besten Ausgabe der Märchen Hauffs, hat angemerkt, wie oft sich in diesen Geschichten die Grenzen von Tod und Leben verwischen.[36] Das lässt an Hauffs letzte Tage denken, wo von einer ähnlichen Grenzverwischung zu hören ist. Er hatte sich mit dem Dichter Wilhelm Müller befreundet. Der aber starb kurz darauf, was Hauff sehr berührte. Einen Monat später wurde dann Hauff selber krank und phantasierte im Fieber: «Bei der Kunde von dem am 20. Oktober [1827] erfolgten Siege der englisch-französisch-russischen Flotte über die ägyptisch-türkische bei Navarino wurde seine Phantasie so lebhaft von der Freude erregt, dass er - wie der Schriftsteller Gustav Schwab, zugleich des dahingeschiedenen Freundes gedenkend, berichtet - mehrmals rief: ‹Lasst mich, ich muss hin, ich muss es Müller sagen!›»[37] Dass es gerade dieser Sieg der Flotte war, der ihn so erregte, hat mit den Schauplätzen seiner Märchen zu tun, die einerseits in Europa, auch in Frankreich liegen, andererseits in Ägypten und der Türkei. Die Seeschlacht von Navarino besiegelte Griechenlands Unabhängigkeit vom Osmanischen Reich - auf dem Spiel gestanden hatte die Welt des Zaleukos, ihr Schicksal war entschieden worden.

Im fernen Spiegel des Orients und der älteren Sagenwelt fand Hauff die Möglichkeit, über sich selbst schreiben zu können. Der «frühe Tod», den das Lied der Reiter ausgesprochen hatte und der die meisten seiner Figuren irgendwann bedroht, war auch der seine.

Franz Kafka (1883 bis 1924) hinterließ den unabgeschlossenen Roman «Der Proceß», der nach seinem Tod von seinem Freund Max Brod herausgegeben wurde. Er erschien 1925. Unendlich viele Ausleger hat er gefunden, was nicht verwundert, denn schon der erste Satz scheint das ganze Jahrhundert in sich zu fassen: «Jemand musste Josef K. verleumdet haben, denn ohne dass er etwas Böses getan hätte, wurde er eines Morgens verhaftet.»[38] Nur dass es eben nicht ein unbestimmter Morgen ist, wie die Erzählung zunächst suggeriert. Vielmehr ist es ein besonderer Tag im Leben von Josef K.: Er ist älter geworden. Die Natur der Wächter, die man ihm in sein gemietetes Zimmer geschickt hat, ist ihm nicht völlig durchsichtig, «man konnte das ganze als Spaß ansehen, als einen groben Spaß, den ihm aus unbekannten Gründen, vielleicht weil heute sein dreißigster Geburtstag war, die Kollegen in der Bank veranstaltet hatten».[39] Wenig später will man ihm verbieten, sich hinzusetzen, worauf er mit einem gewissen Selbstbewusstsein erwidert: «Wenn man dreißig Jahre auf der Welt ist und sich allein hat durchschlagen müssen, wie es mir beschieden war», dann sei man «gegen Überraschungen abgehärtet und nimmt sie nicht zu schwer».[40] Am Abend nach der Büroarbeit in der Bank will er bald nach Hause gehen: «Der Tag war unter anstrengender Arbeit und vielen ehrenden und freundschaftlichen Geburtstagswünschen schnell verlaufen.»[41] Wir übergehen das merkwürdige «Verfahren» des Gerichts und weitere Komplikationen im Leben von Josef K.

und kommen sofort zum Schluss des Romans, zur Ermordung oder Exekution: «Am Vorabend seines einunddreißigsten Geburtstages - es war gegen neun Uhr Abends, die Zeit der Stille auf den Straßen - kamen zwei Herren in K.'s Wohnung. In Gehröcken, bleich und fett, mit scheinbar unverrückbaren Cylinderhüten.»[42]

Die innere Chronologie des Romans läuft ab wie ein Uhrwerk, der Todestag liegt so, dass Josef K. genau einunddreißig Lebensjahre vollendet hat. Die beiden Herren führen ihn aus der Wohnung hinaus und «knickten die Arme nicht ein, sondern benützten sie, um K.'s Arme in ihrer ganzen Länge zu umschlingen, unten erfassten sie K.'s Hände mit einem schulmäßigen, eingeübten, unwiderstehlichen Griff». K. reflektiert noch, dass «nicht einmal der einjährige Proceß» ihn «belehren» konnte. Ein «langes dünnes beiderseitig geschärftes Fleischermesser» ist am Ende das Mordwerkzeug.[43] Eingangs- und Schlusskapitel schrieb Kafka übrigens zuerst.

Das heißt aber: Hier stirbt ein junger Mann, aus welchen Gründen auch immer. Und nun erst versteht man aus diesem Datum, dass die Türhütergeschichte, die K. vom Gefängniskaplan im Dom erzählt wird, eine wunderschöne Intarsie im Holz des Romans ist, sein absolut gegenläufiges Echo, beide sind aufeinander bezogen und nur in ihrer Bezogenheit verstehbar. Der Mann, der «vor dem Gesetz» sein Leben lang verharrt, um gebrechlich und fast schwachsinnig eines friedlichen Todes zu sterben - er ist einer, dem das Altern überhaupt vergönnt ist. Man gewährt ihm zum Gesetz keinen Einlass, jedenfalls «jetzt» nicht, er aber entschließt sich, «doch lieber zu warten».[44] Josef K., ganz dem sozialpsychologischen Epochentyp des nervösen Kaufmanns folgend, ist einer, der keine Zeit hat, dem es immer pressiert, dem die Ereignisse als ungelegene Störung kommen. Selbst am arbeitsfreien Sonntag wird K. vom Gericht aufgehalten. Der Mann vor dem Gesetz harrt auf der Erde aus, er bleibt. Im Roman - genau ein Jahr. In der Legende - «Dort sitzt er Tage und Jahre». Erhabene Unbestimmtheit! Und dann noch einmal: «Während der vielen Jahre beobachtet der Mann den Türhüter fast ununterbrochen. (...) Er verflucht den unglücklichen Zufall, in den ersten Jahren laut, später als er alt wird brummt er nur noch vor sich hin. Er wird kindisch und da er in dem jahrelangen Studium des Türhüters auch die Flöhe in seinem Pelzkragen erkannt hat, bittet er auch die Flöhe ihm zu helfen und den Türhüter umzustimmen.» Das Alter beugt ihn, «schließlich wird sein Augenlicht schwach und er weiß nicht ob es um ihn wirklich dunkler wird oder ob ihn nur seine Augen täuschen. Wohl aber erkennt er jetzt im Dunkel einen Glanz, der unverlöschlich aus der Türe des Gesetzes bricht. Nun lebt er nicht mehr lange.» Er winkt dem Türhüter zu, «da er seinen erstarrenden Körper nicht mehr aufrichten kann». Eine letzte Frage hat er: «‹Alle streben doch nach dem Gesetz›, sagt der Mann, ‹wieso kommt es, dass in den vielen Jahren niemand außer mir Einlass verlangt hat?›»[45]

Der Eingang, so wird ihm beschieden, war nur für ihn bestimmt, niemand sonst konnte hier Einlass erlangen. Der Roman schildert ein bestimmtes Lebensjahr eines jungen Mannes, die Legende lässt unbestimmt viele Jahre vergehen bis zum Tod eines Greises. Wir können diese Struktur als eine Frage verstehen: als die eines Autors, der mit vierzig Jahren starb.

Wenn man an Proust denkt und an seinen Roman «Auf der Suche nach der verlorenen Zeit», ruft die erste Assoziation oft die lyrischen Partien der ersten Teile des Werks zurück: den behüteten Knaben, das Einschlafen, «Im Schatten junger Mädchenblüte» oder die Szene mit der Madeleine, deren Geschmack den Strom der Erinnerung eröffnet. Die späteren Teile sind dagegen verdüstert, dabei in brutaler Weise ungemein komisch. Es herrscht Krieg, Zeppeline werfen des Nachts Bomben auf Paris, die Homosexualität des Barons de Charlus ist kein angedeutetes Spiel mehr, sondern führt in grellste sadomasochistische Bordellszenen. Der Unterschied der Stimmungen zwischen den ersten und den letzten Bänden des Romans ist etwa so deutlich wie der zwischen einer Komposition von Debussy und einer von Strawinsky. «Die wiedergefundene Zeit» heißt das letzte Buch der «Recherche». Marcel, der Erzähler, bemerkt an den Menschen seines Kreises mit wachsendem Schrecken die Spuren des Alters.

Dieses Alter, anfangs noch mit gewisser Empathie geschildert, wird mit dem Voranschreiten der Erzählung immer neuer Anlass einer grotesken, fast obszönen Komödie. Die harmlose Version wird vorgeführt, wenn man etwa von dem Baron de Charlus als einem «Vorkriegstyp» spricht, wenn eine Dame sagt, «sie finde ihn verbraucht, vollkommen abgetan und altmodischer in seinen angeblichen Gewagtheiten als die alleraltfränkischsten Leute».[46] Er wird nach den Kategorien der Mode beurteilt, er ist «erledigt». Aber Proust steigert sich in die Abrechnung mit dem Altern regelrecht hinein. Marcel macht eine «grausame Entdeckung», er entdeckt das «zerstörerische Wirken der Zeit».[47] Als er bei einer Matinee auf Monsieur de Cambremer trifft, wird er gewahr, dass dieser «unkenntlich geworden war durch das Hinzutreten enormer roter Wülste auf seinen Wangen, die ihn daran hinderten, Mund und Augen vollends aufzutun, so dass ich verdutzt dastand und diese Art von Karbunkel nicht anzusehen wagte, da es mir geziemend erschien, dass er zu mir als erster davon sprach». Die Frau des so Entstellten geht darüber hinweg; als

Marcel sie vorsichtig fragt: «Geht es ihm denn gut?», antwortet sie: «‹Lieber Gott, jedenfalls nicht schlecht, wie Sie sehen.› Sie hatte das Übel nicht bemerkt, das meinen Blicken alles übrige verbarg und dabei nichts anderes war als eine Maske der Zeit, welche diese dem Gesicht des Marquis aufgeheftet hatte, doch so allmählich nur und schrittweise sie verstärkend, dass die Marquise sie nicht wahrgenommen hatte.»[48]

Keiner, der nicht gnadenlos von der Zeit gezeichnet wäre. Die «weißen Partien in den bis dahin völlig schwarzen Bärten» sind vergleichsweise das unverfänglichste Zeichen. Aber auch die Formen ändern sich und treiben andere Charakterzüge hervor, verwandeln die Persönlichkeit: «Eine junge Frau, die ich früher gekannt hatte, die jetzt weißhaarig und zu einer dicklichen, boshaften kleinen Person geworden war, schien mir wie ein Hinweis darauf, dass notwendigerweise im Schlussballett eines Stückes die Mitspieler derart verkleidet auftreten, dass man sie nicht erkennt.» Bloch, Marcels Jugendfreund, zeigt inzwischen «die zittrigen Kopfbewegungen, die so schnell am Bremspunkt angelangt sind», es handelt sich um die «geschickt bemäntelte Müdigkeit liebenswürdiger Greise». Nun muss Marcel den neuen Eindruck erst verarbeiten: «Ich hörte jemand sagen, man sehe ihm sein Alter an, und war ganz erstaunt, auf seinem Gesicht einige Züge zu erkennen, die eher für altgewordene Männer charakteristisch sind. Ich begriff den Grund dafür, nämlich dass er tatsächlich alt geworden war, und dass eben aus Jünglingen, die eine ziemlich große Anzahl von Jahren überdauern, das Leben nun einmal Greise formt.»[49]

Für Proust war das Alter abscheulich, er hasste und denunzierte es in grausamen Skizzen des Verfalls. Eine Madame X. hatte er «immer nur bezaubernd und hochgewachsen gekannt, und sehr lange Zeit war sie es auch geblieben; zu lange offenbar, denn wie eine Person, die bevor es dunkel wird, nicht vergessen darf, ihr Türkinnenkostüm endlich anzulegen, hatte sie sich nach einer gewissen Verspätung in rasender Eile fast ganz plötzlich zu einer rundlichen Person entwickelt und getreulich das einst von ihrer Mutter als Kostüm gewählte Aussehen einer alten Türkin angenommen».[50] Manche der Männer hinken inzwischen, «man merkte dabei sehr schnell, dass sie es nicht infolge eines Unfalls mit dem Wagen, sondern nach dem ersten Schlaganfall taten und weil sie bereits, wie man sagt, mit einem Fuß im Grabe standen». Frauen, die man als junge Mädchen, dann als füllige Matronen gekannt hatte, sollten «als kopfwackelnde und zu Boden gekrümmte Alte noch einmal über die Bühne gehen». Bei anderen deuten die bebenden Lippen schon auf die Sterbegebete, wieder andere treten mit Gesichtern auf, die von der Arteriosklerose erstarrt sind und eine «infolge der Unbeweglichkeit fast grimassenhaft wirkende Klarheit» zeigen. Gesichter sieht man, denen jeder rosige Ton fehlt, sie haben «die graue Oberfläche und skulpturale Präzision des Steins».[51]

Hohn ergeht über kosmetische Hilfsmittel, die alles nur schlimmer machen: «Nur vielleicht Madame de Forcheville bot, offenbar nach Einspritzung einer Flüssigkeit, einer Art von Paraffin, das die Haut straffer wölbt, aber auch daran hindert, sich zu verändern, den Anblick einer für alle Zeiten ‹präparierten› Kokotte von einst.»[52] Andere wiederum, «deren Gesicht intakt geblieben ist, schienen nur in Verlegenheit zu kommen, wenn sie gehen mussten; man glaubte zuerst, die Beine täten ihnen weh, und dann erst begriff man, dass das Alter ihnen Sohlen aus Blei angeheftet hatte».[53] Manche altern vorzeitig wie die an sich noch junge Vicomtesse de Saint Fiacre, deren Gesichtszüge verfallen sind: «Das kam daher, dass sie seit drei Jahren Kokain und andere Drogen nahm. Ihre tief in schwarze Ringe gebetteten Augen wirkten wie verstört. Ihr Mund wies eine seltsame Starre auf.» Deprimierender noch ist das Gerede über jene «wundervollen» Greise, die «noch» hören können oder noch zu Fuß zur Messe gehen. Man will bei der Matinee Marcel zu einem alten Kameraden führen, den er zehn Jahre lang fast täglich gesehen hatte: «Ich trat auf ihn zu, und mit einer Stimme, die ich sehr wohl wiedererkannte, sagte er zu mir: ‹Welch eine große Freude nach so vielen Jahren!› Doch welche Überraschung bot sich mir dar! Diese Stimme (...) war diejenige meines Freundes, kam aber aus einem ergrauenden, dicken Mann hervor, den ich gar nicht kannte (...). Er selbst erklärte mir, ich sehe ganz unverändert aus, und ich merkte, dass er selbst sich nicht verändert glaubte.»[54]

Dies ist das eigentlich Erschreckende: Marcel muss sich zu den Alternden rechnen. Einer, den er mag, nennt sich «ihr junger Freund» und macht ihm damit schmerzhaft deutlich, dass er kein «Kamerad» ist, «vielmehr ein alter Herr». Marcel sieht Greise, «die ihrer Meinung nach jung geblieben waren, so wie ich selbst auch von mir es meinte». Der Anblick «verstört» ihn, da das hohe Alter der Greise «mir das Nahen des meinigen drohend vor Augen stellte».[55] Solchen Schrecken entging Proust, der am 16. November 1922 mit einundfünfzig Jahren an einer Lungenentzündung starb.

Die Betrogenen verlieren die Beute und das Leben zugleich, Betrug ist beide Male im Spiel. Bertolt Brechts Seeräubererzählung «Bargan lässt es sein», die von solchen Dingen spricht, klingt in der Wiedergabe von Ernst Bloch fast so schön wie im Original: «In der Geschichte haben die Korsaren ein Schiff erobert, aber die Beute war nicht groß genug, um sie unter der Mannschaft zu teilen. Daher wird ein Kontingent der Mannschaft in ein Flussbett kommandiert, wo sie angeblich Ausschau halten sollen, ob keine Regierungstruppen im Anzug sind; in Wahrheit aber wird in das Flussbett Wasser abgeleitet, dass sie ertrinken. Damit sind der Flibustier-Kapitän und seine Offiziere die Hälfte der hungrigen Mäuler los.»[56]

In Brechts «Dreigroschenroman», der 1933 im Exil erschien, geht es in größerem Maßstab ähnlich zu. Man trifft zum Teil wieder auf die Protagonisten der bekannteren und um ein paar Jahre älteren «Dreigroschenoper». Der Räuber Macheath, ehemals Mackie Messer, ist auf dem Weg in die Ehrbarkeit. Er hat eine Ladenkette, die «B.-Läden», in denen er Waren verkauft, die seine Bande und ihre Alliierten in großem Stil aus anderen Läden und Lagern geraubt hat. «B.-Läden» soll «Billigkeitsläden» bedeuten, andere übersetzen: «Betrugsläden».[57] Belege für die Waren gibt es nicht, die Einbrecher sind keine Einzelunternehmer mehr. Macheath erläutert die Psychologie des Handels: Der Käufer sehe im Verkäufer einen «bösen Menschen mit Hintergedanken, der ihn verführen und betrügen will».[58] Dann gibt es den «Bettlerkönig» Jonathan Jeremia Peachum und seine Tochter Polly, die sich später mit Macheath verbindet. Peachum macht Geschäfte mit einem kleinen Bettlerheer, das er mitleiderregend ausstaffiert und planmäßig organisiert auftreten lässt. Die Geschichte ist in die Epoche des Burenkriegs zu Anfang des 20. Jahrhunderts verlegt, der sich in Südafrika abspielte; man kann mit dem Verkauf von Transportschiffen an die Navy viel Geld verdienen. Die Schiffe werden besorgt, sie sind nicht mehr seetauglich, aber man überlässt sie der Regierung mit Gewinn. Es geht um das, was Brecht unter «Kapitalismus» versteht, und zugleich geht es um alles, um die letzten Dinge.

«Luzifers Nachtlied» heißt ein Gedicht, das unter dem veränderten Titel «Gegen Verführung» markant als Resümee Brechts lyrische Sammlung «Hauspostille» abschloss, die 1927 erschien. Luzifer ist der Gegen-Engel. Hier tritt er nur inkognito auf. Aber man liest ein Gegen-Evangelium, sein Lied wendet sich gegen die Unsterblichkeitshoffnung des Christentums:

> Lasst Euch nicht verführen!
> Es gibt keine Wiederkehr.
> Der Tag steht in den Türen;
> Ihr könnt schon Nachtwind spüren:
> Es kommt kein Morgen mehr.
>
> Lasst Euch nicht betrügen!
> Das Leben wenig ist.
> Schlürft es in vollen Zügen!
> Es wird Euch nicht genügen,
> Wenn Ihr es lassen müsst!
>
> Lasst Euch nicht vertrösten!
> Ihr habt nicht zu viel Zeit!
> Lasst Moder den Erlösten!
> Das Leben ist am größten:
> Es steht nicht mehr bereit.
>
> Lasst Euch nicht verführen
> Zu Fron und Ausgezehr!
> Was kann Euch Angst noch rühren?
> Ihr sterbt mit allen Tieren
> Und es kommt nichts nachher.[59]

«Hauspostille» war in der Frühen Neuzeit eine Sammlung von Predigten und Schriften zur geistlichen Erbauung. Brecht greift die Form auf, um ihre Tendenz umzukehren. Markant ist die Stellung des Gedichts am Ende der Sammlung, die in «Lektionen» gegliedert ist, unter der Überschrift «Schlusskapitel» - das aber nur dieses eine Gedicht enthält, in dem sich die Botschaft der anderen «Lektionen» zusammenfasst. Acht Imperative in zwanzig Zeilen zeigen, dass auf Verhaltensänderung gezielt wird. Brecht ist misstrauisch, und im Gedicht will er dieses Misstrauen vermitteln, das ist die Idee schon der ersten Zeile.

Er «musterte mich mit einem merkwürdigen Blick aus halb zugekniffenen Augen», erinnerte sich der Dramatiker Carl Zuckmayer an eine frühe Begegnung. «Man wusste nicht, ob sein Blick misstrauisch, kühl oder freundlich war.»[60] Falsche Hoffnungen werden verbreitet, sagt Luzifers Lied, nicht über einen beliebigen Gegenstand, sondern über das Leben selbst. Dass man um das Leben betrogen wird, ist die erste Lektion. Es ist «wenig», wird wenig gewesen sein, fast ist der Tag des Lichts schon zu Ende, und die Nacht bricht herein - «Es wird euch nicht genügen», solange es auch dauern mag, und es dauert ja in Wahrheit nicht: *«Ihr habt nicht zu viel Zeit!»* Es «kommt nichts nachher», es kommt «kein Morgen mehr» (nachdem wir wie alle Tiere gestorben sind). Jeder, der etwas anderes sagt, will verführen. Der Gedanke der Sterblichkeit wird förmlich eingehämmert. Darum die rebellische Tendenz: Es gilt, das Leben «in vollen Zügen» zu schlürfen; «Fron und Ausgezehr», also ungerechte Arbeitsverhältnisse, das proletarische Schicksal, soll man nicht ertragen. Die Züge der Revolte treten im Gesicht dieses Luzifer hervor. Das offizielle Handeln läuft dagegen auf Betrug, Verführung, Vertröstung hinaus. Ineinander verflochten sind das Leben als solches und das Leben in kapitalistischen Verhältnissen. Weil Brecht den Blick auf das Leben als solches richtet, ist er für uns ein Schlüssel: Seine Vision reicht weit über die Kapitalismuskritik hinaus.

Den Kapitalismus nahm er als feindlich wahr. Luzifer verwandelt sich im «Dreigroschenroman» in einen «Antikapitalisten». «Betrug» sind die «B.-Läden», betrügerisch agieren Peachums Bettlerkolonnen, betrügerisch verkaufen Macheath, Peachum und der Makler Coax untüchtige Schiffe an die Regierung. Die Angst davor, betrogen zu werden, und zwar um das Leben selbst, bildet den eigentlichen Gehalt dieses umfangreichsten und vermutlich am wenigsten gelesenen Buches, das Brecht je geschrieben hat. Anders, als stets behauptet wird, erfährt man dort über den Kapitalismus überhaupt nichts. Beschrieben wird ein riesiges, universelles Betrugssystem, und das Wort «Betrug» wird auf alle metaphorischen Valenzen hin ausgelegt. Einer, der wie kein Angehöriger anderer Berufe vor allem darauf achten muss, nicht betrogen zu werden, ist der Pfandleiher. So erschien Brecht dem jungen Elias Canetti: Unter seinem Blick «fühlte man sich wie ein Wertgegenstand, der keiner war, und er, der Pfandleiher, mit seinen stechenden Augen, schätzte einen ab». Man habe nicht glauben können, «dass er erst dreißig war, er sah nicht aus, als wäre er früh gealtert, sondern als wäre er immer alt gewesen».[61]

Aber alle Figuren betrügen zugleich sich selbst ums Leben: Peachum, der so reich ist, aber sich in Verkommenheit und Schmutz eingerichtet hat, mit zwanghafter Sparsamkeit und Verdauungsstörungen, unfähig, seine Frau zu befriedigen, die im Suff versinkt; Coax, der Mann der Geilheit, Sammler obszöner Fotografien, angezogen von den «allergemeinsten Weibern» und doch zugleich ein Vertreter des strengsten Puritanismus, der an sich selbst leidet; die Liebe ein einziger Betrug, eingeschaltet ins Geschäft; Macheath in der Hochzeitsnacht unfähig, die Ehe zu vollziehen. Ein Lied aus der «Dreigroschenoper», dort von Peachum gesungen, wird zum Motto des neunten Kapitels im Roman: «Der Mensch lebt durch den Kopf / Der Kopf reicht ihm nicht aus / Versuch es nur, von deinem Kopf / Lebt höchstens eine Laus. / Denn für dieses Leben / Ist der Mensch nicht schlau genug / Niemals merkt er eben / Allen Lug und Trug.» Und in der dritten Strophe findet man den Trug noch einmal aufgenommen: «Drum ist all sein Streben / Nur ein Selbstbetrug.»[62] Wie der Mensch sein müsste, um Erfolg zu haben: schlau, schlecht und anspruchslos, was das Glück angeht. Aber in jeder dieser Eigenschaften versagt er: Nicht schlau genug ist er, nicht schlecht und nicht anspruchslos genug. In jedem Fall: «nicht ... genug» - ein Echo von «Es wird euch nicht genügen».

Im Schlusskapitel, «Der Traum des Soldaten Fewkoombey» überschrieben, erscheint der Horizont, vor dem hier in Wahrheit verhandelt wird: ein theologischer, indem Jesus selbst auf die Anklagebank versetzt wird, beschuldigt, die Menschen betrogen zu haben. Der «Dreigroschenroman» schließt mit der Trauerfeier für die ertrunkenen Soldaten. Sie waren auf den betrügerisch gehandelten Schiffen gewesen, ihr Leben war «wenig». In der Kirche wird gepredigt. «Die Massen», heißt es dann, «erhoben sich, schüttelten endlich ihre Peiniger ab, entledigten sich in einem einzigen Aufwaschen ihrer Vertröster, vielleicht der furchtbarsten Feinde, die sie hatten, gaben alle Hoffnung endgültig auf und erkämpften den Sieg.»[63] Wieder denkt man an Luzifers Warnung vor dem Vertrösten.

Erst wenn man den «Dreigroschenroman» als negativen Weltentwurf versteht, in dem der Betrug zum herrschenden Prinzip geworden ist, kann man die widersprüchlichen Aspekte von Brechts Bild fassen. Geboren wurde er am 10. Februar 1898, gestorben ist er am 14. August 1956. Seit einer Erkrankung in der Kindheit hatte Brecht unter chronischen Herzproblemen gelitten. An seinem letzten Geburtstag frühstückte er in Mailand, wo die «Dreigroschenoper» am Piccolo Teatro aufgeführt wurde, zusammen mit dem Regisseur und Journalisten Erwin Leiser, der das Gespräch überliefert hat: «Wir scherzten vorsichtig über gemeinsame, bei mir nur zufällige, Herzbeschwerden. Plötzlich verschleiert sich seine Stimme, und er sagt: ‹Man weiß jedenfalls, dass es ein leichter Tod wird, ein leises Klopfen an die Fensterscheiben.› Eine halbe Stunde später empfängt er eine Fotografin, die vergeblich den Blick hinter seiner Brille zu fangen sucht.»[64] Das Wort «Klopfen» passt zum Herzen. Dieses Leben konnte nicht genügen, nach keinem Maßstab; man hatte ihm nicht viel Zeit zugeteilt. Er aber hatte den großen Weltbetrug zu erkennen geglaubt, weil er sich als dessen Opfer ahnen konnte.

Eine letzte Gruppe bleibt zu betrachten: die der Menschen in biblisch hohem, legendenhaftem Alter. Sie würden dem letzten Bergmann der Grimmschen Sage entsprechen, und auch sie «wussten» etwas, von dem sie nicht ahnten, dass sie es wussten; unwissend wussten sie von sich, weil sie von der Welt wussten.

«Struktur» ist am Gegenpol von «Kairos» angesiedelt. Die Zeit weitet sich, ja sie scheint aufgehoben zu sein, stillzustehen. Sie droht in keinem ihrer Augenblicke mehr. Der große Ethnologe Claude Lévi-Strauss (1908 bis 2009) distanzierte sich von der Zeit, nicht nur von seiner, sondern im Medium seiner Forschung auch von der Übermacht der Veränderungen. Konservativ ist er nicht in seinen Meinungen, sondern methodisch. Wenn man dem Schlagwort «Strukturalismus» auf den Grund geht, erkennt man den Umbau seiner akademischen Disziplin, den er in die Wege leitete. Wie kein anderer Ethnologe vor ihm drängte er den systematischen Wert der Geschichte zurück. Orientieren konnte er sich an der Sprachwissenschaft, andererseits an der Erforschung des sozialen Lebens – etwa des Phänomens des rituellen Gabentauschs, das sein akademischer Lehrer Marcel Mauss in seiner Abhandlung «Le don» («Die Gabe») untersucht hatte.

Als Zusammenhang, eigentlich als Kontinuum, von Sprache, Heiratsregeln und Gabentausch, verstand Lévi-Strauss die indigenen Gesellschaften. Das Inzesttabu, dessen Universalität er behauptete, sei die Anwendung einer Tauschverpflichtung und Reziprozität auf den Fall der Familie. Es gebe bei den Völkern in Neuguinea, sagt er, «eine Organisation von großer Komplexität, die von vielfältigen historischen Faktoren ständig in Verwirrung gebracht wird. Kriege, Wanderungen, religiöse Spaltungen, demographischer Druck und Prestigestreitigkeiten lassen ganze Clans und Dörfer verschwinden oder fördern das Erscheinen neuer Gruppen. Und doch werden diese Partner, deren Identität, Zahl und Verteilung unaufhörlich variiert, immer zusammengehalten durch Beziehungen mit gleichfalls variablem Inhalt, deren formale Struktur sich jedoch durch alle Schicksalswendungen hindurch erhält.»[65]

Deshalb sein Interesse an den Mythen. «Der dem Mythos beigelegte innere Wert stammt daher, dass diese Ereignisse, die sich ja zu einem bestimmten Zeitpunkt abgespielt haben, gleichzeitig eine Dauerstruktur bilden. Diese bezieht sich gleichzeitig auf Vergangenheit, Gegenwart und Zukunft.»[66] Lévi-Strauss spricht von einer «doppelten Struktur» und nennt sie die «zugleich *historische* und *ahistorische* Struktur».[67] Was will das besagen, wenn nicht: dass es Zeitliches gibt, aber zugleich damit Außerzeitliches? In dieser Welt kommt kein Georges Danton vor.

Lévi-Strauss starb mit hundert Jahren. Und es ist, als habe er von Beginn an in der Gewissheit einer Art von Überzeitlichkeit gelebt, die sein wissenschaftliches Werk verständlich zu machen suchte. Seine Biographin, die Historikerin Emmanuelle Loyer, sagt von ihm etwas, das uns ein Schlüssel werden kann: «Lévi-Strauss beginnt sehr früh, kein Mann seiner Zeit mehr zu sein, aber er ist es auf zutiefst originelle Weise, die sein Werk ‹verfügbar› macht, ein Werk von beharrlicher ‹Inaktualität›, das sich in der Zeit befindet und ihr doch unzugänglich bleibt.»[68]

Der Philosoph Hans-Georg Gadamer wurde am 11. Februar 1900 geboren und starb am 13. März 2002. Sein Name ist verbunden mit der Hermeneutik, der Kunst des Verstehens. Man möchte meinen, zeitlicher könne doch keine Disziplin sein als gerade diese. Aber unter Gadamers Blick weist sie über die Präsenz hinaus: «Denn wo ist je das Wort, das gesagt werden soll, ganz gesagt? Wo endet Sinn? In der Einheit des Satzes? Eher schon in der Einheit der Rede, die im Verstummen endet. Aber ist nicht selbst im Verstummen der Sinn des Gesagten erst im Ankommen und beginnt sich erst in der Stille des Gesagtseins zu verbreiten? Ist das Wort nicht am Ende erst in der Antwort da? Ist es nicht erst dann das Wort, das einem gesagt wurde und auf das man die Antwort zu geben hat? Oder ist auch das noch eine Abstraktion, dies Wort? Ist am Ende jedes Wort Antwort?» Das Verstehen geht immer weiter, und Gadamers Kunstlehre der Hermeneutik zielte auf etwas, das immer weiter geht. Darin liege, so sagt er, «Distanz zum Gegenwärtigen, ein Hinausblicken auf das Kommende. Man ist nicht mehr weggegeben und ausgeliefert an den Andrang des Augenblicklichen. Das ist es, was wir dann im Wesen der Sprache wiedererkennen.»[69] Es handelt sich nicht wie bei Lévi-Strauss um eine von Geschichte kaum berührte überzeitliche Struktur, im Gegenteil, nur wird die Zeitlichkeit so weit wie gerade möglich gedehnt.

Ein Grundlehrstück der Gadamer'schen Hermeneutik ist der Zusammenhang von Frage und Antwort: Man versteht einen Satz, wenn man ihn als - vielleicht unausdrückliche - Antwort auf eine Frage versteht. Wie steht es nun mit der Hermeneutik selbst? Sie ist die Antwort auf die Frage, wie sich die vielen und verschiedenen Zeiten über weite Strecken hinweg sinnvoll aufeinander beziehen können. Deshalb hat die Hermeneutik immer schon den langen Blick. Gewidmet ist sie der «denkenden Vermittlung mit dem gegenwärtigen Leben», nicht einer naiven «Restauration des Vergangenen».[70] Deshalb scheint Gadamer mit dem Blick auf die Jahrhunderte gedacht zu haben. Kleinere historische Abschnitte gibt es bei ihm kaum, es sind die Jahrhunderte, die miteinander kommunizieren. Das Wort «Jahrtausend», das gefährlich großspurig klingen könnte, kommt in seinem Hauptwerk «Wahrheit und Methode» einmal vor, «Jahrzehnt» dreimal, «Jahrhundert» aber zweiundvierzigmal. Es ist das Schlüsselwort.

Die philosophische Hermeneutik, die Gadamer in ihrer neueren Gestalt begründete, ist eine Lehre von der Verständigung zwischen den Jahrhunderten, dem «Jahrhundert Goethes» oder dem 18. Jahrhundert oder dem «Jahrhundert des Absolutismus».[71] «Die Alten» nennt Gadamer die griechischen Philosophen abkürzend, von Platon hatten seine Doktorarbeit und seine Habilitationsschrift gehandelt. Andererseits kennt (und verwirft) er das «naive Selbstgefühl der Gegenwart», wie es in «Wahrheit und Methode» genannt wird. Dagegen stand nun die Überlieferung, deren Auslegung sein Lebenswerk gewidmet war. Historische Erscheinungen hatte er verstehen wollen, historische Erscheinung wurde er selbst. Das Gespräch ist das Modell der Hermeneutik: Es geht um «das Sichausspielen des Überlieferungsgehaltes in seinen je neuen, durch den anderen Empfänger neu erweiterten Sinn- und Resonanzmöglichkeiten. Indem Überlieferung neu zur Sprache kommt, tritt etwas heraus und ist fortan, was vorher nicht war. (...) Es ist wie im echten Gespräch.»[72] Und dieses Gespräch ist unabschließbar: «Die Kunst des Fragens ist die Kunst des Weiterfragens, d. h. aber sie ist die Kunst des Denkens.»[73]

In den Jahren nach dem Zweiten Weltkrieg notierte Ernst Jünger Gespräche in Kirchhorst; er ist in Begleitung des alten M., der ihm gemeldet hatte, von Fremden würden Bäume gefällt. Man sprach, so fährt Jünger fort, «unter anderem über das Alter, ein Thema, mit dem ich mich hier am Orte schon öfters beschäftigte. Man könnte an ihm Beobachtungen über die Langlebigkeit anstellen, da einerseits viele Männer in mittleren Jahren sterben, andererseits andere in ein hohes Alter hineinragen. So haben wir eine Skatrunde, deren Teilnehmer sich alle an den Einmarsch der Preußen nach Langensalza erinnern, der immerhin achtzig Jahre hinter uns liegt.»[74] Der Abstand, der hier von der Erinnerung überbrückt wurde, war einer von Weltaltern; nicht von Jahren allein, sondern von Epochen. Ernst Jünger wurde am 29. März 1895 geboren und starb am 17. Februar 1998: ein Leben außerhalb der gewöhnlichen Fristen. In seinem Buch über Drogen liest man: «Wie das Erdfeuer überall und nicht nur in den Vulkanen ist, so ist in der Zeit ein Zeitloses. Ihm gilt ein Begehren eigener Art – eine Sehnsucht gerade heute, wo alles in Zeit verwandelt werden soll.»[75] Einen Punkt der Beobachtung und des Denkens zu finden, der einen Blick auf das Zeitlose ermöglichte, war das Ziel von Jüngers Suche.

1943, als er vom Bombenangriff auf Hannover erfährt, schreibt er: «Ja, so seltsam es klingt, es liegt auch eine tiefe Freude im Verluste, ein Wissen, – sie ist der Vorgeschmack jener Freude, die uns im letzten zeitlichen Verluste, in dem des Lebens überraschen wird. / Hannover, meine gute, alte Vaterstadt.»[76] Das ist nun als Haltung das Gegenteil von Brechts «Nachtlied». Tatsächlich war es geradezu Jüngers literarische Strategie, sich der Zeit zu entfremden, sich ihr nach und nach zu entziehen, wo um ihn alles «in Zeit verwandelt» wurde. Sein Werk zu schildern, heißt, seinen Weg aus der Zeit nachzuzeichnen. In den zwanziger Jahren war er ein nationalrevolutionärer Publizist und Autor von Kriegsbüchern gewesen: «In Stahlgewittern» erschien 1920, «Der Kampf als inneres Erlebnis» 1922, «Sturm» 1923, «Das Wäldchen 125» 1925, ebenso «Feuer und Blut». Als Herausgeber und Autor war er in der Zeitung des «Stahlhelm»-Bundes vertreten, sie trug den Titel «Die Standarte. Beiträge zur geistigen Vertiefung des Frontgedankens»; ihr Untertitel wechselte 1926 zu «Wochenschrift des neuen Nationalismus». Ab November 1926 gab Jünger «Arminius, Kampfschrift für deutsche Nationalisten» heraus, ab 1927 «Vormarsch. Blätter der nationalistischen Jugend». Ebenfalls ab 1927 schrieb er für Ernst Niekischs «Widerstand. Zeitschrift für nationalrevolutionäre Politik». Ihren Gipfel und auch ihre theoretische Steigerung fand seine Tendenz in dem Buch «Der Arbeiter. Herrschaft und Gestalt», das 1932 erschien und die Militarisierung der Gesellschaft feierte.

Aber gerade 1933 ging für ihn diese schriftstellerische Epoche zu Ende. Als 1938 die zweite Auflage von «Das Abenteuerliche Herz» erscheint, ist er weit entfernt von seiner frühen, vom Krieg geprägten Gedankenwelt. Er schreibt sich aus der Zeit heraus; die Essaysammlung «Blätter und Steine» spricht 1934 vom Funken des «ewigen Lichtes» und einem «Schatten der ewigen Finsternis».[77] Man findet in dieser Sammlung auch den Aufsatz «Lob der Vokale» und den Reisebericht «Dalmatinischer Aufenthalt», zudem «Über den Schmerz» – Schriften, die eine Nicht-mehr-Teilnahme an der Zeit verdeutlichen. Dann erscheint 1939 der Roman «Auf den Marmorklippen», in dem der völlige Abstand zu den in Deutschland herrschenden unmenschlichen Gewalten deutlich wird. Jünger löst sich definitiv von der Herrschaft der Zeit. Und nur in dieser Perspektive erscheint ihm fortan die Geschichte. Als er 1953 «Der gordische Knoten» veröffentlicht, der sich dem Ost-West-Konflikt widmet, der damals in Korea an den Rand eines neuen großen Kriegs geführt hatte, beginnt er mit der kosmischen Bedeutung von Ost und West: «Sie gibt die geschichtliche Hauptrichtung, die Achse, die sich nach der Sonnenbahn bestimmt. Aufleuchtend mit dem frühesten Lichte, spinnen sich ihre Muster bis in unsere Tage fort. Die Völker treten mit stets neuer Spannung auf die alte Bühne und in die alte Handlung ein.»[78]

Jünger will lernen, das Geschehen mit anderen zeitlichen Maßstäben zu betrachten. Er unterzieht sich geistigen Exerzitien, die ihn für ein langes Leben wappnen können. Und merkwürdig ist dabei, dass nicht erst im späteren Werk solche Übungen auftauchen: Schon in der frühen Novelle «Sturm» aus dem Jahr 1923 erzählt er von einem Frontsoldaten, dessen sprechender Name dem Buch seinen Titel gibt: «Das eigentlich Fesselnde an ihm war wohl, dass er in ganz ungewöhnlichem Maße vom Geschehen der Zeit abstrahieren konnte. So gab er den Freunden durch seinen Verkehr das, was sie unbewusst im Trunke, in ihren literarischen und erotischen Gesprächen suchten: die Flucht aus der Zeit.»[79]

Bei den drei erwähnten Uralten hat man den Eindruck eines vielgestaltigen Wirklichkeitskontakts. Illusionen waren ihre Sache nicht, und schon gar nicht ein radikales Anrennen gegen das Leben. Sie waren auf ihre Weise vernünftig – das Wort nicht im Sinn eines Aufklärungsdogmatismus genommen, sondern indem man die Grenzen der eigenen Einsicht kennt und so zu ihrer Überschreitung fähig wird. Menschen wie Jünger, Gadamer und Lévi-Strauss können sich stellen, wie sie wollen: Man wird von ihnen Aufschlüsse anderer Art erwarten, als die Wissenschaft oder die Aktualität sie geben können. Sie haben etwas mitzuteilen: Man will von anderen Maßen, anderen Kriterien, anderen Relevanzen erfahren.

Das sind keine antiquarischen und esoterischen Deutungen zum Selbstzweck. Ich möchte für das Potential solchen Sehens, solcher Betrachtung der Sterblichkeit und des Sterbens für die Zukunft plädieren. In ihrem 2023 auf Deutsch erschienenen Buch «Schnell leben» meditiert die französische Schriftstellerin Brigitte Giraud über den Tod ihres Mannes Claude, der am 22. Juni 1999 mit einem Motorrad verunglückte. Claude hatte journalistisch über Popmusik geschrieben und die städtische Mediathek von Lyon geleitet. Es handelt sich bei dem Buch um eine Trauerarbeit im echten Sinn. In immer neuen grüblerischen Anläufen werden die Bedingungen des Unfalls rekonstruiert: Was wäre gewesen, wenn? Eine Litanei, eine Kaskade von «Wenn» gibt dem Buch seine Form: «Wenn ich die Wohnung nicht hätte verkaufen wollen ... Wenn mein Großvater sich nicht umgebracht hätte (...) Wenn ich dieses Haus nicht besichtigt hätte ... Wenn wir die Schlüssel nicht schon im Voraus verlangt hätten (...) Wenn Claude nicht das Motorrad meines Bruders benutzt hätte, Wenn Stephen King am Samstag, dem 19. Juni 1999 gestorben wäre, Wenn es an diesem Dienstagmorgen geregnet hätte, Wenn Claude, bevor er das Büro verließ, Don't Panic von Coldplay gehört hätte und nicht Dirge von Death in Vegas, Wenn Claude nicht seine 300 Francs im Geldautomaten der Société Générale vergessen hätte, Wenn die Ampel nicht auf Rot gesprungen wäre, Wenn Denis R. nicht beschlossen hätte, seinem Vater den 2CV zurückzubringen.» Ihr resümierendes Wenn: «Wenn die Tage vor dem Unfall sich nicht zu einer Abfolge von Ereignissen zusammengeballt hätten, eins unerwarteter als das andere, und alle unerklärlich.»[80]

Hinzu kamen Zeichen. Claude fuhr Motorrad, seit er achtzehn war, und das, so bekennt sie, habe sie damals an ihm gereizt. Es war auch nicht sein erster Motorradunfall. Vielleicht, so reflektiert die Autorin, dachte er «im Geiste von Lou Reed, der geschrieben hatte Live fast, die young, irgendwo etwas in dem Buch, das Claude zu der Zeit las und das ich auf dem Parkettboden neben dem Bett entdeckte. Und das ich dann in der Nacht darauf durchblätterte.»[81] «Verstopfte Vergaser» hieß das letzte Buch, das Claude las. Sie zwingt sich förmlich, nicht in den Zeichen zu lesen; die Abfolge bleibt eine «reine Choreographie des Schicksals», blind, aber auf nachgerade absurde Weise zwingend im Unzusammenhängenden der vielen Bedingungen.[82] Mikroereignisse webten ein Netz, «dessen Maschen immer enger wurden, so dass sie schließlich unausweichlich zu dem Unfall führten».[83] Wenn das Motorrad des Bruders zur Hand war, dann, weil es eine Garage gab, und diese gab es, weil sich das Ehepaar das Haus hatte kaufen können, und das, weil der Großvater sich umgebracht und ihr Geld hinterlassen hatte. Sie, Brigitte, war es, die das Haus aussuchte, in dessen Garage ihr Bruder dann sein hochriskantes, in Japan gar nicht zugelassenes Honda-Motorrad unterstellen konnte. «Indem ich meinen Willen durchsetzte, bereitete ich, ohne es zu wissen, die Rahmenbedingungen für den Unfall vor.»[84]

Das Großartige ist, dass der Sog des Grübelns, indem er bis zum Extrem ausgestaltet wird, auch verlassen werden kann. Brigitte Giraud weiß, dass es sich um eine Geschichte von Risiko und Männlichkeit handelte. Der Name der Band «Death in Vegas» (ursprünglich hieß sie «Dead Elvis») trägt schon den Todestrieb in sich, der Songtitel «Dirge» bedeutet Klagelied, Grabgesang. Brigitte Giraud jedenfalls glaubt rekonstruieren zu können, dass ihr Mann auf dem Motorrad zuletzt dieses Lied hörte. Schopenhauers Frage nach einer anscheinenden Absichtlichkeit im Schicksal des Einzelnen wird man sich, ohne seine eigentümlichen Begründungszusammenhänge zu teilen, doch immer wieder neu aneignen müssen. Die Meditation über den Tod ist in einer Epoche der Individualisierung gar nicht anders möglich.

17. WUNSCHBILDER DES ÜBERGANGS

In seiner Lehre von den Weltaltern und ihrem Abstieg, vom goldenen, ursprünglichen und den folgenden silbernen, ehernen bis zum eisernen, sagt der griechische Dichter Hesiod, das «goldene Geschlecht» des Anfangs sei nicht vom Alter geplagt gewesen, der Tod war vielmehr ein Einschlafen, leicht und schmerzlos. «Entschlafen» ist das Wort, das einen sanften Tod bezeichnet, wir finden es vor allem im Zusammenhang mit dem Tod Marias, der Mutter Gottes. Dem «Digitalen Wörterbuch der deutschen Sprache» zufolge geht sein Gebrauch zurück. Das mag mit der friedlichen, versöhnlichen Tendenz des Wortes «Entschlafen» zu tun haben, die einer ihrem Selbstverständnis nach illusionslosen Gegenwart als Lüge gilt.

Ein Sprecher solcher Haltungen des äußersten Protestes war Theodor W. Adorno. Auch er war in seinem späten Werk «Negative Dialektik» dem Tod nicht ausgewichen. Jeder Versöhnung wird eine Absage erteilt: «Kein Menschenleben, das offen und frei zu den Objekten sich verhält, reicht aus, zu vollbringen, was im Geist eines jeden Menschen als Potential vorhanden ist; es und der Tod klaffen auseinander.»[1] Mag sein, Adorno dachte an Brechts Vers «Es wird euch nicht genügen». Das ist ein sehr weitgehender Satz transzendentaler Unzufriedenheit: Wie du es anstellst, am Ende wird es ungerecht gewesen sein; ein «erfülltes» Leben wäre demnach ausgeschlossen. In einer gerechten Weltordnung, so legt Adorno nahe, müsste es anders sein. Was für diesen Satz spricht, ist der große Ernst, der in ihm steckt. Die Verzweiflung angesichts des schlechthin Fremden, das der Tod bedeutet, wird ausgehalten. Aber dass, vom «Potential» her gesehen, in jedem Fall «mehr» möglich gewesen wäre, ist wiederum eine Ungerechtigkeit gegenüber den wirklichen Grenzen des Lebens. Dass die Zeit «nicht ausreicht», ist rein quantitativ gedacht. Vorausgesetzt wird, dass die Konzeption, der Entwurf, vom wirklichen Leben, von der tatsächlichen Leistung, vom faktischen Werk niemals einzuholen sei. Aber das ist fraglich. Die zeitliche Unendlichkeit, wenn wir sie denn hätten, würde nichts besser machen, denn die Konzeption ist nicht die überlegene oder reichere Form, sondern nur die vorläufige, noch unverbindliche. Konzipieren lässt sich vieles.

Anders verfahren die romantisch tröstenden Phantasien. Grade die buntesten chinesischen Blumen wachsen «an der Finsternis des letzten Tors», liest man bei Ernst Bloch. Er, der Denker der Utopien und Träume überhaupt, nicht nur der sozialpolitischen, hat ein Wunschphänomen umkreist, das er sinnreich als «verschwindenden Rahmen» bezeichnete: «Nimm mich mit, das wünschen nicht nur Kinder und rufen so. Wer immer sich erweitern, gar verändern will, ist für diesen Wunsch anfällig. Schon ein Glas lockt dann bescheiden, an seinem Klaren teilzunehmen, sich dem Wein darin zu widmen. Und auch Bilder sind Gläser, höchst eigen gefüllte, die der Blick trinkt, in die er eindringt und zuweilen nicht nur als Blick? Chinesische Legenden lassen ihre Menschen, sterbend, im Bild, auch Gedicht sogar verschwinden. So dass der Rand zu verschwinden scheint, der hier der Rahmen ist. Das ist wohl das seltsamste bekannte Wunschzeug um und in Malerei und Dichtung.»[2]

Im schönen Bild einfach zu verschwinden, ohne Schmerz und Angst: Das ist eine versöhnliche Vision vom Tod. Sie ist, verglichen mit der wirklichen Erfahrung und der echten

Angst, auch der Unheimlichkeit, die leichtere, weniger gewichtige. Darum gehört sie ausschließlich der Literatur an, freundlich gesagt der Weisheit - ernsthaft theologisch oder philosophisch wird sie niemand vertreten; ihre Form ist die einer kleinen Geschichte. Ernst Bloch folgt in seinem Buch «Spuren» der chinesischen Erzählung vom alten Maler, «der seinen Freunden sein letztes Bild zeigte: ein Park war darauf zu sehen, ein schmaler Weg, der sanft hindurchführte, an Bäumen und Wiesen vorüber, bis zu der kleinen runden Tür eines Palasts. Aber wie sich die Freunde zu dem Maler wenden wollten, das seltsame Rot, war dieser nicht mehr neben ihnen, sondern im Bilde, wandelte auf dem schmalen Weg zur fabelhaften Tür, stand vor ihr still, kehrte sich um, lächelte, öffnete und verschwand.» Die schöne Formulierung lautet hier, das Werktor werde mit dem Todestor verschlungen, und das «Dunkel, das uns erwartet, durch solche Märchen auch etwas gefärbt».[3] Auch der mit Bloch befreundete Walter Benjamin erzählt die Geschichte in seiner autobiographischen «Berliner Kindheit», allerdings etwas bescheidener: Nicht in einen Palast führt die Tür, sondern in ein «Häuschen». Das ist der typische Unterschied der beiden Denker, der weiträumige Prunk und die starken Farben als Kontrast zum absolut Finsteren bei Bloch - gerade so ist ja seine Philosophie beschaffen -, die Liebe zum Kleinsten dagegen bei Benjamin.

Zum Versöhnlichen gehört: Der Maler war schon alt. Hier wurde kein Lebensfaden von missgünstigen Schicksalsgöttinnen vor der Zeit durchschnitten. Dann aber erfüllt sich, weiter noch, das Gebet Rilkes um den eignen Tod. Der war dem Maler geschenkt worden, sogar «eigen» in einem gesteigerten Sinn, indem er das Szenario selbst entworfen, seinen Abschied (samt Publikum) selbst gestaltet hatte. Ihm geschieht nichts von außen, er geht als Freier. Der Tod ist am Ende die höchste Form der schöpferischen Leistung. Eine Geschichte, die sich philosophierende Freunde untereinander erzählen mögen! Sie unterläuft den Ernst mit dichterischen Konstruktionen. Aber das ist ein Als-ob, kein Paulus könnte diese Lehre einer Gemeinde auslegen, keinem Trauernden bietet sie Trost. Nur uneigentlich ist sie zu verstehen; sicher ist auch, dass sich buddhistische Kulturen eher mit der Vergänglichkeit abfinden können. Das christliche Ideal ist, bewusst und im Frieden mit Gott sterben zu können.

Das Motiv ist nicht nur in fernen Kulturen zu Hause. Der Traum vom leichten Übergang ist den Menschen gemeinsam, und so finden wir ihn auch in dem deutschen Märchen «Der Tod und der Gänshirt». Es gehörte zu der Sammlung der Brüder Grimm, findet sich aber nur in der ersten Auflage der «Kinder- und Hausmärchen», wahrscheinlich, weil es kein eigentliches Märchen ist. Der Akzent ist sozialkritisch, die beiden Menschen, die wir kennenlernen, sind «ein armer Hirte» und ein «Geizhals, der trachtete bei Nachts auf seinem Lager, wie er doch mehr Geld und Gut zusammenbringen mögte».[4] Ort der Handlung ist ein großes und ungestümes «Wasser», ein Fluss, wie bei den Griechen der Acheron, der Diesseits und Jenseits trennt, der Tote musste dort mit dem Fährmann übersetzen. Als der Hirte dem Tod begegnet, fragt er ihn nach seinem Herkommen und seinem weiteren Weg. Der Tod antwortet, «dass er aus dem Wasser komme und aus der Welt wolle. Der arme Gänshirt fragte ferners: wie man doch aus der Welt kommen könne? Der Tod sagte, dass man über das Wasser in die neue Welt müsse, welche jenseits gelegen.» Nun gesteht der Hirt, er sei des Lebens müde, ob der Tod ihn nicht mitnehmen könne? Aber der hat noch anderweitig zu tun, nämlich bei dem Geizigen, «den führte der Tod zu dem großen Wasser und stieß ihn hinein. Weil er aber nicht schwimmen konnte, ist er zu Grunde gesunken, bevor er an das Ufer kommen. Seine Hunde und Katzen, so ihm nachgelaufen, sind auch mit ihm ersoffen.»

Bald darauf kommt der Tod zu dem Hirten, «fand ihn fröhlich singen» und fragt ihn, ob er nun mitwolle. «Er war willig und kam mit seinen weißen Gänsen wohl hinüber, welche alle in weiße Schafe verwandelt worden. Der Gänshirt betrachtete das schöne Land und hörte, dass die Hirten der Orten zu Königen würden, und indem er sich recht umsahe, kamen ihm die Erzhirten Abraham, Isaac und Jacob entgegen, setzten ihm eine königliche Krone auf, und führten ihn in der Hirten Schloss, allda er noch zu finden.»[5] Nicht nur ist der leichte Übergang da, sondern auch die Moral des Lohns nach dem Erdenleben: Der arbeitsame Arme wird erhöht, der hartherzige Reiche versinkt. Weltliteratur, möchte man sagen: Klassische Antike (im Motiv des zu überquerenden Unterweltstroms), Altes Testament und idyllisch-deutsches Land sind vereint.

Arno Schmidt hat einen unvollendeten Roman hinterlassen, «Julia, oder die Gemälde», im Untertitel «Scenen aus dem Novecento», also dem 20. Jahrhundert. Ort der Handlung ist «eine Art Bückeburg» am Steinhuder Meer, die Zeit wird angegeben mit «erst Sommer 1979 (also Ferienstimmung) / Finale dann Spätherbst 1990 (Wetter entsprechend)».[6] Wir haben es mit den Gästen des Hotels «Fürstenhof» zu tun, mit den menschlichen und geisterhaften Schlossbewohnern und schließlich mit der Mädchenclique um die Anführerin, genannt «1001»: «(gute 15) überschlank; klug und gleichsam die ‹Chorführerin› der Klassenkameradinnen. / Dank eines Studenten der Orientalistik apart belesen.» Zu den Hotelgästen gehören das Ehepaar Kühne mit Sohn Nino, Studienrat Rauch und die Feministin Sheila Wangel. Der ältere Herr Jhering verliebt sich in das Bild eines Mädchens aus dem 18. Jahrhundert, das er im Schloss betrachtet hat, nimmt mit ihr «Kontakt» auf und ist später (nach den nicht mehr ausgeführten Plänen) im Bild verschwunden. Auch das war ein eminenter Selbstentwurf; Jhering verschwindet in dem Alter, in dem Schmidt, noch während der Abfassung, einem Schlaganfall erlag. Er wird im Roman eigentlich schon als ein Sterbender eingeführt, obwohl er erst fünfundsechzig ist: «Schriftsteller, zuweilen aufrecht, aber eine Truggestalt (dh klapprig)». «Ein confuser weißhaariger Alter; seit Jahren kein Gefühl mehr im linken Oberschenkel; die Zunge entsetzlich zerbeizt von StrophantinKapseln (so rosa Eierlein); ein unscharfes Auge erschaut überall Wunder. Ansonsten noch ziemlich lang und dicklich.»[7] Er nimmt Strophantin - ein Medikament für das Herz. Jhering sieht sich selbst in einem rabelaisisch-wilden obszönen Furor als bloßes Wrack der Männlichkeit: «Nee, ich seh ja schon zu scheußlich aus - (...) schnell 2 VALIUM; (der Schweif nur noch eine schwache Morchel aus ins graurötliche spielendem Haar - das sich freilich, ach lange schon, nach einer kraulenden Mädchenhand sehnte! - schon beginnt die Welt zu schwankn; hoffentlich muss ich nicht wieder kotzen, wie letzthin schon ein paarmal bei Valium; den Abdruck ihres kleinen Fingers noch im Genick - und schon den ersten! (...) STOLPER ÜBER'N RUBICON! - ...)»[8]

Die Mädchenhand findet sich. Julia, die Titelfigur des Romans, wurde von dem Gemälde «Die vier Schwestern von Oranien» des Jan Mytens inspiriert.[9] Das Bild hängt tatsächlich in Dessau in Schloss Mosigkau. Dies Faktum hilft zum Verständnis nicht viel, denn die dort abgebildeten Schwestern sind keineswegs in so jugendlichem Alter wie die Roman-Julia, bei der es sich um eine reine Projektion handelt. Im Personenverzeichnis hören wir von Julia als einer Kindfrau «(zuerst 10? - ein wunderlich Kapitel!)»;[10] als «lustiger Backfisch» und «der minne federspil» wird sie verliebt eingeführt - «Federspiel» hier in der alten Bedeutung von Lust, Lust bei der Vogeljagd. Die eigentliche Handlung beginnt vor dem erwähnten Gemälde, in dem es spukt. Herr Kühne wird aus dem Bild heraus angegähnt, das auch seine Farbe zu verändern scheint, ebenso wechselt der Gesichtsausdruck der Abgebildeten. Jhering murmelt mit gewisser Einsicht in seine Empfindungen: «Der Greis im Frühling.» Weil Julia allzu mutwillig herumspukt, herrscht der Kastellan sie an: «Julia, lass das!» - den Schlossbesuchern scheint es, als spreche er mit der Luft.[11] Im realen Bild zu Dessau gibt es einen Hund, in Schmidts Roman einen Kater namens Ahriman, der aus dem Bild heraustreten und Mäuse fangen kann.

Schmidts Atheismus, vor allem im Frühwerk herausfordernd vorgebracht, kommt an seine Grenzen. Der Frage nach den letzten Dingen entgeht keiner. Weil er aber auf die Tröstungen der Religion verzichtet hat, muss er andere, jedenfalls erzählerisch plausible Lösungen finden, das Gebot der Epik verpflichtet ihn vor allem dazu. In einer Entwurfsnotiz zum Roman lesen wir, wie Julia Jhering lockt: «Komm mit ins Bild!» Der zweifelt zunächst: «Ins zweidimensionale ewige Leben?»[12] Erst ganz am Ende finden wir Jhering an seinem Sehnsuchtsort: «Jhering & Julia (auf Bild) (...) Jhering / im langen braunen Überrock des 18. Jahrhunderts / hinter Julias Sitz / eine Nelke vor der Nase, er betrachtet spöttisch die Besucher / nickt dem stud zu: ! / etc.»[13] Mit «stud» ist der Studienrat Rauch gemeint. In den Entwürfen heißt es: «Bild 17) abgeholt - wieder in Bückeburg / Verschwinden Jherings Bild 18) 10 Jahre später: Schlo|ußbesichtigung Jhering auf Bild.» Also nicht nur die Abwesenheit von Schmerz und Angst ist zu verzeichnen, vielmehr wird das Verschwinden zu einer letzten Wunscherfüllung.

In Schmidts Romanfragment überlagern sich zwei Mythen: Die Fabel der Chinesen vom Verschwinden im Bild trifft auf den klassisch-antiken Mythos vom Künstler Pygmalion, der einer von ihm selbst geschaffenen Statue in Liebe verfällt und sie dadurch zum Leben erweckt.[14] So schildert ihn Ovid: «Wie er daheim, ging jener sogleich zum Bilde des Mägdleins, / Neigte sich über das Bett und küsste sie. Wärme verspürt er. / Wiederum nahte sein Mund; mit der Hand auch prüft er den Busen. / Siehe, das Elfenbein wird weich, und befreit von der Starrheit / Sinkt an den Fingern es ein, fügsam wie Wachs vom Hymettos.»[15]

Das schlechthin Fremde, sei es nun das Jenseits, der Tod (in diesem Fall der von Jhering), oder das Unbelebte, die Statue, das Bild (in diesem Fall von Julia), wird von zwei Richtungen her durchlässig, wie ein Berg, in den man von beiden Seiten aus den Tunnel gräbt. Aber weder die chinesische Legende noch der Pygmalion-Mythos treffen Schmidts Absichten ganz. Eine epische Wirklichkeit finden wir, die nicht anders zu gestalten ist als durch Mythen und Märchen, am Ende durch das Phantastische. Damit ist die Lösung angezeigt, die Schmidt finden musste. Sie hat ihren Kern in der Idee einer Durchdringung der Sphären. In den Worten Jherings: «Weit darüberhinaus gehend (auch wichtiger) iss aber der allgemeinere Begriff, der ‹Durchdringung›: wenn etwa zwei sehr verschiedene Welten (sag'n wir von anderen Dimensionen) einander ‹berühren› bzw an einer Stelle durchdringen – dann könnte diese Berührungsfläche eine Art ‹Wechsel› (à la ‹Wild-Wechsel›) darstellen, der den Übergang (zumindest die ‹Ein-Sicht›) aus einer Welt in die andere, ermöglichte.» Dem stimmt auch der Kastellan lebhaft zu, der als ein passionierter Leser des mystisch versponnenen Jakob Lorber vorgestellt wird: «Ganz recht: so eine Stelle liegt hier, im Fürstentum, vor, wo 2 - genauer 2 ½ - Welten ineinanderstecken. (...) ä = Sie kennen Lorber?»[16]

Der Traum erschien Schmidt als Muster einer Durchdringung «zweier (oder mehrerer) Lokalitäten», und eine Rolle spielen auch Orte: «Der Wilhelmstein ist so eine Stelle, wo sich verschiedene Dimensionen / Räume durchdringen.»[17] Man könne «ihn, LORBER, durchaus in die Literatur stellen», befindet Jhering, der alles Entlegene kennt.[18] Mithilfe des absonderlichen Denkers und Welt-Entwerfers Lorber, einem Geisterseher des 19. Jahrhunderts, gelang es Schmidt überhaupt erst, aus der chinesischen Kürzestgeschichte eine größere Form mit phantastischem Gerüst zu gewinnen. In seinen früheren Jahren hatte er unter den Prosaformen das «längere Gedankenspiel» hervorgehoben, hier findet dieses Spiel seine letzte Erfüllung. Und damit fällt das Konstruierte ins Auge, die Anstrengung, die es gekostet haben muss, mit einer phantastischen Rationalität die Angst zu verdecken. So ist auch die den Roman völlig beherrschende Sexualphantastik - bis in die Pädophilie hinein - von Schmidt zu verstehen: Es handelt sich um einen besinnungslosen, rein intellektuellen Furor der Wunscherfüllungen, der über die Welt gelegt wird, ohne ein seelisches Echo.

Kann der zwanglose Übergang auch in einem christlichen Leben gelingen? Selbst hier gibt es zuweilen ein Lächeln im letzten Ernst. Der katholische Schriftsteller Reinhold Schneider hat im Vorwort zu seiner Auswahl der Schriften Blaise Pascals von dem «in seiner Totenmaske vollendeten Lächeln» des Denkers gesprochen.[19] 1926 erschien, zusammengestellt von dem Kunsthistoriker Ernst Benkard, «Das ewige Antlitz.

Eine Sammlung von Totenmasken», jene von Pascal war darin abgebildet. Ausgerechnet Pascal, einem Mann, der zeitlebens an chronischen Schmerzen litt, war dieser Ausdruck geschenkt worden.

18. DIE PARZE, DIE TRAUERNDE, DIE MEDITIERENDE

Das Schicksal beginnt mit dem Augenblick der Geburt, und deshalb finden wir hier weibliche Wesen wirkend, die am Schicksal spinnen: die Parzen. «Parca ist eine altrömische Göttin der Geburt.»[1] Anfang und Ende des Lebensfadens sind in besonderem Maße mit denen verbunden, die man griechisch «Moiren» nennt und germanisch «Nornen». In der «Ilias» will Hera nicht, dass der Trojaner Aeneas siegt (denn der Trojaner Paris hatte damals nicht ihr den Apfel der Schönheit gereicht, sondern der Aphrodite). Ihr Wunsch wird nicht erfüllt, Achill wird nicht über den Trojaner triumphieren, weil es schon so bestimmt war: «Ach, die Stunde nahet ihm doch; bald wird er erdulden, / Was am Tage seiner Geburt mit gleitendem Faden / Ins Gewand des Lebens die grausamen Schwestern ihm webten.»[2] Ähnlich hören wir in der Edda: «Nacht wurde es im Gehöft, / Nornen kamen, / die dem Edlen / die Lebenszeit schufen; / sie bestimmten, dass dieser Heerführer / der berühmteste werde / und als der Fürsten / bester erscheine.»[3] Die älteste Überlieferung sieht das Wissen von Lebensfaden und Lebenszeit bei den Frauen.

Ulrike Edschmids Buch über ihren Geliebten Werner Sauber, der bei ihr «Philip S.» heißt, ist zu Recht sehr gelobt worden.[4] Das Thema ist heikel, denn Werner Sauber schloss sich der «Bewegung 2. Juni», dann der RAF an und wählte nach bemerkenswerten Anfängen als Kunstfilmer den Weg in den «bewaffneten Kampf». Ulrike Edschmid ist eine selbstbewusste Frau von der Art, wie sie damals und vielleicht Jahrzehnte zuvor als soziale Figur auftauchte, sie hatte schon Ende der sechziger Jahre, als die Geschichte einsetzt, künstlerische Gaben. Und sie ist damals Mutter eines kleinen Sohnes, der sie braucht; er bewahrt sie, ohne es zu wissen, vor dem endgültigen Abdriften in den Untergrund. Als Werner Sauber dann wirklich abtaucht, steckt Ulrike Edschmid ihm die Adresse eines Kölner Arztes zu: «Ich weiß, dass er ihm helfen wird, wenn er in seinem künftigen Leben ärztliche Hilfe brauchen wird.»[5] Dieser Arzt, aserbaidschanisch-persischer Herkunft, war Ulrike Edschmids Geliebter gewesen, als sie neunzehn war. Werner Sauber wird am 9. Mai 1975 auf einem Kölner Parkplatz schwer angeschossen, er seinerseits erschoss wohl Sekunden zuvor den Polizisten Walter Pauli. Und der diensthabende Arzt in dem Kölner Krankenhaus, der den Tod Werner Saubers feststellen muss, unwissend, wen er vor sich hat, ist - ebenjener frühere Geliebte.

«Dass Philipp S. in den ersten Stunden des neunten Mai 1975 doch noch auf ihn getroffen ist, gehört zu den Fügungen des Schicksals, die sich unserem Einfluss entziehen», schreibt Ulrike Edschmid.[6] Am Ende löst sich aus den modernen Bildern des Weiblichen ein archaisches: das Bild der Parze, die sich die Schicksalsfäden durch ihre Finger gleiten lässt - oder wie bei Richard Wagner das alte Seil im Vorspiel der «Götterdämmerung»: «Singe, Schwester, - dir werf' ich's zu - / weißt du, wie das wird?»[7] Nein, auch sie weiß es nicht, aber sie wird es eines Tages wissen. Solches Wissen lässt sich nicht demokratisieren und gendergerecht umverteilen. Vergebene Mühe, einem Mann diese Gabe zuzutrauen.

Gertrud Leuteneggers Roman «Späte Gäste» beschreibt eine Nachtwache, sie gilt einem gerade Verstorbenen. Auch bei dieser Konvention, gerade wie bei der Geburt und dem Gedanken des Schicksalsfadens, sieht die älteste Überlieferung ein Amt der Frauen. Wenn ich als Kind meine Großmutter besuchte, dann ging es am Sonntagmittag erst auf den Friedhof, danach gab es Kaffee und Kuchen. Die Totenklage oblag den weiblichen Angehörigen. Im alten Ägypten sah man auf Artefakten «Klageweiber» mit formelhaften Gesten, die Hand auf dem Kopf, Asche über sich verstreuend. Es liegt nahe, diese Bräuche als längst vergangene Geschlechterzuschreibungen zu verstehen. Aber auch heute scheint es üblich zu sein, dass Frauen bei Beerdigungen von Prominenten mit einer großen Sonnenbrille diskret auf die verweinten Augen hinweisen: Gerade das Ewige muss immer aufs Neue gestaltet werden. Frauen trauern anders, ausführlicher: Man denkt an Marina Zwetajewa («Epitaph»), an Joan Didion («Das Jahr des magischen Denkens») oder an Olga Martynova («Gespräch über die Trauer»). Es mag auch ganz banal damit zu tun haben, dass die Männer in der Regel vor den Frauen sterben.

Am Morgen des Ostersonntags finden sich auch am Grab Christi nicht die Jünger, sondern die Frauen: «Als der Sabbat vorüber war, kauften Maria aus Magdala, Maria, die Mutter des Jakobus, und Salome Balsam, um (zum Grab) zu gehen und ihn zu salben.»[8] Als sie es leer finden, «eilten sie weg vom Grab, voll Furcht und großer Freude, und liefen zu seinen Jüngern, um ihnen die Botschaft zu verkünden».[9] Aber den Aposteln «kamen diese Worte wie leeres Gerede vor und sie glaubten ihnen nicht».[10] Denn noch, so erläutert Johannes, «hatten sie die Schrift nicht verstanden, dass er von den Toten auferstehen müsse».[11] Im Johannesevangelium ist es nur Maria von Magdala, die das leere Grab sieht und dann zu Petrus und zu Johannes läuft. Bei Matthäus erscheint ihnen Jesus selbst: «Seid gegrüßt! Sie gingen zu ihm, umfassten seine Füße und warfen sich vor ihm nieder. Da sagte Jesus zu ihnen: Fürchtet euch nicht! Geht und sagt meinen Brüdern, sie sollen nach

Galiläa gehen, dort werden sie mich sehen.»[12] Situationsangemessen verhalten sich die Frauen, weniger die Jünger.

Von einem einzigen Satz bei Gertrud Leutenegger war ich sofort gefangen: «Wilde Dankbarkeit.»[13] Ein Roman, in dem sich dieser Satz findet, muss beglücken. Ist doch darin ausgesprochen, was ich am meisten schätze: das Spontane und Unzensierte (der Traum meiner Generation), aber in der großzügigsten Weise der Welt gegenüber, nicht als Klage- und Anklageschrift, wie man sie sonst aus dem Feminismus kennt. «Späte Gäste» spielt in der südlichen, an die Lombardei grenzenden Schweiz und in Italien. Großzügig ist dort die Natur selber: Kastanien, Ginster, aber auch schon Palmen! In der Erinnerung dringt «der Duft von eingekochten Johannisbeeren zu uns», ein anderes Mal ist es der betäubende Geruch des wilden Thymians.[14]

Orion, ein Mann, den die Erzählerin einst sehr liebte und mit dem sie ein Kind großzog, ist gestorben. Als es schon dunkelt, hält sie eine Art Totenwache vor der Friedhofskapelle, in der man seinen Sarg aufgebahrt hat. Orion «hat geduldig gewartet, bis der Tod ihn holte zu dieser letzten Überfahrt. Er hat sich kein Leid angetan!»[15] Gerade das ist der Grund ihrer wilden Dankbarkeit. Vielleicht war sie auch Orions eigene Haltung, indem er nicht die ultimative Beschwerde und Anklage gegen das Leben vorbrachte – indem er sich nicht selbst tötete. Schon wird die Grundstimmung, Grundhaltung dieser Erzählerin klar. Solche Festigkeit kommt, wie der Roman auf diskrete, unaufdringliche Weise klarmacht, aus einem Glauben. Nicht dass Gertrud Leutenegger uns mit Bekenntnissen zur Last fallen würde. Nur ist alles auf wundersame Weise in eine Zeit des Kirchenjahres und in eine Topographie der Kirchen und Kapellen gestellt. Von der Dreikönigsnacht, Allerheiligen und dem Agathentag hören wir, die Religion hat weniger den Charakter steiler Theologie als den des Volksglaubens, etwa in der Erwähnung von Votivtafeln.

Was es mit den «Späten Gästen» des Buchtitels auf sich hat, erfährt man im Laufe des Romans. Es sind Migranten, in Lesbos angekommen, über Sizilien gewandert. Auch bei diesem Thema herrscht die Atmosphäre eines großen Wunders, die ins Märchenhafte führt. Weder geht von den Neuankömmlingen eine Drohung aus, noch gibt es irgendwelche fremdenfeindlichen Reaktionen der Eingesessenen. Sofort finden sie sich in die örtlichen Karnevalssitten, indem sie sich mit den typisierten Kostümen der «Hässlichen» ausstaffieren. Der Karneval (die Romanzeit) ist aber eine Zwischenzeit, in der die sonst geltenden Regeln außer Kraft gesetzt sind - sie erscheint als Traum des großen Friedens.

Ein Abend, die Nacht und der Morgen bilden den zeitlichen Rahmen. Die Erzählerin berichtet, was vorher geschah. Dann, am Ende, kommen die ersten Sonnenstrahlen des Tages der Totenmesse für Orion. Die «Hässlichen» sind so unmerklich verschwunden, wie sie gekommen waren: «Ungläubig drehe ich mich um zum Wirt. Da trifft mich sein Blick, in dem das versammelte Schweigen der vergangenen Jahre ruht, der unverbrüchliche Halt, der Glaube, mit dem er mein ganzes Wesen erwärmt hat. Es ist Zeit, sagt der Wirt, die Glocken läuten schon.»[16] Dieses Buch leuchtet von innen.

Brigitte Kronauer, geboren am 29. Dezember 1940, vielfach ausgezeichnete Schriftstellerin, starb am 22. Juli 2019. Nur wenige Wochen später erschien der umfangreiche Band «Das Schöne, Schäbige, Schwankende». Der Untertitel gibt die vorher literarisch nicht nachweisbare, aber für diese Schriftstellerin charakteristische Gattungsbezeichnung «Romangeschichten». Die abschließende Geschichte heißt schlicht

«Grünewald» und widmet sich dem Maler des Isenheimer Altars und seinem Werk. Man möchte vermuten, dass dies tatsächlich die letzte Erzählung war, die Brigitte Kronauer verfasste. Der Erzähler ist ein Greis, dem der baldige Tod klar vor Augen steht, und die Beschreibung heftigster Schmerzen legt den Gedanken nahe, dass diese Erfahrung so leise und intensiv nur jemand ausdrücken konnte, der Ähnliches empfand und erlitt.

Im Kern handelt die Geschichte von verschiedenen Ansichten des Himmels, wie sie dem Erzähler in unterschiedlichen Stadien seines Lebens erschienen. Am Beginn stehen der Rausch, die Ekstase. Der Erzähler berichtet von seiner Jugend und von den «Stunden, in denen ich am Meer und im Gebirge, auch am Waldrand, umsprenkelt von Licht, auf dem Rücken lag und stundenlang in dieses Azur starrte! Am besten war es, wenn ein weißes Wölkchen oder die schmalen Föhnfische oder die dicken norddeutschen Wolkentürme im tiefen Blau standen. Da konnte man wahrhaftig außer sich geraten» - genau das heißt Ekstase! -, «ein Zustand, in dem man kaum wusste, ob man lebte oder schon in eine Ewigkeit entrückt war. Mit Frömmigkeit hatte das wenig zu tun. Ich dachte gar nicht das Wort ‹Gott›, ich wusste nur, alles an mir wusste es, dass er direkt über dem Blauen, unsichtbar zwar, nicht als Gestalt, aber spürbar und andrängend in seiner Gegenwart, in seiner feurigen Masse und Kraft wogte und seinen Blick auf mich und die Welt richtete. Ich spürte ihn durch das Blau hindurch, und deshalb, wegen dieser Durchdringlichkeit und Durchsichtigkeit, war es das schönste auf der Welt, kein anderes Vergnügen konnte sich mit diesen stürmischen Festen messen. Mein Herz fühlte sich dann so riesig wie das Universum, in das ich hineinsah, von dessen rasendem Sternenstaub und intergalaktischen Partikelchen ich noch nichts ahnte.»[17]

Das ist sehr nah an einer künstlerischen Vision; Licht und Farbe sind die Medien der Erfahrung, sie lösen die Ekstase aus. Und es handelt sich um die weitgespannteste und zugleich mikroskopisch kleine (also integrale, gesamte) Natur als Auslöser: Sie ist in einem Spiel von Blau und Weiß begriffen, der Leib erkennt mit («alles an mir wusste es»). Man könnte von integraler Wahrnehmung sprechen, die kognitiv erfüllt ist und die übliche Ansicht der Wahrnehmung als einer nur unvollständigen Erkenntnis übersteigt. Zugleich ist die Transzendenz - Gott - ohne besondere Thematisierung präsent, nicht in begrifflich-theologischer Weise oder als Bekenntnis, sondern als vorsprachliche Gewissheit.

Diese primäre Wahrnehmung wird ihm nach dem Knabenalter entzaubert. Er ging damals durch eine beschränkte Aufklärung hindurch: «Zwischendurch, als meine Augen weder jung noch alt waren, sah ich, anders als in der Kindheit, böse auf zum Himmelsblau, das ich einmal so liebte, denn ich wusste jetzt, dass Gott gar nicht darüber oder darinnen wohnte. Wie niederträchtig hatte man mich betrogen!»[18] Die Idee, ein bloßer Priestertrug habe die Rede von Gott aufgebracht, stand im Zentrum der Aufklärung des 18. Jahrhunderts. Endlichkeit ist nach dieser Auffassung die einzige Dimension des Lebens: «Der Himmel war, je nachdem, eine blau angestrichene Bretterdecke oder eine bodenlose, öde Leere, die mit toten Flammenkörpern glotzte und sich nicht für mich interessierte, mich nicht einmal wahrnahm. Ich war also der Wahrheit, der fürchterlichen Einsamkeit des Menschen ausgesetzt, gegen die nichts, auch kein angeblicher Heroismus oder dergleichen nutzt. Das sind nur Schönrednereien, mit deren Hilfe man den Kopf hochhalten soll.»[19] So die säkularisierte Rede, die der Erzähler im Nachhinein als noch schlimmere und vor allem allgemein erwünschte Täuschung erkennt: «An solchen

Unfug zu glauben war erlaubt, sogar verlangt. Niemand nahm Anstoß daran. Es galt als zeitgemäße intellektuelle Haltung.»[20] Erstmals formuliert hatte diese Erfahrung Blaise Pascal schon im 17. Jahrhundert in dem berühmten Satz: «Das ewige Schweigen dieser unendlichen Räume erschreckt mich.»[21] Der Erzähler macht die Erfahrung der modernen Entzauberung der Welt, er sieht sich gegenüber nur noch «einen in alle Himmelsrichtungen zugenagelten Kosmos».[22]

Erst angesichts von Grünewalds Isenheimer Altar, dem er lange Betrachtungen widmet, findet er etwas von der frühen Vision wieder: «Über Mutter und Kind ist der Himmel offen. Hier erscheint, was ich so lange in meiner Jugend erhofft hatte, aus dem wogenden Dunst der Wolken hervortretend, strahlend und doch in den Umrissen kaum zu ahnen, die Gestalt des ernsten Vatergottes mit Zepter und Reichsapfel in honigfarbener Glorie, erscheint als Uralter und unumschränkter Herrscher des Alls, gebildet für einen Augenblick zur Sichtbarkeit und doch genauer als eine Augentäuschung im Gewölk, unnahbar und väterlich in bestirnter Aureole.» In dieser Lichtfülle finden sich die kaum irgendwie umrissenen Sendboten der Gnade, eher Energieströmen und Flämmchen vergleichbar, unten im Bild sieht man in festeren Gestalten Jesus und Maria, von der Liebe Gottes umhüllt. «Es gibt die Leere nicht, nicht das Nichts für den Sehenden. Dieser Maler garantiert es.»[23]

Am Ende ist die Ansicht wieder um eine Nuance anders und vorsichtiger ausgesprochen. Der Erzähler betrachtet nun jenes Flügelbild des Altars, das den rein legendenhaften Besuch Antonius des Großen (251 bis 356) bei dem uralten Eremiten Paulus von Theben darstellt, so, wie ihn der Kirchenvater Hieronymus geschildert hat. Was ihn fasziniert, ist der magere, abgezehrte Arm des Eremiten: «Das, was auf seinen nahen Tod hinwies, schien mir das Allerlebendigste zu sein.»[24] Mit diesem Arm eines Greises kann er sich identifizieren. Hier erkennt er eine Energie, «die über das Irdische hinausgeht. Zu ihr drängt es uns in Wahrheit hin. Warum würde man sonst so sehr danach verlangen?»[25] Aber kein Gottvater ist zu sehen. «Der Himmel ist verschlossen, man muss ihn, im Verein mit dem Aufwärtsströmen aller Wesen, mit Glut und Waffen seiner Sehnsucht durchdringen. Nichts anderes bleibt mir Verlassenem übrig.»[26]

Das ist der Umriss einer spirituellen Biographie, die mehrere Stadien zwischen Unendlichkeitsjubel und Desillusionierung durchläuft. Und so ist dieses letzte Buch von Brigitte Kronauer zugleich eine ausgefaltete «Ars Moriendi» in erzählter Form; das bevorstehende Sterben wird umkreist. Damit verändert sich auch die Sprache, in der innigere Töne vernehmbar werden, und zwar keineswegs ironisch. Kronauer sagte das Höchste ihr Mögliche, aber nicht mehr, als sie sagen konnte. Es handelt sich, soweit das in der Literatur überhaupt möglich ist, um eine *aufrichtige* Schreibweise - bei Arno Schmidt hatten die Phantasiespiele im Vordergrund gestanden. So, wie von Brigitte Kronauer geschildert, müsste eine Kunst des Sterbens aussehen: bewusst und wach angesichts des Kommenden, ohne Illusionen und Bitterkeit, die Gedanken auf das einzig noch Wesentliche gerichtet. Das ist mehr als der eigene Tod - es ist der bewusst angeeignete, den man sich zum eigenen gemacht hat.

19. LETZTE WORTE

Die erste Buchveröffentlichung von James Joyce war 1907 der Gedichtband «Chamber Music», zu Deutsch: Kammermusik. Musikalisch, mit dem Ohr, muss man auch seine Prosa lesen. Im ersten, 1916 erschienenen Roman «Ein Porträt des Künstlers als junger Mann» hören wir eine zerknirschte, der Sünde bewusste, zur Beichte drängende Konfession des Helden Stephen Dedalus: «He had to confess, to speak out in words what he had done and thought, sin after sin.»[1] Man halte dagegen eine Seite des Spätwerks «Finnegans Wake», 1939 erschienen: «Zinzin. Zinzin.»[2] Penetrant wiederholt, handelt es sich doch nicht um ein bloßes Geklingel.

Erzählt wird eine Geschichte des Falls, des physischen, aber auch eines spirituellen Sturzes. Sie geht auf den Sündenfall zurück. Stanislaus Joyce, der jüngere Bruder des Schriftstellers, hat seine erste Erinnerung an James festgehalten und spricht dort von einer «Aufführung der Geschichte von Adam und Eva mit verteilten Rollen, die er zur Erbauung unserer Eltern und des Kindermädchens veranstaltete. Ich war Adam; und eine Schwester, nicht ganz ein Jahr älter als ich, die Eva. Der Teufel war mein Bruder. Woran ich mich nur verschwommen erinnern kann, ist das Bild, wie er sich auf dem Fußboden schlängelt, und der lange Schwanz, den er sich wohl aus einem gerollten Handtuch oder Bettlaken gemacht hatte.»[3]

Mitten im Satz beginnt «Finnegans Wake»: «riverrun, past Eve and Adam's».[4] Fließe, Fluss, an (der Wohnstatt von) Eva und Adam vorbei. Später erfahren wir, dass es sich bei dem Fluss um die Liffey handelt, die Dublin durchzieht, aber mit ihrem alten Namen Anna Liffey auch auf Anna Livia Plurabelle verweist, die große Frau dieses Weltbuchs, das so viele Weltdialekte anspielungsreich vermischt. Mit Adam und Eva ist die höchste Bedeutungsebene angesprochen. Die Dubliner Kirche der Unbefleckten Empfängnis, auch «Adam and Eve's» genannt, liegt an der Liffey. Adam und der «Fall» ziehen sich durch das Buch. So hören wir von einem Artikel sogar in der «Frankfurter Zeitung», einem (parodistischen/bezahlten/lächerlichen) Periodikum vom Fest-(oder Schnell-) Land, von einer Reportage über den Fall: «... the first deal of Yuly wheil he was, swishing beesnest with blesure, and swobbingbrogueneeriesh myth brocken dootsch, making his reporterage on Der Fall Adams for the Frankofurto Siding, a Fastland payrodicule.»[5] Der Fall Adams ist das Grundfaktum der christlichen Theologie. Im Buch wird er lautmalerisch sowohl dem Sturz des Maurers Finnegan von der Leiter wie der Donnersprache des Herrn nachgebildet: «bababadalgharaghtakamminarronnkonnbronntonnerronntuonnthunntrovarrhounawnskawntoohoohoordenenthurnuk!»[6]

«Finnegans Wake» ist ein postchristliches Buch, das mit seinem inneren Reichtum nur durch die christliche Erzählung denkbar wurde. Humphrey Chimpden Earwicker, HCE genannt, der Hauptprotagonist, und seine Frau haben zwei Söhne und eine Tochter. Von dem Vater geistert eine nie ganz aufzuklärende Me-Too-Geschichte durch das Buch: Irgendwie hat er sich Mädchen im Park auf eine Weise genähert, die unziemlich war; seine Verteidigung verstärkt eher den Verdacht, als ihn zu zerstreuen. Es soll ein von seiner Frau diktierter, von seinem Sohn Shem geschriebener und von dem anderen Sohn Shaun zugestellter oder jedenfalls transportierter Brief existieren oder existiert haben. Die Ermittlungen ziehen sich. Stimmen fragen nach Earwickers Wandel. Die Treue zur katholischen Welt seiner Kindheit ist so wenig zu übersehen wie die ungeheure Aggressivität und Destruktivität, mit der Joyce sie sich aneignet.

So muss auf den Fall, mit dem alles begann, am Ende die Auferstehung folgen - aber blasphemisch verzerrt: «Sandhyas! Sandhyas! Sandhyas! / Calling all downs. Calling all downs to dayne. Array! Surrection! Eireweeker to the wohld bludynworld. O rally, O rally, O rally! Phlenxty, O rally!»[7] Das ist ein Morgengebet, ein neuer Tag geht am Ende auf. «Sandhya» ist das Sanskrit-Wort für die Morgendämmerung. Die dreifache Formel des Anfangs lässt ebenso an das «Sanctus, sanctus, sanctus» der christlichen Abendmahlsliturgie denken, erstmals zu finden bei Jesaja als der visionär erlebte Gesang der Seraphim vor Gott: «Heilig, heilig, heilig ist der Herr der Heerscharen.»[8] Dann folgt etwas wie eine Radiodurchsage, ein Ruf ergeht, der die drunten Liegenden («downs») zum Aufstehen ermuntert und dabei die Sprache der Resurrektion, der Auferstehung, benutzt: «Array! Surrection!» - «Array» ist eine Mannschaft, eine Gruppe, ein Aufgebot; die «surrectio» eine Hebung («Insurrektion» ein Aufstand), und das Ganze will besagen: Jetzt erhebt euch mal, versammelt euch - «rally» wird in der englischen King-James-Bible auch für die Versammlung der Gläubigen verwendet. Aus Humphrey Chimpden Earwicker wird der «Eireweeker» der ganzen verdammten Welt, wie es hier lästernd heißt.

«Finnegans Wake» ist ein Buch, das die Trauer nicht kennt, sie sogar abwehrt: darum der grandiose, aber auch zwanghafte Witz. Alles Geschehen verläuft in großen Kreisen, der letzte Satz des Buchs mündet in den ersten zurück, die Weltgeschichte erscheint als bloßer Maskenwechsel. Selbst der Tod ist Anlass zum Gekicher: «Dood dood dood! O Bawse! O Boese! O Muerther! O Mord! Mahmato! Moutmaro! O Smirtsch!

O Smertz! Woh Hillill! Woe Hallall!»[9] Stanislaus hat in seinen Erinnerungen an James den Sachverhalt gut getroffen: Der Bruder war «an der katholischen Kirche mehr interessiert als an jedem anderen organisierten System in Europa (…), aber was die eigentlichen Grundfragen anbelangte, glich seine Einstellung zum Katholizismus mehr der der Wasserspeiermasken außen an der Kirche als der der Heiligen drinnen.»[10] Knapper drückte sich die Schriftstellerin Katherine Mansfield im Januar 1922 in einem Brief an den Romanautor Sydney Schiff aus, ihre Eindrücke von Joyce zusammenfassend: «He's so terribly *unfein*; that's what it amounts to.»[11]

Im Christentum kreuzen sich die Wege von Gott und Mensch. An Weihnachten wurde der Heiland geboren, an Ostern musste er sterben. Die Menschen sind die Geborenen und also Sterblichen, sie allein unter allen Geschöpfen wissen es. Alle Verhältnisse, von denen wir geredet haben, bringt das Christentum zur äußersten Zuspitzung: Der Sohn Gottes, der die Erlösung vom Tod versprach, wird gekreuzigt. Deshalb ist das Kreuz ein Symbol der menschlichen Verfassung schlechthin, es bringt das Verhältnis von Leben und Sterben in einem ungeheuren erzählenden Bogen von Adam zu Jesus zu einer Ordnung. Zugleich wird aber durch die Evangelien der Gedanke des ewigen Lebens vermittelt, Christus ist der Gestorbene und der Auferstandene, man findet das Grab leer. «Ich werde euch wiedersehen», sagt er den Jüngern beim letzten Mahl.[12] Petrus nimmt in der Pfingstpredigt die Lehre auf: Ihn, Christus, «hat Gott auferweckt, indem er die Wehen des Todes löste».[13]

Es gibt wohl keine andere Religion, die das Schicksal Gottes, wenn man es denn so nennen darf, derart intensiv mit dem Schicksal der Sterblichen verbindet. Das Verhältnis ist so eng, dass dagegen Allah, der «Verhältnislose», wie Hegel ihn genannt hat, nicht einmal in die Nähe solcher Bezüge von Geburt und Tod kommt. Wir haben es auch nicht mit einer Weisheitslehre für die Eliten zu tun, anfangs, in den Evangelien, überhaupt weniger mit einer Lehre als mit einer Erzählung. Nur im Medium von Geschichten, Gleichnissen, Parabeln, Wundern, Gesprächen, Gelegenheiten und Situationen artikuliert sich die Lehre. Das gehört mit zu ihrer Nähe: ihre Fasslichkeit für die Menschen. Mit höchster Energie hat Paulus im ersten Korintherbrief das Versprechen des ewigen Lebens formuliert: «Denn dieses Vergängliche muss sich mit Unvergänglichkeit bekleiden und dieses Sterbliche mit Unsterblichkeit.»[14] Der ganze Briefschluss ist der Auferstehung der Toten gewidmet.

Im letzten Buch des Neuen Testaments, der Offenbarung des Johannes, geht es um die letzten Dinge. Der Satan und seine Lügenpropheten werden ins Feuer geworfen, das Weltgericht beginnt: «Ich sah die Toten, die Großen und die Kleinen, vor dem Thron stehen.» Bücher werden aufgeschlagen, und dann noch eines, «das Buch des Lebens».[15] Die darin verzeichnet sind, treten in das Neue Jerusalem ein, auf einer neuen Erde unter einem neuen Himmel. Es ist die Stadt Gottes: «Ihr Lichtglanz war wie der eines kostbaren Edelsteins, wie kristallklarer Jaspis.»[16] Eine Mauer mit zwölf Toren umschließt die Stadt, auf ihnen sind die Namen der zwölf Stämme Israels geschrieben; und sie hat zwölf Grundsteine «mit den zwölf Namen der Apostel des Lamms».[17] Das Mauerwerk besteht aus Jaspis, die Stadt selbst aus reinem Gold, die Grundsteine sind wiederum mit edlen Steinen geschmückt, der zwölfte ist ein Amethyst. Die zwölf Tore sind zwölf Perlen, «jedes Tor besteht aus einer einzigen Perle».[18] Sonne und Mond braucht die

Stadt nicht, sie wird von der Herrlichkeit Gottes erleuchtet. Ein Strom fließt hindurch, das Wasser des Lebens. Zwischen dem Strom und der Straße stehen «Bäume des Lebens». Ihre Früchte und Blätter dienen zur Heilung der Völker. Weder Sonne noch Nacht gibt es, «denn Gott, der Herr, wird leuchten über ihnen».[19]

Der Sinn einer Vision ist nicht die Beschreibung von dinglicher Wirklichkeit, vielmehr enthält sie eine Botschaft, die gelesen sein will. Hier ist es die von reiner Herrlichkeit und Vollendung. Zwölf, die Zahl der Ordnung im Alten wie im Neuen Testament, wiederholt die Anzahl der Stämme Israels und der Apostel, sie verbürgt schon auf äußerliche Weise, dass es sich hier um die Präsenz des Heiligen handelt. Die Steine werden genannt: Jaspis, Saphir, Chalzedon, Smaragd, Sardonyx, Sardion (der ist rot), Chrysolith, Beryll, Topas, Chrysopas, Hyazinth und Amethyst. Das entspricht im Wesentlichen dem Brustschild des Priesters im Alten Testament, das mit zwölf Steinen, entsprechend den zwölf Söhnen Jakobs, besetzt war.[20] Es handelt sich um die reinste und dauerhafteste Farbenpracht, die die Natur zu geben imstande ist, um Antworten auf das Licht.

«Und wer von den prophetischen Worten dieses Buches etwas wegnimmt», heißt es in der Offenbarung des Johannes, «dem wird Gott seinen Anteil an dem Baum des Lebens und an der heiligen Stadt wegnehmen, von denen in diesem Buch geschrieben steht.»[21] Wegnehmen wird mit wegnehmen gestraft. Mit dem Baum des Lebens, der ganz am Ende der Offenbarung genannt wird, ist der denkbar dramatischste Bogen geschlagen zum Beginn der Schöpfungsgeschichte. Nach dem Sündenfall hatte der Herr gesprochen: «Siehe, der Mensch ist geworden wie einer von uns, sodass er Gutes und Böses erkennt. Dass er nun aber nicht seine Hand ausstrecke und vom

Baum des Lebens nimmt und davon isst und ewig lebt! Darum entfernte Gott, der Herr, den Menschen aus dem Garten Eden.»[22] Von denen, die sie anspricht, verlangt diese Vision einzig, dass sie sich der Herrlichkeit öffnen. Sie war aus der Begeisterung gesprochen, die dem Verfasser zuteilgeworden war, und hat ihr Recht darin, das Entscheidende anzudeuten. Ansonsten gilt: Von allen Vorstellungen und Ausmalungen, die doch nur der diesseitigen räumlich-zeitlichen Welt entnommen sein können, sollte man sich bei diesen ernsten Fragen so fern wie möglich halten.

Vorher kommt das wirkliche Sterben. Man hat über die Jahrhunderte sieben letzte Worte Jesu am Kreuz überliefert, die ein Leitfaden sein können - für Sterbende und für jene, die sie dabei begleiten, am Ende für alle Sterblichen. Im Augenblick der Kreuzigung und des äußersten Schmerzes betete Jesus, wie es Lukas überlieferte: «Vater, vergib ihnen, denn sie wissen nicht, was sie tun!»[23] Mit ihm werden zwei Übeltäter gekreuzigt, der eine verspottet Jesus: Wenn er wirklich der Messias sei, dann solle er sich selbst und ihnen helfen. Der andere war sich seiner Schuld bewusst, die Strafe sei zu Recht ergangen, und er bat Jesus: Denk an mich, wenn du in dein Reich kommst! An ihn ergeht das zweite Wort: «Amen, ich sage dir: Heute noch wirst du mit mir im Paradies sein.»[24] Und das dritte ergeht, als Jesus seine Mutter und den Johannes vor dem Kreuz stehen sah. Zur Mutter sagte er: «Frau, da ist dein Sohn! Dann sagte er zu dem Jünger: Da ist deine Mutter!»[25] Das vierte Wort wird von Matthäus überliefert: «Um die neunte Stunde rief Jesus laut: *Eli, Eli, lema sabachtani?*, das heißt: *Mein Gott, mein Gott, warum hast du mich verlassen?*»[26] Es nimmt die Formulierung von Psalm 22 auf. Dieser beginnt mit einem Hilfeschrei in äußerster Not: «Mein Gott, mein Gott, warum hast du mich verlassen! / Warum bist du fern meinem Flehen, dem Ruf meiner Klage!»[27] Das will sagen: Jesus betet an dieser Stelle, und zwar nach dem Vorbild der Psalmen, dem eigentlichen Mark des Gebets. Das fünfte der Worte ist von Johannes überliefert: «Danach, im Wissen, dass alles vollbracht war, sagte Jesus, damit sich die Schrift erfüllte: Ich habe Durst!»[28] Der Hinweis auf die Schrift bezieht sich wiederum auf Psalm 22 (Vers 16): «Vertrocknet wie eine Scherbe ist meine Kehle, / die Zunge klebt mir am Gaumen, / du hast mich hinabgeführt zum Staub des Todes.» Man gibt ihm statt Wasser den Essigschwamm. Und das bedeutet: Es geht ihm nun so, wie es dem leidenden Gerechten prophezeit worden war. Dass «alles vollbracht war» - nämlich das, was er auf Erden zu tun gehabt hatte, nicht nur zu Ende ging, sondern vor allem an sein Ziel gekommen und erfüllt war -, das ist der Sinn dieser Wendung, die im sechsten Wort erneut aufgenommen wird: «Als Jesus den Essig genommen hatte, sagte er: Es ist vollbracht! Und er neigte das Haupt und gab den Geist auf.»[29] «Es ist vollbracht» heißt im griechischen Originaltext «Tetelestai». Darin steckt «telos», die Erfüllung, das Ziel. Das siebente Wort lautete nach Lukas: «Und Jesus rief laut: Vater, in deine Hände lege ich meinen Geist! Nach diesen Worten verschied er.»[30] Wieder hören wir einen Psalm: «In deine Hände befehle ich meinen Geist, / Herr, du getreuer Gott, du wirst mich erlösen!»[31] Aus dem fern-erhabenen «Herr» ist der «Vater» geworden.

Wo es um letzte Worte geht, endet das Reich der Phrase. Alles ist hier Bitte, Fürbitte für andere und Zuspruch; einzelne Menschen werden angeredet - und Gott als Person, schließlich kommt die eigene Person ins Spiel. Für den Christen, hat der Philosoph Paul Ludwig Landsberg dargelegt, existiert «auf Seiten der Ewigkeit nicht mehr nur eine Ideenwelt, sondern es existiert dort eine Person, die das absolute Sein ist» - und mehr als Sein, nämlich Gnade.[32] Die Anrede «Vater» kannte auch Sokrates im «Phaidon» nicht, er blieb in der Sphäre der Begriffe.

Die letzten Worte am Kreuz sind die wenigen nun noch möglichen und vor allem sinnvollen, der Situation angemessenen. Auch sie gehören nicht mehr zur Sphäre der Beschreibung von Sachverhalten - die Welt wird in Kurzem verlassen -, sondern sind letzte Mitteilungen. Alles Unwesentliche fällt ab. Angesprochen werden jene, die gerade noch nah sind: die Kreuzigenden, die Feinde also, denen Jesus vergibt. An die Mitgekreuzigten richtet er ein Wort des Hoffens in der höchsten Not. Seine Mutter und den Lieblingsjünger bittet er zum Abschied, sich gegenseitig zu stützen. Das Sterben ist nicht in einem isolierten einzelnen Wort zu bannen; es ist ein Prozess, und dieser gibt den Stationen der sieben letzten Worte die Form. Von höchstem Realismus ist die Bewegung von Gottverlassenheit zur Sicherheit (die der Mensch sich in Hoffnung übersetzen muss), das ihm - und nur ihm - Aufgetragene erfüllt und vollbracht zu haben, und zum Gottvertrauen. Am Ende ist es kein fixierter Standpunkt, sondern eine an den Prozess angeschmiegte Bewegung, die diesen letzten Worten ihre Glaubwürdigkeit verschafft.

ANMERKUNGEN

PROLOG: ZUM KERN ALLER GESCHICHTEN

1 Hoheslied 8, 6–7, in: Die Bibel. Die Heilige Schrift des Alten und Neuen Bundes. Freiburg, Basel und Wien 2005. Hier und im Folgenden benutze ich stets diese Ausgabe.

2 Johann Jakob Bachofen, Eine Selbstbiographie, zugleich ein Gedenkblatt zu seinem hundertsten Geburtstag (22. Dezember 1915). In: Zeitschrift für vergleichende Rechtswissenschaft einschließlich der ethnologischen Rechtsforschung 34 (1916), S. 352. Vgl. Gustav Schwab, Die schönsten Sagen des klassischen Altertums nach seinen Dichtern und Erzählern. Gesamtausgabe in drei Teilen. Stuttgart 1986, S. 588.

3 Walter Benjamin, Einbahnstraße. In: ders., Gesammelte Schriften IV. Hrsg. von Tilmann Rexroth. Frankfurt a. M. 1972, S. 117.

4 Ebd., S. 219.

5 Walter Benjamin, Gesammelte Schriften II. Hrsg. von Rolf Tiedemann und Hermann Schweppenhäuser. Frankfurt a. M. 1977, S. 98.

6 Benjamin, Einbahnstraße, S. 131.

7 Charlotte Wolff, Über Walter Benjamin. In: Begegnungen mit Walter Benjamin. Hrsg. von Erdmut Wizisla. Leipzig 2015, S. 111, vgl. auch S. 119.

8 Max Horkheimer, Notizen 1950 bis 1969 und Dämmerung. Notizen in Deutschland. Hrsg. von Werner Brede. Frankfurt a. M. 1974, S. 175.

9 Sigrid Löffler, Der Künstler und sein Frauenopfer. In: Der Spiegel, 26. Februar 1989.

10 Jürgen Kaube, Navigieren im Strom ohne Ufer. In: Frankfurter Allgemeine Zeitung, 6. Februar 2022.

11 Zitiert nach: Alex Zwerdling, Virginia Woolf and the Real World. Berkeley 1986, S. 64.

12 Friedrich Nietzsche, Ecce homo. Wie man wird, was man ist. In: Kritische Studienausgabe. Hrsg. von Giorgio Colli und Mazzino Montinari. Bd. 6. München 2005, S. 313.

13 Zitiert nach Eva Sládková, Täuschen wir die Natur und erlangen Unsterblichkeit?, https://www.goethe.de/prj/jad/de/the/fake/24388624.html, November 2022.

14 Theodor W. Adorno, Negative Dialektik. Frankfurt a. M. 1966, S. 361.

1. DIE ENTDECKUNG DER VERGÄNGLICHKEIT

1 Marcel Proust, Auf der Suche nach der verlorenen Zeit. Die Entflohene. Deutsch von Eva Rechel-Mertens. Frankfurt a. M. 1969, S. 197.
2 Immanuel Kant, Kritik der reinen Vernunft. Hrsg. von Albert Görland. Berlin 1922, § 1, S. 57.
3 Henri Bergson, Zeit und Freiheit. Versuch über das dem Bewusstsein unmittelbar Gegebene. Übersetzt und hrsg. von Margarethe Drewsen. Hamburg 2016, S. 5.
4 Gen 1, 1.
5 Homer, Ilias. Deutsch von Friedrich Leopold Graf zu Stolberg. Frankfurt a. M. 1961, S. 62.

2. DAS ÄLTESTE EPOS

1 Das Gilgamesch-Epos. Übersetzt und hrsg. von Wolfgang Röllig. Stuttgart 2009, S. 123.
2 Das Gilgamesch-Epos. Hrsg. von Stefan M. Maul. München 2020, S. 9.
3 Das Gilgamesch-Epos (Übers. Röllig), S. 9.
4 Ebd., S. 20, auch schon S. 17.
5 Ebd., S. 18.
6 Walter Benjamin, Metaphysik der Jugend. In: ders., Gesammelte Schriften II. Hrsg. von Hermann Schweppenhäuser und Rolf Tiedemann. Frankfurt a. M. 1977, S. 94.
7 Das Gilgamesch-Epos (Übers. Röllig), S. 44.
8 Ebd., S. 40.
9 Ebd., S. 57.
10 Ebd., S. 127.
11 Ebd., S. 14.
12 Ebd., S. 79.
13 Ebd., S. 63.
14 Ebd., S. 101.
15 Ebd., S. 102.

3. VOR DEM EINEN GOTT

1 Gen 1, 24–26.
2 Lev 1, 15.
3 Gen 9, 4 u. 6.
4 Gen 3, 20.
5 Gen 3, 19.
6 Gen 2, 14.
7 Gen 6, 4 u. 11.
8 Gen 6, 3.
9 Gen 6, 7, 17, 19.
10 Gen 8, 21.

4. «ILIAS» UND «ODYSSEE»: ZORN UND ERKENNTNIS

1 Homer, Ilias, S. 174.
2 Ebd., S. 99.
3 Ebd., S. 20.
4 Ebd., S. 16.
5 Ebd., S. 43, 78.
6 Homer, Odyssee. Deutsch von Johann Heinrich Voss. Frankfurt a. M. 1963, S. 10.

7 Ebd., S. 74.
8 Homer, Ilias, S. 79.
9 Ebd., S. 35, 37.
10 Homer, Odyssee, S. 131.

5. STERBLICH – UNSTERBLICH

1 Gen 24, 1.
2 Gen 35, 29.
3 Gen 49, 29–33.
4 Deut 34, 7.
5 Hiob 42, 17.
6 Ps 41, 10.
7 Ps 49, 9–11, 16.
8 Ps 39, 5–7.
9 Ps 88, 3–7.
10 Ps 88, 11–12. Lange Zeit hat man im Buch Hiob einen Hinweis für den Unsterblichkeitsglauben schon im Alten Testament gelesen. Nach dem katholischen Katechismus von Basel sagt Hiob in Job 9, 25: «Ich weiß, dass mein Erlöser lebt und ich am Jüngsten Tage aus der Erde auferstehen werde» (Katholischer Katechismus von Basel. Stuttgart 2004, S. 71). Die neuere katholische Herder-Bibel übersetzt vorsichtiger: «Ich aber weiß: Mein Anwalt lebt, / selbst wenn er sich als Letzter aus dem Staub erhebt» (S. 581). Die Erläuterung gibt an, der Sinn der Stelle sei umstritten: «Ijob hofft wohl, dass Gott ihn (vorübergehend) aus der Unterwelt ins Leben zurückholen wird, um ihn die Zeit der Rache erleben zu lassen» (ebd., S. 1304).
11 Sir 41, 2.
12 Sir 38, 16–18.
13 Koh 1, 2 ff.
14 Weish 4, 7 ff.

6. AUFTRITT DER PHILOSOPHEN

1 Johann Jakob Bachofen, Versuch über die Gräbersymbolik der Alten. Gesammelte Werke IV. Hrsg. von Ernst Howald. Basel 1954, S. 47.
2 Demeterlied. In: Altionische Götterlieder unter dem Namen Homers. Deutsch von Rudolf Borchardt. München 1924, S. 6.
3 Ebd.
4 Ebd., S. 14 f.
5 Ebd., S. 16.
6 Die Vorsokratiker. Griechisch/Deutsch. Auswahl der Fragmente, Übersetzung und Erläuterungen von Jaap Mansfeld. Stuttgart 1987, S. 51.
7 Ebd., S. 173.
8 Ebd.
9 Ebd., S. 195.
10 Ebd., S. 471.
11 Ebd., S. 475.
12 Ebd.
13 Platon, Phaidon. In: Sämtliche Werke 3. In der Übersetzung von Friedrich Schleiermacher mit der Stephanus-Numerierung. Hrsg. von Walter F. Otto, Ernesto Grassi und Gert Plamböck. Reinbek bei Hamburg 1964, 64 a, S. 17.

14 Ebd., 63 a, S. 16.
15 Ebd., 64 a, S. 17.
16 Ebd., 66 e–67 a, S. 19.
17 Ebd., S. 34.
18 Ebd., S. 35.
19 Ebd., 73 a, S. 25.
20 Lukrez, Von der Natur der Dinge. Deutsch von Karl Ludwig von Knebel. Frankfurt a. M. 1960, S. 110.
21 Griechische Atomisten. Texte und Kommentare zum materialistischen Denken der Antike. Übersetzt und hrsg. von Fritz Jürss, Reimar Müller und Ernst Günther Schmidt. Leipzig 1973, S. 323.
22 Platon, Phaidon, 66 d, S. 37.
23 Ebd., 94 b, S. 44.
24 Ebd., S. 44 f., 94.
25 Ebd., 94 e, S. 45.
26 Ebd., 113 e, S. 62.
27 Ebd., 114 e, S. 63.
28 Ebd., 107 a–b, S. 57.
29 Apuleius, Der goldene Esel. Übertragen von August Rode. Zürich 1960, S. 238.
30 Ebd., S. 463 f.
31 Michel de Montaigne, Essais. Auswahl und Übertragung von Herbert Lüthy. Zürich 1953, S. 31.
32 Ebd., S. 38.
33 Ebd., S. 321.
34 Georg Wilhelm Friedrich Hegel, Vorlesungen über die Geschichte der Philosophie. Bd. III. Hrsg. von Gerd Irrlitz. Leipzig 1971, S. 170.
35 Montaigne, Essais, S. 133.
36 Ebd., S. 121.
37 Ebd., S. 123.
38 Ebd., S. 124.
39 Ebd., S. 126 f.
40 Ebd., S. 93.
41 Ebd., S. 140.
42 Ebd., S. 141.
43 Ebd., S. 672.
44 Ebd., S. 759.
45 Ebd., S. 864 f.
46 Ebd., S. 870.
47 Ebd.
48 Immanuel Kant, Kritik der praktischen Vernunft. Erste Einleitung in die Kritik der Urteilskraft. Kritik der Urteilskraft. Hrsg. von Hermann Cohen und Ernst Cassirer. Berlin 1922, S. 133.
49 Ebd., S. 138.
50 Friedrich Wilhelm Joseph Schelling, Clara oder über den Zusammenhang der Natur mit der Geisterwelt. Ein Gespräch. Fragment. Schalkau 2020, S. 40.
51 Ebd.
52 Ebd., S. 11.
53 Ebd., S. 15.
54 Ebd., S. 16.
55 Ebd., S. 17 f.
56 Ebd., S. 18, 20.
57 Ebd., S. 42 f.
58 Ebd., S. 34.
59 Ebd., S. 45, 47.
60 Ebd., S. 51.
61 Ebd., S. 80.
62 Ebd., S. 100.
63 Ebd., S. 105.
64 Edmund Husserl, Grenzprobleme der Phänomenologie. Analysen des Unterbewusstseins und der Instinkte. Metaphysik, Späte Ethik. Hrsg. von Rochus Sowa und Thomas Vongeht. Dordrecht, Heidelberg, New York und London 2014, S. 421.
65 Ebd.

7. DIE LEBENSALTER

1 Henri Bergson, Einführung in die Metaphysik. In: ders., Materie und Gedächtnis und andere Schriften. Frankfurt a. M. 1964, S. 11.

2 1 Kön 5, 20.

3 1 Kön 7, 12.

4 Jos 17, 13.

5 Ex 1, 11.

6 Georg Simmel, Rembrandt. Ein kunstphilosophischer Versuch. Berlin 1917, S. 123.

7 Walter Benjamin, Briefe I. Hrsg. von Gershom Scholem und Theodor W. Adorno. Frankfurt a. M. 1978, S. 51.

8 Christoph Friedrich Heinle, Meine Klasse. In: Benjamin, Gesammelte Schriften II, S. 861.

9 Max Stirner, Der Einzige und sein Eigenthum. Leipzig 1845, S. 19.

10 Giacomo Leopardi, Das Gedankenbuch. Hrsg. von Hanno Helbling. München 1985, S. 551.

11 Ebd., S. 522.

12 Ebd., S. 532 f.

13 Hugo von Hofmannsthal, Andreas. Hrsg. von Lorenz Jäger. Frankfurt a. M. 1999, S. 78.

14 Hugo von Hofmannsthal, Der Rosenkavalier. Komödie für Musik. Hrsg. von Lorenz Jäger. Frankfurt a. M. 1999, S. 42.

15 Friedrich Nietzsche, Also sprach Zarathustra. Ein Buch für Alle und Keinen. Sämtliche Werke Band 4. Hrsg. von Giorgio Colli und Mazzino Montinari. München 1980, S. 11 f.

16 Theodor W. Adorno, Minima Moralia. Reflexionen aus dem beschädigten Leben. Hrsg. von Rolf Tiedemann. Frankfurt a. M. 2003, S. 15, 16, 195, 63.

17 Renée Nell, Gestern ist lange vorbei. Autobiographie einer Epoche. Übersetzt von Christiane Thim-Mabrey, mit einem Epilog von Robert Ziller. Regensburg 2005, S. 31.

18 Renée Nell, Mutterträume. In: Kindträume, Mutterträume, Vaterträume. Hrsg. von Karin Asper, dies., Helmut Hark. Olten und Freiburg 1990, S. 77.

19 Karl May, Der Ölprinz. Ein Abenteuer aus den Vereinigten Staaten. Berlin 1902, S. 172.

20 Ebd., S. 174.

21 Zitiert nach der Veröffentlichung unter dem neuen Titel: Das versteinerte Gebet. Die Schatten des Ahriman. Bamberg 2011, S. 7.

22 Theodor W. Adorno, Ästhetische Theorie. Gesammelte Schriften 7. Frankfurt a. M. 1970, S. 139.

23 Georg Simmel, Rembrandt, S. 123.

24 Ebd., S. 124 f.

25 Botho Strauß, Lichter des Toren. Der Idiot und seine Zeit. München 2013, zitiert nach Jochen Schimmang, Im Wunderland. taz, 23. September 2013.

26 Platon, Politeia. In: Sämtliche Werke 3, 328 e, S. 72.

27 Zitiert nach: Lorenz Jäger, Der

Tod hat seine intime Dialektik. Frankfurter Allgemeine Zeitung, 17. März 2010.

28 Odo Marquard, Endlichkeitsphilosophisches. Über das Altern. Stuttgart 2021. Zitiert nach Lorenz Jäger, Humor gibt das rechte Maß. Frankfurter Allgemeine Zeitung, 3. Juli 2013.

29 Ebd.

30 Goethes Werke, Weimarer Ausgabe. IV. Abteilung: Briefe. Bd. 49. Weimar 1909, S. 283.

31 Ps 71, 9.

8. LEBEN SCHENKEN

1 Gen 1, 28.

2 Gen 9, 1 u. 7.

3 Gen 9, 15.

4 Gen 10, 1.

5 Gen 10, 32.

6 Gen 11, 3.

7 Gen 11, 8.

8 Gen 19, 36.

9 Gen 15, 5.

10 Gen 3, 23.

11 «Ein weiser Sohn liebt die Zucht, / Doch der Dreiste hört auf kein Schelten» (Spr 13, 1).

12 Spr 1, 8.

13 «Denn die Lippen der Fremden triefen von Honig, / und glatter als Öl ist ihr Gaumen. Doch zuletzt ist sie bitter wie Wermut, / scharf wie ein Schwert mit zwei Schneiden.» Spr 5, 3-4.

14 Und «Freunde sättigen sich von deinem Vermögen.» Spr 5, 9-10.

15 «Freu dich der Frau deiner Jugend», heißt es lebenszugewandt, aber: «Was sollst du dich an einer Fremden berauschen, mein Sohn, / den Leib einer Fremden umfangen?» Spr 5, 18 u. 20.

16 Spr 6, 24.

17 «Ein Sohn, der zur Erntezeit schläft, bringt Schande.» Spr 10, 5.

18 Spr 17, 6 u. 21.

19 «Wer Vater und Mutter verflucht, / dessen Leuchte erlischt in tiefster Finsternis.» Spr. 20, 20.

20 Spr 30, 11-13.

21 «Erspare dem Knaben nicht die Züchtigung; / er stirbt nicht, wenn du ihn schlägst mit dem Stock. Du schlägst ihn zwar mit dem Stock, / doch du rettest sein Leben vor der Unterwelt.» Spr 23, 13-14.

22 Weish 3, 14 u. 12.

23 Besser ist deshalb «Kinderlosigkeit mit Tugend; / denn unsterblich ist ihr Ruhm» (Weish 4, 1).

24 Weish 3, 16.

25 Weish 4, 3.

26 Sir 3, 13.

27 Sir 16, 3.

28 Hesiod, Theogonie. Übersetzt und erläutert von Raoul Schrott. München 2014, S. 13.

29 Schwab, Sagen, S. 255.

30 Ebd., S. 262.

31 Ebd., S. 278.

32 Mt 1, 2-16.

33 Lk 3, 23-38.

34 Mt 1, 21 u. 18.

35 Mt 2, 2.

36 Lk 1, 18.

37 William Shakespeare, Hamlet, Prinz von Dänemark. In: Sämtliche Werke. Sechster Band. Hrsg. von Levin Ludwig Schücking und E. v. Schubert. München 1925, S. 236.
38 Ebd., S. 288.
39 Ebd., S. 295.
40 William Shakespeare, Macbeth. In: Sämtliche Werke. Achter Band. München 1925, S. 95.
41 Walter Benjamin, Berliner Chronik. In: ders., Gesammelte Schriften VI. Hrsg. von Rolf Tiedemann und Hermann Schweppenhäuser. Frankfurt a. M. 1985, S. 479.
42 Hugo von Hofmannsthal, Die Frau ohne Schatten. Eine Erzählung. Hrsg. von Lorenz Jäger. Frankfurt a. M. 1999, S. 109.
43 Ebd.
44 Ebd.
45 Ebd., S. 110.
46 Ebd.
47 Zitiert nach: Hugo von Hofmannsthal, Der Turm. Ein Trauerspiel (Neue Fassung). Hrsg. von Lorenz Jäger. Frankfurt a. M. 1999, S. 94.
48 Zitiert nach: Martin Wengeler und Georg Stötzel, Kontroverse Begriffe. Geschichte des öffentlichen Sprachgebrauchs in der Bundesrepublik Deutschland. Berlin 2013, S. 566.
49 Marielouise Janssen-Jurreit, Offener Brief an Karl Carstens (1975). Zitiert nach: Frauen und Sexualmoral. Hrsg. von Marielouise Janssen-Jurreit. Frankfurt a. M. 1986, S. 342.
50 Wengeler/Stötzel, Kontroverse Begriffe, S. 566.
51 Ex 20, 12.
52 Charlotte Roche, Du schuldest deinen Eltern nichts. Süddeutsche Zeitung Magazin, 11. April 2018.
53 Barbara Bleisch, Warum wir unseren Eltern nichts schulden. München 2018, S. 11.
54 Sandra Teml-Jetter, Entelterung. Zeit für Aufbruch in eine neue Beziehungskultur!, https://www.eltern-bildung.at/expert-inn-enstimmen/entelterung-zeit-fuer-aufbruch-in-eine-neue-beziehungskultur/, 22. Februar 2022.
55 Marc Fehr, Warum ich keine Kinder zeugen will. Berner Zeitung, 8. April 2021.

9. DAS LEBEN NEHMEN

1 Gen 3, 24.
2 Gen 4, 1.
3 Gen 4, 10–11.
4 Gen 4, 4.
5 Gen 4, 5–8.
6 Max Scheler, Das Ressentiment im Aufbau der Moralen. Hrsg. von Manfred S. Frings. Frankfurt a. M. 2017, S. 89.

10. NICHT LEBEN WOLLEN

1 1 Sam 8, 7–8.
2 1 Sam 9, 2.
3 1 Sam 18, 10.
4 1 Sam 23.
5 1 Sam 28, 16.
6 1 Chr 10, 4–5.
7 1 Chr 10, 13.
8 Ri 16, 20.
9 Ri 15, 29–30.
10 Mt 27, 3–4.
11 Homer, Odyssee, 11. Gesang, S. 165.
12 Ebd., S. 175.
13 Platon, Phaidon, 61 c, S. 14.
14 Ebd., 62 b.
15 Ebd., 62 c.
16 Platon, Nomoi. In: Sämtliche Werke 6, 873 c, S. 235.
17 Ebd., 873 d, S. 235 f.
18 Vergil, Aeneis. Übertragen von Thassilo von Scheffer. München 1981, Sechster Gesang, S. 126.
19 Ebd.
20 Ebd., S. 127.
21 Seneca, Vom glückseligen Leben. Hrsg. von Heinrich Schmidt. Stuttgart 1978, S. 221.
22 Ebd., S. 210.
23 Ebd., S. 211.
24 Ebd., S. 8.
25 Hegel, Vorlesungen II, S. 329.
26 Ebd., S. 312.
27 Seneca, S. 214 f.
28 Ebd., S. 215 f.
29 Hegel, Vorlesungen II, S. 324. Ähnlich äußerte Nietzsche seine Ungeduld über «Seneca et hoc genus omne»: «Das schreibt und schreibt sein unausstehlich weises Larifari, als gält' es primum scribere, deinde philosophari.» Friedrich Nietzsche, Die fröhliche Wissenschaft («la gaya scienza»). Leipzig 1897, S. 23.
30 Katechismus der Katholischen Kirche. Neuübersetzung aufgrund der Editio typica Latina. München 2007, S. 580.
31 Anna Christ-Friedrich, Der verzweifelte Versuch zu verändern. Suizidales Handeln als Problem der Seelsorge. Göttingen 1998, S. 26.
32 Dante Alighieri, Die Göttliche Komödie. Übertragen von Karl Vossler. München 1986, S. 391.
33 Ebd., S. 88.
34 Ebd., S. 83.
35 Ebd., S. 85.
36 Dante Alighieri, Die Divina Commedia. In deutsche Prosa übersetzt von Georg Peter Landmann. Würzburg 1998, S. 37.
37 Ebd., S. 38.
38 David Hume, Of Suicide. In: ders., Essays Moral, Political and Literary. Edited by Eugene F. Miller. Indianapolis 1985.
39 Johann Wolfgang Goethe, Die Leiden des jungen Werthers. Werke Band 19. Weimar 1899, S. 188.
40 Ebd., S. 189.
41 Ebd., S. 191.
42 Ebd., S. 5.
43 Arthur Schopenhauer, Die Welt als Wille und Vorstellung. Erster Band. Hrsg. von Paul Deussen. München 1911, § 69, S. 471.
44 Ebd., S. 472.

45 Iwan Turgenjew, Meistererzählungen. Hrsg. und übersetzt von Erich Müller-Kamp. Zürich 1973, S. 441.
46 Karl Marx, Zur Kritik der Hegelschen Rechtsphilosophie. In: Karl Marx und Friedrich Engels, Werke. Band 1. 1839-1844. Berlin (Ost) 1965, S. 378.
47 Marx-Engels-Werke, Band 4. 1846-1848. Berlin (Ost) 1974, S. 182.
48 Turgenjew, Meistererzählungen, S. 428 ff.
49 Ebd., S. 465, 464.
50 Ebd., S. 460 f.
51 Marx on Suicide. Hrsg. von Eric Plaut und Kevin Anderson. Evanston 1999, S. 77.
52 Gesellschaftsspiegel. Organ zur Vertretung der besitzlosen Volksklassen und zur Beleuchtung der gesellschaftlichen Zustände der Gegenwart. Zweiter Band. Elberfeld 1846, S. 17 f.
53 Ebd., S. 19.
54 Ebd., S. 22.
55 Karl Marx, Lucinde. Zitiert nach: https://www.karl-marx-lieder.de/lucinde-ballade/.
56 Paul Lafargue: Die Religion des Kapitals. Aus dem Französischen von Andreas Rötzer. Hrsg. und mit einem Nachwort versehen von Jean-Pierre Baudet. Berlin 2009.
57 Jean Améry, Hand an sich legen. Diskurs über den Freitod. Stuttgart 2012, S. 12.
58 Ebd., S. 24.
59 Ebd., S. 25, 30.
60 Die Grenze des Verzeihbaren. Philosophie Magazin, Heft 43, Januar 2019.
61 Sarah Mroz, Luc Delien, Joachim Cohen und Kenneth Chambaere, Entwicklungen nach der Liberalisierung von Sterbehilfe. Erfahrungen aus Belgien und anderen Ländern. Deutsches Ärzteblatt 48/2022.
62 Gernot Kramper, Haben Sie schon mal über Sterbehilfe nachgedacht? Teure Patienten offenbar zum assistierten Suizid überredet. Der Stern, 13. August 2022.

11. NICHT STERBEN KÖNNEN

1 Jonathan Swift, Reisen in verschiedene ferne Länder der Welt von Lemuel Gulliver – erst Schiffsarzt, dann Kapitän mehrerer Schiffe. Aus dem Englischen übertragen von Kurt Heinrich Hansen. München 1958, S. 322.
2 Ebd., S. 323 f.
3 Ebd., S. 325.
4 Ebd., S. 326.
5 Ebd., S. 332.
6 Ebd., S. 332 f.
7 Georg Wilhelm Friedrich Hegel, Wissenschaft der Logik I. Hrsg. von Eva Moldenhauer und Karl Markus Michel. Frankfurt a. M. 1969, S. 166.
8 Friedrich Hebbel, Tagebücher. Erster Band. Hrsg. von Friedrich Bamberg. Berlin 1885, S. 48.
9 Peter Strasser, Ein Leben ohne Tod würde uns zu Zombies einer

leeren Ewigkeit machen. Neue Zürcher Zeitung, 17. September 2018.

10 J. R. R. Tolkien, Der Herr der Ringe. Band I: Die Gefährten. Stuttgart 1978, S. 67.

11 Ebd., S. 69.

12 Zitiert nach: Unsterblichkeit. Slawische Variationen. Hrsg. von Tatjana Petzer. Berlin 2021, S. 188.

13 Karl Marx, Zur Kritik der politischen Ökonomie. In: Marx-Engels-Werke. Band 13. Berlin (Ost) 1967, S. 9.

14 Petzer, Unsterblichkeit, S. 188.

15 Vgl. Raimund Sesterhenn, Das Bogostroitel'stvo bei Gor'kij und Lunačarskij bis 1909. Zur ideologischen und literarischen Vorgeschichte der Parteischule von Capri. München 1982.

16 Vgl. Marc Dreher, Organisation und Ideologie des Transhumanismus. Historisch-soziologische Rekonstruktion einer Pioniergemeinschaft. Stuttgarter Beiträge zur Organisations- und Innovationssoziologie. Stuttgart 2023.

17 Petzer, Unsterblichkeit, S. 390 f.

18 Ebd., S. 321, 332, 335.

19 Ebd., S. 277.

20 Ebd., S. 348.

21 Ebd., S. 352.

22 Ebd., S. 324.

23 Ebd., S. 279.

24 Ebd., S. 315.

25 Edmund Husserl, Zur Phänomenologie des inneren Zeitbewusstseins. Hrsg. von Rudolf Boehm. Den Haag 1966, S. 11.

26 Edmund Husserl, Analysen zur passiven Synthesis. Aus Vorlesungs- und Forschungsmanuskripten 1918-1926. Hrsg. von Margot Fleischer. Den Haag 1966, S. 315 ff.

27 Martin Heidegger, Sein und Zeit. Tübingen 1967, S. 56 f.

28 Ebd., S. 143.

12. DIE GRÄBER

1 Jürgen Habermas, Ein Bewusstsein von dem, was fehlt. Neue Zürcher Zeitung, 10. Februar 2007.

2 Gustave Flaubert, Lehrjahre des Gefühls. Geschichte eines jungen Mannes. Übertragen von Paul Wiegler. Hamburg 1959, S. 281.

3 Gen 23, 5-6.

4 Gen 23, 15-16, 20.

5 Gen 12, 1.

6 Homer, Ilias, S. 445, 447.

7 Homer, Odyssee, S. 350 f.

8 Ebd., S. 351.

9 1Sam 31, 10 u. 12-13.

10 1Sam 22, 6.

11 Gen 21, 33.

12 Mt 27, 59-60. Vgl. auch Mk 15, 42 ff. sowie Lk 23, 51.

13 Joh 19, 40.

14 Gotthold Ephraim Lessing, Wie die Alten den Tod gebildet. In: ders., Antiquarische Schriften. Theologische und philosophische Schriften. Hrsg. von Kurt Wölfel. Frankfurt a. M. 1967, S. 222 ff.

15 Ebd., S. 203.

16 Ebd., S. 223.

17 Über das Verbrennen der Leichen. Eine in der Academie der Wissenschaften am 29. November 1849 von Jacob Grimm gehaltene Vorlesung. Berlin 1850, S. 78.
18 Ebd., S. 4 ff.
19 Ebd., S. 84.
20 Bachofen, Selbstbiographie, S. 561.
21 Bachofen, Gräbersymbolik, S. 508.
22 Handbook of Death & Dying. Thousand Oaks 2003, S. 624.
23 Encyclopedia of Cremation. Hrsg. von Douglas J. Davies und Lewis H. Mates. London 2005, S. 209.
24 Thomas Mann, Der Zauberberg. Roman. Frankfurt a. M. 1993, S. 620.
25 Ebd., S. 624 f.
26 Alfred Rosenberg, Der Mythus des 20. Jahrhunderts. Eine Wertung der seelisch-geistigen Gestaltenkämpfe unserer Zeit. München 1934, S. 403.
27 Norbert Fischer, Unwürdige Tricks. taz, 21. März 2017.
28 Das sind die Regeln zur Feuerbestattung, https://www.katholisch.de/artikel/10972-das-sind-die-regeln-zur-feuerbestattung, 25. Oktober 2016.
29 Instruktion über die Beerdigung der Verstorbenen und die Aufbewahrung der Asche im Fall der Feuerbestattung. Bolletino Sala Stampa Della Santa Sede, 25. Oktober 2016.

13. BUDDHISTISCHE UND ATHEISTISCHE LÖSUNGEN

1 Zitiert nach: Jahrbuch Extremismus & Demokratie. Band 11. Hrsg. von Uwe Backes und Eckhardt Jesse. Köln 2000, S. 142.
2 Suttapitaka, Buch der buddhistischen Urschriften. Band 3. Aus dem Pāli übersetzt und mit Anmerkungen und Erläuterungen versehen. Hrsg. von Paul Dahlke, (Berlin-)Zehlendorf 1923, S. 310.
3 Ebd., S. 336.
4 Zitiert nach Robin D. Gill, Cherry Blossom Epiphany. The Poetry and Philosophy of a Flowering Tree. Paraverse Press 2006, S. 662.
5 Murasaki Shikibu, The tale of Genji. Translated with an introduction by Edward G. Seidensticker. Tokyo 1978, S. 728. Ich habe diese Übersetzung und jene von Oskar Benl benutzt. Die Übersetzung von Herberth E. Herlitschka, zuerst 1954 im Insel-Verlag erschienen und aus unverständlichen Gründen bis heute wieder aufgelegt, ist wertlos, weil sie nicht den japanischen Text, sondern die englische Übersetzung von Arthur Waley als Grundlage nimmt. Unter anderem sind die vielen Gedichte, die den Roman durchziehen, bei Herlitschka nicht mehr als solche erkennbar; der Kunstcharakter der Konversationen wird verwischt.
6 Genji Monogatari. Die Geschichte vom Prinzen Genji. Altjapanischer Liebesroman aus dem

11. Jahrhundert, verfasst von der Hofdame Murasaki. Vollständige Ausgabe aus dem Original übersetzt von Oskar Benl. Zürich 1966, S. 5.

7 Ebd., S. 6, 8 f., 15, 25.

8 Genji (Seidensticker), S. 728.

9 Genji (Benl), S. 852 ff.

10 Genji (Seidensticker), S. 728.

11 Friedrich Engels, Ludwig Feuerbach und der Ausgang der klassischen deutschen Philosophie. In: Marx-Engels-Werke. Band 21. Berlin (Ost) 1962, S. 272.

12 Zitiert nach Ursula Pia Jauch, Gottfried Keller trinkt Bier mit Feuerbach, und «Gott hält sich mäuschenstill». Neue Zürcher Zeitung, 6. November 2004.

13 Gottfried Keller, Der Grüne Heinrich. Mit Steinzeichnungen von Otto H. Engel. Berlin o. J. [1923], S. 346.

14 Ebd., S. 346–349.

15 Thomas Mann, Meine Zeit. Essays 1945–1955. Hrsg. von Hermann Kurzke und Stephan Stachorski. Frankfurt a. M. 1997, S. 219.

14. DER EIGENE TOD

1 Ernst von Feuchtersleben, Zur Diätetik der Seele. Nebst ausgewählten Aphorismen. Hrsg. von Rudolf Eisler. Berlin 1913, S. 111.

2 Sigmund Freud, Jenseits des Lustprinzips. Hrsg. von Lothar Bayer und Hans-Martin Lohmann. Stuttgart 2013, S. 37. Hervorhebung von mir, L. J. (Zum Zusammenhang wertvoll: Kurt R. Eissler, Der sterbende Patient. Zur Psychologie des Todes. Stuttgart-Bad Cannstatt 1978.)

3 Ebd.

4 Schelling, Clara, S. 39.

5 Sigmund Freud, Neue Folge der Vorlesungen zur Einführung in die Psychoanalyse. Wien 1933, S. 516.

6 Rainer Maria Rilke, Das Stundenbuch. Enthaltend die drei Bücher: Vom mönchischen Leben, Von der Pilgerschaft, Von der Armuth und vom Tode. Leipzig 1922, S. 107.

7 Georg Simmel, Rembrandt, S. 90.

8 Ebd., S. 89, 94.

9 Heidegger, Sein und Zeit, S. 234.

10 Ebd., S. 251–253.

11 Ebd., S. 239.

12 Ebd., S. 233.

13 Ebd., S. 240.

14 Ebd., S. 264–266.

15. WUNDERBARE RETTUNG DREIER BERGLEUTE

1 Jacob und Wilhelm Grimm, Deutsche Sagen. Berlin 1865, S. 1.

2 Franz Werfel, Leben heißt, sich mitteilen. Betrachtungen, Reden, Aphorismen. Frankfurt a. M. 1992, S. 282.

3 Alma Mahler-Werfel, Mein Leben. Frankfurt a. M. 1989, S. 371.

4 Ernst Jünger, Strahlungen. 3. Band. Hrsg. von Joana van de Löcht und Helmuth Kiesel unter Mitarbeit von Friederike Mayer-Lindenberg. Stuttgart 2022, S. 117.
5 Hugo von Hofmannsthal, Jedermann. Das Spiel vom Sterben des reichen Mannes. Hrsg. von Lorenz Jäger. Frankfurt a. M. 1999, S. 33.
6 Arthur Schopenhauer, Parerga und Paralipomena. Kleine philosophische Schriften. Erster Band. Hrsg. von Paul Deussen. München 1913.
7 Ebd., S. 246.
8 Arthur Schopenhauer, Philosophische Vorlesungen. Exordium philosophiae primae. In: Sämtliche Werke. Neunter Band. Hrsg. von Paul Deussen. München 1913, S. 29.
9 Ebd., S. 548.
10 Schopenhauer, Parerga und Paralipomena, S. 225.
11 Ebd., S. 226.
12 Ebd., S. 229 f.
13 Ebd., S. 234.
14 Arthur Schopenhauer, Der Satz vom Grunde. Über den Willen in der Natur. Die beiden Grundprobleme der Ethik. In: Sämtliche Werke. Dritter Band. Hrsg. von Paul Deussen. München 1912, S. 526, 530 f.
15 Schopenhauer, Parerga und Paralipomena, S. 240.
16 Schopenhauer, Der Satz vom Grunde, S. 531.
17 Schopenhauer, Parerga und Paralipomena, S. 250.
18 Jean-Paul Sartre, Das Sein und das Nichts. Versuch einer phänomenologischen Ontologie. Hamburg 1993, S. 916.
19 Ebd., S. 914–916, 919.
20 Jean-Paul Sartre, Der Existentialismus ist ein Humanismus und andere philosophische Essays. 1943–1948. Übersetzt von Werner Bökenkamp u. a. Reinbek bei Hamburg 1983, S. 161.
21 Simone de Beauvoir, Die Zeremonie des Abschieds. Hamburg 1983.

16. VORAHNUNGEN DER DICHTER: VON GEORG BÜCHNER ZU ERNST JÜNGER

1 Gen 27, 1.
2 Georg Büchner, Werke und Briefe. Münchner Ausgabe. Hrsg. von Karl Pörnbacher, Gerhard Schaub, Hans Joachim Simm und Edda Ziegler. München 1988, S. 41.
3 Ebd., S. 64.
4 Ebd., S. 223.
5 Ebd., S. 161.
6 Ebd., S. 92.
7 Ebd.
8 Ebd., S. 9.
9 Ebd., S. 15.
10 Ebd., S. 287.
11 Ebd., S. 162.
12 Ebd., S. 91.
13 Ebd., S. 192.
14 Ebd., S. 168.
15 Ebd., S. 69.

16 Ebd., S. 111.
17 Ebd., S. 119.
18 Wilhelm Hauff, Lichtenstein. Romantische Sage aus der württembergischen Geschichte. Leipzig und Wien 1891, S. 196.
19 Wilhelm Hauffs Sämmtliche Werke. Band 1. Philadelphia 1854, S. 606.
20 Wilhelm Hauff, Die Karawane. Märchen. Vollständige Ausgabe. Hrsg. von Tilman Spreckelsen. Berlin 2002, S. 52.
21 Ebd., S. 53 f.
22 Ebd., S. 57.
23 Ebd., S. 58 f.
24 Ebd., S. 97.
25 Ebd., S. 74.
26 Ebd., S. 166.
27 Wilhelm Hauffs Sämmtliche Werke. Band 1. Stuttgart 1837, S. 53.
28 Hauff, Die Karawane, S. 276.
29 Ebd., S. 410.
30 Ebd., S. 34.
31 Ebd., S. 36.
32 Ebd.
33 Ebd., S. 40.
34 Ebd., S. 44.
35 Ebd., S. 42.
36 Tilman Spreckelsen, Vorübung der Freiheit. In: Hauff, Die Karawane, S. 513.
37 Wilhelm Hauffs Werke. Band 1. Leipzig und Wien 1891, S. 16 f.
38 Franz Kafka, Der Proceß. Roman in der Fassung der Handschrift. Hrsg. von Malcolm Pasley. Frankfurt a. M. 1990, S. 7.
39 Ebd., S. 10.
40 Ebd., S. 18.
41 Ebd., S. 25.
42 Ebd., S. 239.
43 Ebd., S. 240 f., 244.
44 Ebd., S. 229.
45 Ebd., S. 230 f.
46 Marcel Proust, Auf der Suche nach der verlorenen Zeit. Die wiedergefundene Zeit. Deutsch von Eva Rechel-Mertens. Frankfurt a. M. 1969, S. 111.
47 Ebd., S. 356, 358.
48 Ebd., S. 359 f.
49 Ebd., S. 351 f., 353 f.
50 Ebd., S. 370.
51 Ebd., S. 365 f., 361.
52 Ebd., S. 379.
53 Ebd., S. 361.
54 Ebd., S. 372, 370 f.
55 Ebd., S. 353, 351, 355.
56 Zitiert nach: Erdmut Wizisla, Begegnungen mit Brecht. Leipzig 2009, S. 38.
57 Bertolt Brecht, Der Dreigroschenroman. In: Große kommentierte Berliner und Frankfurter Ausgabe. Prosa 1. Bearbeitet von Wolfgang Jeske. Frankfurt a. M. 1990, S. 50.
58 Ebd., S. 135.
59 Bertolt Brechts Hauspostille. Mit Anleitungen, Gesangsnoten und einem Anhange. Berlin 1927, S. 133 f.
60 Zitiert nach Wizisla, Begegnungen, S. 45 f.
61 Ebd., S. 253 f.
62 Brecht, Dreigroschenroman, S. 167.
63 Ebd., S. 380.
64 Wizisla, Begegnungen, S. 230 f.
65 Claude Lévi-Strauss, Strukturale Anthropologie. Frankfurt a. M. 1972, S. 37.

66 Ebd., S. 229 f.
67 Ebd., S. 230.
68 Emmanuelle Loyer, Lévi-Strauss. Eine Biographie. Aus dem Französischen von Eva Moldenhauer. Berlin 2017, S. 32.
69 Hans-Georg Gadamer, Lob der Theorie. Reden und Aufsätze. Frankfurt a. M. 1983, S. 13 f.
70 Hans-Georg Gadamer, Wahrheit und Methode. Grundzüge einer philosophischen Hermeneutik. Tübingen 1986, S. 174.
71 Ebd., S. 76, 75, 64 f.
72 Ebd., S. 466.
73 Ebd., S. 372.
74 Jünger, Strahlungen, 3. Band, S. 12 f.
75 Ernst Jünger, Annäherungen. Drogen und Rausch. In: Sämtliche Werke. Zweite Abteilung. Essays V/2. Stuttgart 1978, Abschnitt 202, S. 278.
76 Jünger, Strahlungen, 2. Band, S. 143.
77 Ernst Jünger, Sämtliche Werke. Band 9. Stuttgart 1981, S. 13.
78 Ernst Jünger, Der gordische Knoten. Frankfurt a. M. 1953, S. 5.
79 Ernst Jünger, Sturm. Novelle. Stuttgart 2013, S. 16.
80 Brigitte Giraud, Schnell leben. Aus dem Französischen von Michael Kleeberg. Frankfurt a. M. 2023, S. 20.
81 Ebd., S. 9.
82 Ebd., S. 204.
83 Ebd., S. 89.
84 Ebd., S. 56.

17. WUNSCHBILDER DES ÜBERGANGS

1 Adorno, Negative Dialektik, S. 360.
2 Ernst Bloch, Der zweimal verschwindende Rahmen. In: Spuren. Frankfurt a. M. 1970, S. 191.
3 Ebd., S. 201.
4 Jacob und Wilhelm Grimm, Die Kinder- und Hausmärchen der Brüder Grimm. Vollständige Ausgabe in der Urfassung. Hrsg. von Friedrich Panzer. Wiesbaden 1963, S. 128.
5 Ebd., S. 129.
6 Arno Schmidt, Julia, oder die Gemälde. Scenen aus dem Novecento. Bargfelder Ausgabe, Frankfurt a. M. 1992, S. 9.
7 Ebd., S. 14.
8 Ebd., S. 101.
9 Susanne Fischer, Julia, laß das! Arno Schmidts Zettelkasten zu Julia, oder die Gemälde. Berlin 2021, S. 18.
10 Schmidt, Julia, S. 9.
11 Ebd., S. 35 f.
12 Fischer, Julia, S. 144.
13 Schmidt, Julia, S. 95.
14 Vgl. Bernhard Greiner, Hinübergehen in das Bild und Errichten der Grenze. Der Mythos vom chinesischen Maler bei Bloch und Benjamin und Kafkas Erzählung «Beim Bau der chinesischen Mauer». In: J. Wertheimer, Susanne Göße (Hrsg.), Zeichen lesen, Lese-Zeichen. Kultursemiotische Vergleiche von Leseweisen

in Deutschland und China. Tübingen 1999.

15 Ovids Metamorphosen. Übersetzt und erläutert von Reinhart Suchier. Zehntes Buch. Stuttgart 1862, S. 156.

16 Fischer, Julia, S. 146 f.

17 Schmidt, Julia, S. 125.

18 Ebd.

19 Pascal. Ausgewählt und eingeleitet von Reinhold Schneider. Frankfurt a. M. und Hamburg 1954, S. 37.

18. DIE PARZE, DIE TRAUERNDE, DIE MEDITIERENDE

1 Rudolf Peter, Parca, Parcae. In: Ausführliches Lexikon der griechischen und römischen Mythologie. Hrsg. von Wilhelm Heinrich Roscher. Band 3.1. Leipzig 1902, S. 1569.

2 Homer, Ilias, 123 ff.

3 Kommentar zu den Liedern der Edda. Band 7. Heldenlieder. Hrsg. von Klaus von See. Heidelberg 1997, S. 171.

4 Ulrike Edschmid, Das Verschwinden des Philip S. Roman. Berlin 2014.

5 Ebd., S. 182.

6 Ebd., S. 185.

7 Richard Wagner, Götterdämmerung. Dritter Tag aus der Trilogie: Der Ring des Nibelungen, Mainz 1876, S. 7.

8 Mk 16, 1.

9 Mt 28, 8.

10 Lk 24, 11.

11 Joh 20, 9.

12 Mt 28, 9–10.

13 Gertrud Leutenegger, Späte Gäste. Roman. Berlin 2020, S. 10.

14 Ebd., S. 123.

15 Ebd., S. 10.

16 Ebd., S. 124.

17 Brigitte Kronauer, Das Schöne, Schäbige, Schwankende. Romangeschichten. Stuttgart 2019, S. 495 f.

18 Ebd.

19 Ebd., S. 496.

20 Ebd., S. 496 f.

21 Blaise Pascal, Pensées. Edition Brunschvicg. Paris 1964, S. 131.

22 Kronauer, Das Schöne, S. 497.

23 Ebd., S. 514 f.

24 Ebd., S. 595.

25 Ebd., S. 596.

26 Ebd.

19. LETZTE WORTE

1 James Joyce, A portrait of the artist as a young man. London 1992, S. 97.

2 James Joyce, Finnegans Wake. London 1971, S. 500.

3 Stanislaus Joyce, Meines Bruders Hüter. Aus dem Englischen von Arno Schmidt. Frankfurt a. M. 2004, S. 27.

4 Joyce, Finnegans Wake, S. 3.

5 Ebd., S. 70.

6 Ebd., S. 3.

7 Ebd., S. 593.

8 Jes 6, 3.

9 Joyce, Finnegans Wake, S. 499.
10 Stanislaus Joyce, Meines Bruders Hüter, S. 171.
11 The critical writings of Katherine Mansfield. Hrsg. von Clare Hanson. London 1987, S. 124.
12 Joh 16, 22.
13 Apg 2, 24.
14 1 Kor 15, 31.
15 Offb 20, 12.
16 Offb 21, 11.
17 Offb 21, 14.
18 Offb 21, 21.
19 Offb 22, 5.
20 Ex 28, 15–30.
21 Offb 22, 19.
22 Gen 3, 23–24.
23 Lk 23, 34.
24 Lk 23, 43.
25 Joh 19, 26–27.
26 Mt 27, 46.
27 Ps 22, 1.
28 Joh 19, 28.
29 Joh 19, 30. Vgl. zum Zusammenhang die vorzügliche Darstellung von Deolito V. Vistar, Jr., The Cross-and-Resurrection. The Supreme Sign in John's Gospel. Tübingen 2019.
30 Lk 23, 46.
31 Ps 31, 6.
32 Zitiert nach Karl Albert, Philosophie im Schatten von Auschwitz. Edith Stein, Theodor Lessing, Walter Benjamin und Paul Landsberg. Dettelbach 1994, S. 115.

PERSONEN

T

V

W

Z

DANK

Danken möchte ich Gertrud Färber, Carola Hilmes, Elisabeth Kessler, Hannah Lühmann, Sibylle Wagner, Hans Willenberg und last but not least meinem Lektor Sebastian Wilde.